そして一本桜

後世に残したい桜たち

葛城三千子

右文書院

いい仕事

――滅びゆく桜の記録――

林屋晴三

葛城さんとは長い交友になった。彼女が古唐津茶碗の奥高麗と呼ばれているものに興をもち、その由来を探求すべく私の意見を求めてきたのが最初で、いつしか三十年以上になろうか。その後、日本全国のしかるべき料亭を漫歩して、彼女らしい本を上梓されたときも、彼女らしいと思った。このたびはさらに彼女の探究心は深まって、全国に散在する一本桜を訪ね歩き、写真と紀行文を本にすることになり、またまた私に拙文を寄せよとの仰せだ。

沖縄から北海道まで、全国の古い桜を一本、一本訪ね歩いた記録である。私も桜の古木が好きで、いずれ訪ね歩きたいと思っていたのだが、何事にもねばり強く、極めて行動力の旺盛な葛城さんに先を越されてしまった。

もはや何をか言わん、その志《こころざ》しの高さと真摯な情熱に深く敬意を表するしかない。

きくと、春には桜前線のニュースが日本中を駆けめぐり、九州から北海道まで、花がいつ咲くかのニュースが公営放送で流される国は、日本をおいて世界のどこにもないらしい。しかし桜前線の基準は「ソメイヨシノ」の開花日であり、それは今や日本の桜の代名詞となってしまったが、実はソメイヨシノは江戸時代末期に造られた新種であったことはあまり知られず、古くから歌に詠じ、愛玩されてきた桜ではなかった。

西行法師が愛し、藤原定家が詠み、芭蕉が句にした桜は、いつしか群生してしまったソメイヨシノの陰となって、一部の識者以外に話題にされることなく、各地でひっそりと静かに咲きつづけていたのであった。しかもそれらが今や衰弱していることを耳にした葛城さんの優しい心は、大いに憂い、それらを一本一本訪ね、滅びゆく桜たちの記録を残したいと切望したのがこの本となったのである。

それを願うことは私も同然であるが、彼女の願いは、多くの滅ばんとする桜の「いのち」を大々にお知らせして、できれば訪ねて愛でてほしいとのこと、その想いに大いに共感を抱いてこの拙文を書いた次第である。

（東京国立博物館　名誉館員）

目次

沖縄県　二百年桜（三島清弘氏撮影）

中国地区

静岡県　狩宿の下馬桜

東海地区

近畿地区

岐阜県　淡墨桜

甲信越地区

山梨県　山高神代桜

北陸地区

関東地区

埼玉県　石戸の蒲桜

東北地区・北海道

福島県　三春の滝桜

沖縄・九州地区

沖縄県
鹿児島県
宮崎県
大分県
熊本県
長崎県
佐賀県
福岡県

上：福岡県　天保古山の平家一本桜
下：熊本県　一心行の桜

二百年桜（三島清弘氏撮影）

沖縄県の桜たち

沖縄ではほとんど古木の桜を見ることができない。沖縄独自の気候により、桜の品種が古木にまで育たないというわけではない。また、古人が植えなかったというわけでもない。かつては沖縄全土に古木の桜がたくさん見られたはずである。でも現在《いま》はそれらの桜たちはほとんど滅んでしまった。そう、あの太平洋戦争で。戦場となった沖縄で、戦火に焼かれ、燃え尽くされてしまったのである。

今回私は他の県と同じように、沖縄県の各市町村へも全て「お尋ね（そちらの管内に古い桜のリストアップ洩れはありませんか？）」という内容の手紙を出した。もどって来た回答にはほとんどが「先の戦火により管内の桜のすべてが焼かれてしまい、百年を越えるような桜の古木は存在しません。」という意味のことが書かれていた。その中で三カ所のみから（本部町、大宜味村、石垣市）古木の存在を教えてもらうことができた。しかし大宜味村に関しては、今からおよそ十年ほど前まではたしかに百年を

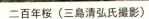

越える桜が残っていたが、残念ながら現在は枯れてしまったとのこと。また石垣市については「荒川のカンヒザクラ」の自生地であり、おのおのは相当の樹令のものもあるらしいが、一本桜ではなく、山中奥深くに樹林として咲くとのこと。したがって、今のところ比較的容易に訪ねることのできる桜となると、本部町伊野大嵐というところにある樹令200年の寒緋桜、その名も「二百年桜」というただ一本のみということになる。実はこの桜も一たんは戦火を受けて黒こげになったのだそうであるが、そこから再び生気をとりもどし、勢いを盛り返して毎年花をつけるようになったらしい。

私が訪ねた時は、場所が分かりづらく、かつ個人の家の庭内にあるからということで、本部町役場の観光課の方が現地までの案内の労をとって下さった。その年によって、桜の花の数も多かったり少なかったりするらしいが、今年はかなり花つきの悪い年ですよと言われてしまった。私の撮った花の写真を隣

二百年桜

家の方が見て、それではあまりにと気の毒がって下さって、「息子が以前に撮った写真があるから。」と言いながら、奥の方から探し出して来て見せて下さったのが前ページの写真である。たしかに同じ樹とは思えないほど花のつき方がちがう。これだけ見事に咲いてくれたら、その年はさぞかし周囲の人もうれしかったにちがいない。一時は絶望的だった桜の古木が、息を吹き返し、元気に花をたくさん咲かせているのを見れば、沖縄の復興の中で、どんなに勇気づけられ元気をもらった人たちが多かったことかと思われるのである。ただ、この桜の本来の持主、

今帰仁城跡

名護城公園

年ごとに庭の桜を見守り、大切に育てて来たこの家の老婦人は、今は病で入院してしまったとのこと。家族は町の中に別に持家があるので、将来は空き家になる可能性が高いという話であった。何とも心もとない話であるが、今や沖縄では唯一の古木となってしまった桜なので、何とかして大切にして保護をして欲しいものである。

八重岳

沖縄では若い桜たちは、八重岳、名護城公園、今帰仁城址の三カ所に樹令50年～60年ぐらいのものがたくさん植えられている。一月下旬ぐらいからの見ごろとなるが、その時期は、道の両側に並んだ琉球カンヒザクラを見るためには、車が列をなすという。

桜の名称	所在地	品種	樹齢	見頃時期
二百年桜	本部町伊野波大嵐	カンヒザクラ	200年	1月末

桜の旅――沖縄県編

「二百年桜」への桜旅には

○ホテル「カヌチャベイ ホテル&リゾート」

昨今のニュースで取り上げられる「辺野古」を対岸に見るこのホテル、二月末まで敷地内各所の夜間のイルミネーションが圧巻。園内周遊バスで一周するのがおすすめ。部屋のベランダに備えつけられたオープンバスからの星のながめもすばらしい。

〒九〇五―二二六三 沖縄県名護市字安部一五六番地二
電話：〇九八〇―五五―八八八〇㈹

カヌチャベイ ホテル&リゾートからの眺め

桜へのアプローチ

※二〇一六年一月現在の施設のため、予め営業を確認されてからのご利用をおすすめします。

○ホテル レストラン「浜比嘉リゾート」

うるま市から海中道路を経て浜比嘉島へ。ランチは海に浮かんだ気分でのイタリアン。すぐそばの塩工房へ足を伸ばせば、自分で海水から塩作りの体験ができる。かきまぜ方によってその人の性格の味がする食塩ができ上がるというのもおもしろい。

〒九〇四―二三一六 沖縄県うるま市勝連比嘉二〇二
電話：〇九八―九七七―八〇八八

○高江洲製塩所「浜比嘉島の塩工房」

島の光と風で塩作り…。

〒九〇四―二三一六 沖縄県うるま市勝連比嘉一五九七
電話：〇九八―九七七―八六六七

浜比嘉リゾート

浜比嘉島の塩工房

鹿児島県の桜たち

奥十曽のエドヒガン

鹿児島県には近年「発見」されたとして一躍有名になった桜がある。伊佐市の「奥十曽《おくじゅっそ》のエドヒガン」、樹高28m、幹囲10・99m、根回り21m、枝張り東西25・8m、南北23m、樹令600年のこのエドヒガンは、昭和五十二年に杉本正流氏によって発見されるまで、伝説の中にあった桜という。

「土地の古老から大口市十曽の岩屋谷にはとてつもなく巨大な桜があると聞かされた――中略――何回となく尾筋や渓谷をさまよったあげく、陽もようやく西に傾きかけた19時頃、目指す大樹が一瞬目に飛び込んだ。聞きしにまさる樹幹の巨大さと中天を突き刺す樹高に、しばらくは唖然として見とれる。生命の神秘にふれる思いで感動は津波のように広がる。」

――杉本正流氏文――

発見者の驚きと喜びが伝わって来る。この桜に会うためには伊佐市の中心からかなり奥へ入り込み、駐車場へ車を止めてからも相当山道を登って行かなくてはならない。うっそうとした昼なお暗い山道を

奥十曽のエドヒガン

一歩一歩たどって行くと、密生した樹林の中腹まで来たかと思われるころに、突然太い幹が現われる。周りが樹林であり、樹高があまりに高すぎるために、この樹の全容を一目で見ようとしても無理である。上部は他の木の中に隠れてしまっている。もしも離れた場所から遠望するならば、最上部はのぞいていても、下の幹や太々とした根元の部分を見ることはできない。発見された時のエピソードといい、一度に全容を見ることができないというのも、何だかミステリアスな桜なのである。

鹿児島市内ではちょっと中心部から離れた五ヶ別府町に一本のヤマザクラがある。民家の庭先にあり、樹令は100年ほど。鹿児島には古桜の数が少ないこともあり、ぜひこれからも永く育って大木になってほしいものである。

九州自動車道を川辺ＩＣで降り、南九州市をめざして行くと、突然仏壇仏具の宣伝看板が現われ、間もなく道の両側が仏壇店のオンパレードとなる。独特のきらびやかさと宗教臭に目を奪われ、非日常の世界に迷い込んだような気分となる。両側に延々と続くこの光景、これぞ名高い「川辺仏壇」の町並みだそうで、現在《いま》の日本、不信心者だらけのご時世に、一体どんな人が「お仏壇」を買うのだろうと罰当たりなことを考えているうちに、大丸小学校へ到着。

五ヶ別府町のヤマザクラ

大丸小学校の校庭にはかつて、明治41年の小学校創立記念に植樹されたヤマザクラがあったが、平成15年に枯れてしまったそうである。その幹が校庭の「あずまや」の中に展示されていると、折良く居合わせた学校の先生が案内して下さった。枯れたのは

大丸小学校のヤマザクラ

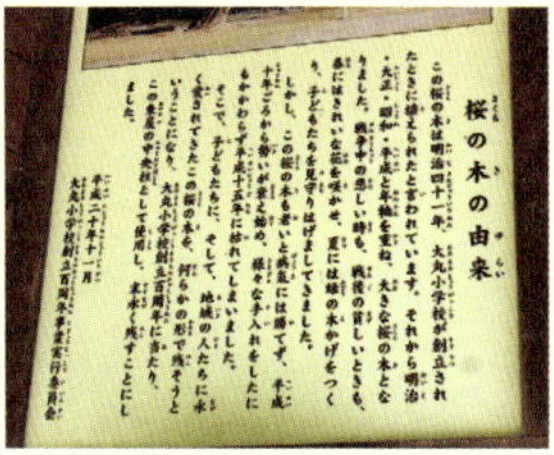

大丸小学校のヤマザクラ

仕方がないとして、単に伐採するのではなく、こうした形で保存されれば、桜の方だって永久に子供たちと、その小学校の思い出と共に生き続けることができるというものである。全国の倒壊したり枯れたりした桜の身の振り方としてとても参考になるような気がしている。

南九州の自動車道を経て、阿久根市に入る。小高い山の中腹に「黒之上の緋寒桜」がある。緋寒桜なので、奥十曽の桜とは全く咲く時期が異なり、一度に両方の花を楽しむことはできないが、個人の家の庭先のこの桜、樹令100年で、樹勢も旺盛、これから伸びて行く桜である。花の時季ではないのに訪ねたのを、持主の家の方が気の毒がって、満開の時の写真をたくさん見せて下さった。そのうちの一枚が次の写真である。この高台のお宅から見える海と桜。南の国らしい明るい写真である。

桜の名称	所在地	品種	樹齢	見頃時期
奥十曽のエドヒガン	大口市小木原十曽国有林内	エドヒガン	600年	3月末
五ヶ別府町のヤマザクラ	鹿児島市五ケ別府町831―2	ヤマザクラ	100年	4月上旬
黒之上の緋寒桜	阿久根市脇本黒之上網代亜公氏邸	ヒガンザクラ	100年	2〜3月
大丸小学校のヤマザクラ	南九州市川辺町上山田7607	ヤマザクラ		4月上旬

黒之上の緋寒桜

黒之上の緋寒桜（網代氏撮影）

桜の旅―鹿児島県編

桜へのアプローチ

※二〇一六年一月現在の施設のため、予め営業を確認されてからのご利用をおすすめします。

「奥十曽のエドヒガン」への桜旅には

○旅館「旅行人山荘」

霧島の中腹にあるこのホテル、眺めの良さは折紙つき。桜島はもとより、開聞岳に大隅連山。大パノラマがレストラン、客室、庭の各処からながめられる。自然林に点在する露天（野天？）風呂も野趣豊か。海鮮の食事と共に、スタッフの折目正しくもの静かで行き届いた対応が、心に残る宿である。

〒八九九―六六〇三　鹿児島県霧島市牧園町高千穂三八六五
電話：〇九九五―七八―二八三一

旅行人山荘からの眺め

「大丸小学校のヤマザクラ」への桜旅には

○ホテル「指宿フェニックスホテル」

ガゼボルームという、部屋の庭つづきのベランダに露天風呂を備えた部屋があり、南国情緒が一杯。

〒八九一―〇四〇三　鹿児島県指宿市十二町四三二〇
電話：〇九九三―二三―四一一一

指宿フェニックスホテル

「五ヶ別府町のヤマザクラ」への桜旅には

○ホテルレストラン「城山観光ホテル『翡翠廳（中華）』」

老舗ホテルの中華レストランなのに、オープンキッチンはめずらしい。露天風呂からも部屋からも雄大な桜島をながめることができる。

〒八九〇―八五八六　鹿児島県鹿児島市新照院町四一―一
電話：〇九九―二二四―二二一一

城山観光ホテル　翡翠廳

○公共のホテル「マリンパレスかごしま」

モダンな建物。目の前に桜島。九州は昔から男性が威張ることで有名な土地柄であるが、ユーモラスな場面の目撃談を一つ。ある日の朝食会場、ビュッフェスタイルで各自がトレーを持ち順番に皿に好みのものを取り分けている。そこへやって来たのは「九州男児」っぽいご主人、テーブルにどっかと座って「ああお茶が飲みたいなあ。」皆が並んでいるのをチラリと見た奥方、「自分で取って来たら？」思いがけない妻の言葉にご主人びっくり。でもやっぱり皆の方を見て納得。「ああそうか。」とあわてて立ち上がる。二人とも席を立ってしまった空の状態のテーブルには、あとから来た若い二人が喜んで座る。九州男児夫婦がもどってみたら、自分たちのテーブルは別の人に占領されていた…！

マリンパレスかごしま

〒八九〇―八五二七　鹿児島県鹿児島市与次郎二―八―八
電話：〇九九―二五三―八八二二

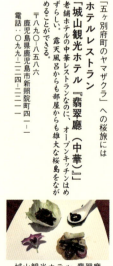

宮崎県の桜たち

浄専寺のしだれ桜

高千穂に近く、九州山地の連なる中に、熊本県と境を接して五ヶ瀬町がある。浄専寺という寺を中心として、何軒かの民家の庭先に古木のしだれ桜を見ることができる。浄専寺の桜は、江戸時代に第九代の住職が京都から苗木を持ち帰り植樹したもので、樹令は300年。町内の他の桜は、浄専寺に根づいたしだれ桜を村人たちに分かち与え、おのおのの家で大切に守り育てた結果、この花の里ができ上がったということなのである。江戸の昔、九州の山の村で静かに暮らしていた人たちにとっては、菩提寺の住職が遠い都へ赴き、その帰りにはるばると村へもたらしてくれた「京のしだれ桜」は、都の文化を象徴するような優美さにあふれて映ったことと思われる。懇願して分けてもらえば、あたかも都からの幼い貴種を里に迎えてかしずき守り育てるように、この桜の若木をどんなにか慈しんで育てたことだろう。五ヶ瀬を走っていると、あちらこちらに「〇〇家のしだれ桜」と書かれているのが目に入り、当時の人々

の熱い心が伝わって来るような気がするのである。代表的なものを次に挙げると、

「浄専寺のしだれ桜」
　樹令250~300年

「原田家のしだれ桜」
　樹令200~250年

「岡田家のしだれ桜」
　樹令200~250年

　東九州自動車道を宮崎方面へと走る。途中宮崎西ICで降りて、山の方へ向かって行くと、広々とした畑地の中に「大坪の一本桜」が見える。少し土を盛り上げて庚申塔が置かれ、それを守護するかのように150年のヤマザクラが立って

原田家のしだれ桜

岡田家のしだれ桜

いる。背後は釈迦ヶ岳。地元では御神木としてあがめられているそうで、威風堂々とした桜である。

　宮崎市からは宮崎自動車道に乗って都城ICは近い。都城市の母智丘公園には「陰陽《めお》桜」がある。明治四年に佐土平という所で発見された樹令150年のこの桜を、そこから母智丘《もちお》公園まで大勢の人夫と手間をかけて運ばれて来たのは、当時の都城地頭であった三島通庸《みちつね》の熱意による。母智丘神社を再興しようとしていた三島地頭は、この桜をまず母智丘公園へ寄進することにしたのである。当日は揃いの手ぬぐいをかぶった二百余名の常備隊員が大木を掘り上げて、半里離れた母智丘まで野山を越えて運んで行ったという。その引かれて行く木の上には地頭が乗って、声を枯らして下知していた。そして母智丘まで

大坪の一本桜

運ばれた桜は、陰陽石の傍らに植えられた。この桜は二つの大枝の花期が異なることを思い合わせて、三島地頭は「陰陽《めお》桜」と命名した。けれど実はこの桜はもともとソメイヨシノとヤマザクラの二種の木だったのが、長い年月の間に一本にからまってしまったため、枝ごとにちがう花が咲くようになったという珍しい木であった。その後母智丘公園には次々に桜の寄進が相つぎ、今では2kmにおよぶ桜並木の方が有名になってしまった。陰陽桜の方は根回り6mもある立派な桜であったが、現在は大枝は切り落とされて、枯れかけていたところを、脇から若い枝が伸びて来ている状態である。かつての三島地頭の意志を尊重し、ぜひ再び元気になって咲いてほしいものである。

陰陽桜

さて、再び東九州自動車道に乗って、今度はずっと北へ、大分県境に近いところまで一気に走る。北浦の町へ入って旅館「さざれ石高島」の駐車場へ入ると、庭の少し高くなっているところに樹令200年のエドヒガンを見ることができる。道路にも近いので、花の時季には道を通る人や車にも目を楽しませてくれることだろう。

さざれ石高島の桜

桜の名称	所在地	品種	樹齢	見頃時期
陰陽桜（めおざくら）（母智丘の桜）	都城市横市町 母智丘公園駐車場	ヤマザクラ	150年	
さざれ石高島の桜	延岡市北浦町大字古江2535-2 旅館「さざれ石高島」内	ソメイヨシノ?	150~200年	4月上旬
岡田家のしだれ桜	西臼杵郡五ヶ瀬町鞍岡揚	枝垂桜	200~250年	4月上旬
原田家のしだれ桜	西臼杵郡五ヶ瀬町三か所宮の原	枝垂桜	200~250年	4月上旬
浄専寺のしだれ桜	西臼杵郡五ヶ瀬町三か所宮ノ原8701	枝垂桜	250~300年	4月上旬
大坪の一本桜	東諸県郡国富町八代南俣	ヤマザクラ	150年	4月上旬

桜の旅――宮崎県編

※二〇一六年一月現在の施設のため、予め営業を確認されてからのご利用をおすすめします。

桜へのアプローチ

「さざれ石高島の桜」への桜旅には

○旅館「さざれ石高島」

敷地内にエドヒガンの古木を持つこの旅館名は、庭にさざれ石があることからつけられたという。部屋数は四室のみの小規模な海辺の宿ながら、モダンな造りがどこも建物と敷地の自然と調和するようにとられていて、ゆったりと落ち着いて過ごせるようになっている。室内からも露天風呂からも望める北浦の海のおだやかな風景は、目も心も休ませてくれる。宮崎なればこそと思われる新鮮な素材を、あっさりと豪快に供してくれて、価格といい、宿の人の親切さといい、近ければ何度でも訪れたい宿の一つである。

〒八八九―〇三〇一
宮崎県延岡市北浦町古江二五三五―二
電話：〇九八二―四五―二二六八

さざれ石高島

「陰陽桜」への桜旅は

○旅館「常磐荘」

林の中に数棟の建物が点在。レストラン棟も別にある。宿泊用の棟の方は宮崎の古民家風の造りで、落ちついた雰囲気がある。離れには露天風呂付の部屋も。

〒八八九―四六〇一
宮崎県都城市山田町中霧島二四五五―二
電話：〇九八六―六四―二二四六

常磐荘

「大坪の一本桜」・「浄専寺のシダレ桜」・「原田家のシダレ桜」・「岡田家のシダレ桜」への桜旅は

○ホテル「シェラトン・グランデ・オーシャン リゾート（フェニックス・シーガイヤ・リゾート）」

プリズム型の高層ホテル。温泉のあるホテル。大きな窓から見えるのは海と空。中華レストランは1F。

〒八八〇―八五四五　宮崎県宮崎市山崎浜山
電話：〇九八五―二一―一一三三

○ホテル「青島サンクマール」

部屋付露天風呂からも離れの貸切露天風呂からも眼下に「鬼の洗濯板」が。

〒八八九―二一六四　宮崎県宮崎市大字折生迫七四〇八
電話：〇九八五―五五―四三九〇

シェラトン・グランデ・オーシャン リゾート

青島サンクマール

大分県の桜たち

天空の桜の園

　大分県竹田市久住町、くじゅう高原へ行ってみると、そこには「天空の桜の園」とでも名付けたいような桜の林が広がっている。久住山の麓に二十年ほど前、久住町が山桜の苗を4500本植樹した。大雨の被害を受けて流されたり育たなかったりして、現在4000本が残り、桜林となっているのである。いまだ初々しさの残る桜たちであるが、このまま生長してくれれば、桃源境もかくやと思われるような別天地ができ上がることと思われる。阿蘇の山を遠望しながらさぞかし雄大で美しい天空の園となろう。
　別府湾にのぞむ日出《ひじ》町には樹令450年の「城内邸の桜」がある。かつてこの地の大庄屋だった城内氏の屋敷あとに残る山桜で、「庄屋桜」とも、またちょうど三月の彼岸のころに咲くため「彼岸桜」とも呼ばれ、「魚見桜」と呼ばれることもある。別府湾で漁をする人々が、この桜の咲き具合を見て、魚の獲り方や網のおろし方など、漁の方法を変えたと言われている。ちなみに日出町には別府湾を見下ろす高台に日出城（別名、暘谷《ようこく》城）がある。その下の海中には清水が湧き出るところがあって、海水と真水が混じる汽水域となり、プランクトンが大量に発生する。その豊富な餌を食べて育つマコガレイは城下カレイと呼ばれ、肉厚で頭が小さく尾ヒレは広く角張っていないという特徴を持ち、泥臭さがなく、淡白で上品な味で知られていた。江戸時代には武士以外は食べることを禁止され、将軍への献上品として別名を「殿様魚」と言われたほど珍重されたのであった。「魚見桜」として、城下カレイの漁を見守って来たであろうこの桜、現在は枝折れが激しく樹勢が衰えつつあるが、是非もう一度元気になってほしいものである。暘谷城は廃藩置県の後、本丸跡は小学校となり、櫓も民家に移築されたりしていたが、最近少しずつ復元されている。この城は慶長6年（1601）、木下延俊によって築かれた。関ヶ原の戦いの翌年のことである。それにしても木下氏というのはなかなかおもしろい（失礼！）一族である。まず延俊の父は木下家定という名の豊臣秀吉の正室高台院の実兄である。したがって延俊は高台院の甥に当たり、秀吉にとってもやはり義理の甥である。それが関ヶ原の戦いでは東軍（徳川側）につき、その手柄によって日出藩三万石を与えられたわけである。彼が東軍についたのにはどうも正室の存在、細川忠興の妹、の影響が大きかったと思われるフシがある。現にこの日出城の縄張《なわばり》（今でいう城の設計）は細川忠興によるものという。さて、延俊の長兄は勝俊と言って、秀吉の生前は豊臣家の数少ない縁者として重用されていた人であった。関ヶ原の戦では最初は東軍についていたが、西軍が攻めて来ると守っていた伏見城からさっさと退去して「敵前逃亡」と非難され、領地を没収された。彼自身は高台院の指示で東軍についたことがどうも居心地が悪かったのか、それとも当時の豊臣家の不甲斐なさに嫌気がさしたのか、戦さそのものに醒めてしまったのか、もともと武人としてよりも文人の才能に秀れていたせいもあって、この機会にとあっさり大名の地位を投げ捨て、風雅の道へ走ってしまう。その後、彼は京都に住み、和歌を詠み、数寄者としての生涯を送った。隠栖後の名、江戸初期の文化人として名高い木下長嘯子その人である。それからもう一人の兄弟、木下姓ではないが、実弟の小早川秀秋がある。関ヶ原戦の真っ最中に西軍から東軍へ寝返って、東軍の勝因を作った人物である。そもそも秀吉は子がなかったので秀秋を自らの養子として育てていたのに、実子の秀頼が生まれたために、秀秋の処分に困って小早川家へ養子に出してしまっていた。何故西軍を裏切ったかという憶測はいくらもあるが、最終的には彼の立場から見てそのころの豊臣家を是非守りたいという空気が希薄だったことに尽きるであろう。実の叔母たる高台院が当時の大阪城の豊臣家から冷遇されていた事情もある。ところで、豊臣家は大阪夏の陣で滅んだわけであるが、ここに興味深い伝説がある。日出藩三万石の藩祖木下延俊は、亡くなる寸前に嫡子の俊治に向かい、弟の延次（延由）に立石領五千石を分与するようにと指示した。遺言に従って立石藩五千石は延次が藩祖となり、日出藩は二万五千石となってそのまま幕末まで続いたのである。実は延次というのは仮の名、本当は豊臣秀頼の遺子、国松丸（捕えられて処刑されたはず）がひそかに日出にかくまわれていたという話が、当時もっともらしくささやかれたという。

別府湾を左に見ながら東九州自

城内邸の桜

動車道を宮崎方面へ下ると、宮崎との県境に近いところで佐伯市に出る。ここには「東光庵の塩釜桜」がある。樹令は不明ながら、明治時代が一番樹勢が盛んだったらしく、国木田独歩が佐伯で教職にあった時、生徒と共に遠足で訪れたことが佐伯市史に載っている。桜の樹の下には独歩の文学碑が見える。

東光庵の塩釜桜

東光庵の塩釜桜

「――散りにけりいざ事問はん　村びとは　花のさかりを　いかに眺めし」塩釜桜という名は、散った花びらが塩田に結晶した塩に見えるからだとも言われ、いかにも塩作りのさかんな土地らしい話である。

大分自動車道へもどり、九重町の高台にある「後辻のヤマザクラ」樹令２００年も、時間があれば立ち寄りたい。かつては枝を大きく広げ、華やかに咲いた時代もあったと思えるが、今は枝もかなり傷んで、誰にも知られずひっそりと咲く。若い枝が頑張って花をつける姿がけなげである。

名水で知られた日田の町なかに「大原のシダレ桜」が咲き誇っている。樹令は３００年。旧家の庭先から出て用水路も越えて、歩道にまで達し、あふれんばかりに咲いて小京都の春を彩ってくれる。

日田から耶馬溪方面へ走る。深耶馬溪の県道をはずれて山の方へ入って行くと樹令３５０年の「光円寺のしだれ桜」が見える。高台になっている石垣の上から道の上まで枝が伸びている。中津市には他にも耶馬溪を中心として何本かのしだれ桜があるので、頼山陽の賞でた青の洞門（菊池寛の「恩讐の彼方に」で有名）などの景勝に遊びながら、桜めぐりをするのも楽しいことだろう。

桜の名称	所在地	品種	樹齢	見頃時期
後辻のヤマザクラ	玖珠郡九重町大字松木字中円3329（後辻）	ヤマザクラ	200年	3月下旬～4月上旬
光円寺のしだれ桜	中津市耶馬溪町大字深耶馬（小柿山集落）	枝垂桜	350年	4月上旬
城内邸の桜（魚見桜）	速見郡日出町豊岡中の二 城内邸	ヤマザクラ	450年	3月中旬
大原の枝垂れ桜	日田市田島2丁目528	枝垂桜	200～300年	3月下旬～4月上旬
東光庵の塩釜桜	佐伯市青山黒沢桐ケ原	シオガマザクラ	数百年	3月末

後辻のヤマザクラ

光円寺のしだれ桜

大原のシダレ桜

桜の旅——大分県編

桜へのアプローチ

※二〇一六年一月現在の施設のため、予め営業を確認されてからのご利用をおすすめします。

「天空の桜の園」への桜旅には

○ホテル「レゾネイトクラブくじゅう」

くじゅう高原にあり、「桜の園」のすぐそば。くじゅう連山を背景に前方には草原の彼方に阿蘇の山並みが遠く霞んで見える。山小屋風の離れが連続して独特の造り。高原を渡る風の中に立ち、空一面の星を見上げると、大自然に生かされていることを実感する。

〒八七八-〇二〇二
大分県竹田市久住町大字有氏一七七三
電話：〇九七四-七六-一二二三

○旅館「亀の井別荘」

自然林の中に重厚な造りの離れが点在。いくつかの小道の角をたどりながら各部屋へ導かれて行く。豪邸に招かれて、離れでくつろいでいるような気分になる。

〒八七九-五一九八
大分県由布市湯布院町川上二六三三-一
電話：〇九七七-八四-三一六六

レゾネイトクラブくじゅう

亀の井別荘
（写真提供：亀の井別荘）

「城内邸の桜」への桜旅には

○料亭「的山荘」

日出の暘谷城三の丸跡に建つ。豪荘な建築と庭。廊下のゆがみガラスから「城下カレイ」の海をながめる。ここまで来たらやっぱり「城下カレイ」を。関あじ関さば臼杵ふぐも。料亭なのに豊後牛というのもまた魅力。日出という所は目移りがして困ってしまう。

〒八七九-一五〇六
大分県速見郡日出町二六六三番
電話：〇九七七-七二-二三二一

○ホテル「ソラージュ大分日出」

糸ヶ浜海浜公園に近く、別府湾に面した客室。干潟の海浜の風景を露天風呂からながめると誰もが息をのむだろう。

〒八七九-一五〇四
大分県速見郡日出町大神七五〇五
電話：〇九七七-七二-一八〇〇

的山荘

ソラージュ大分日出
（写真提供：ソラージュ大分日出）

「東光庵の塩釜桜」への桜旅には

○ホテルの中国レストラン「別府湾ロイヤルホテル」

窓外のロイヤルブルーの海の色に染まりながら中国料理を。

〒八七九-一五〇八
大分県速見郡日出町平道入江一八二五
電話：〇九七七-七二-九八〇〇㈹

○寿司「錦寿司」

カウンター越しに出てくる一貫ごとの大きさ！ 一口ではとても入らない。半分にちょん切ってもらってもなお入らない…。夫は小さい目を思いっきり大きく見開いておどろいている。関あじ関さば。佐賀関の魚たちが勢ぞろい。壁に張られたこの店の社訓「奉仕に明けて途方に暮れる」!?

〒八七六-〇八〇二　大分県佐伯市日の出町一-一六
電話：〇九七二-二三-七六三二

「後辻のヤマザクラ」・「大原のシダレ桜」・「光円寺のしだれ桜」への桜旅には

○オーベルジュ「楓の木」

フレンチのコースを楽しんだ後は、ぜひ奇岩と回遊式庭園の中にある自家源泉の温泉池へ飛び込もう。自家源泉を汲み上げる機械の音と、ほほをなでるそよ風が快い。

〒八七一-〇四二二
大分県中津市耶馬溪町大字深耶馬
電話：〇九七九-五五-二二二二

別府湾ロイヤルホテル

錦寿司

オーベルジュ　楓の木

天空の桜の園

熊本県の一心行の桜

熊本県の桜たち

一心行の桜

阿蘇山の南麓、南阿蘇村に九州一といわれる形の良い山桜がある。樹令400年のこの桜、台風で多少枝折れしたものの、五十年ほど前に落雷によって幹が真ん中から六本に裂けてからは見事な半球状となり、田園が続く中に一本だけ丸く枝を広げる姿は遠くからでもよく目立つ。桜の傍らに小さなお堂がある。天正八年（1580）に薩摩の島津と戦って散った中村伯耆守とその家臣の菩提を弔うために建立されたものという。残された一族がこの地で一心不乱に行をおさめたところから、桜は「一心行の桜」と呼ばれるようになった。戦国の遠い昔とは言え、大桜の背後に阿蘇連山を屹立させて、月光の中で行をおさめている遺族たちの声と姿を想像すると、ちょっと凄味を覚える。

また、この近くの牧場の中には「観音桜」と名付けられた樹令100年の桜が咲く。近くに馬頭観音があるためのネーミングらしいが、牧草地なので、斜面の周囲をさえ切るものがなくて、阿蘇の山々の広がりを従えて立つ若い女神のように神々しく見える。長い間地域の住民にしかその存在を知られることのなかった桜で、近年になって一般にも公開されるようになった。一心行の桜の混雑と比べれば、訪れる人も多くないので、清々しい気分でゆっくりと阿蘇の風景と花を賞でることができる。

観音桜

阿蘇の麓を大きく半周して、大観峰の横を過ぎ、小国町へと向かう。小ぶりな天満宮の背後に、丈高いヒガンザクラ「池の鶴の大桜」樹令350年が立っている。戦国時代末、この地に住んだ豪族の屋敷の池に鶴が飛来したのが名の起こりという。桜の樹形も鶴のような品格が感じられて美しい。

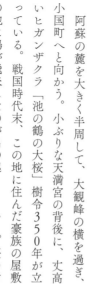

そこから少し高台の方へ登って行くと、開けた場所に出る。前原牧場を横切る道の脇に「前原の一本桜」がある。初々しい樹なので大木のような威容はないが、何しろ高台にある牧場なので四方八方がよく見渡せる。日田方面から連なるくじゅう連山、阿蘇の山並み。桜をコンパスの中心としてぐるり、ほぼ360度。はるか遠巻きの山々に見守られて、開放感はこの上もない。

小国町から大分自動車道へ出て、鳥栖経由で九州自動車道を熊本まで下る。熊本には徳王町にエドヒガンの樹令200年の桜「徳王の桜」と室園町の拝聖院に「拝聖院のヒガンザクラ」がある。拝聖院というのは西南戦争の時、激戦地となった熊本で敵味方の区別なく治療し、日本初の赤十字活動をした医師たちで知られるが、もともとは鎌倉時代に僧が庵を結んだとされる寺であった。その庭の一隅に細川藩の第五代藩主綱利公お手植えという伝承を持つ桜がある。桜のそばにはこの桜のことを詠んだ夏目漱石の句「花一本穴賢しと見上げたる」と、明治三十一年（1901）の春第五高等学校へ赴任していた漱石が満開の花の下で詠んだという説明が書かれた案内板がある。付近には由比正雪の腰掛石（幕府転覆を企てる前に知人に会いに来たらしい）もあり、この一帯は昔から花の寺として名高い場所であったらしい。

池の鶴の大桜

拝聖院のヒガンザクラ

熊本から南下して人吉盆地に至る。左方向へと道をとってあさぎり町へ向かう。田畑の広がる風景の

前原の一本桜

徳王の桜

宮原家のエドヒガン

中、川沿いに「宮原家のエドヒガン」がある。樹令400年とも600年とも言われる古木で、台風等でかなり枝折れした跡があるが、代々の宮原家の人々に守られて年毎に花をつける。宮原家は平安初期以来切畑神社の宮司をつとめて来たほどの旧家で、現在のご当主で二十二代目とのこと。この桜は切畑神社の移築の際植えられたものだそうである。桜の他に、宮原家代々が庇護して来たものがもう一つある。邸の北側にお堂があって、その中に平景清《かげきよ》息女の墓がまつられているのである。平景清とは平安末期に「悪七兵衛《あくしちびょうえ》」の名でも知られた平家の侍大将であったが、平家滅亡の後は捕えられ、日向国へ流されていた。そこへ都から娘がはるばる訪ねて来るのである。能「景清」ではこの娘は「人丸」と呼ばれ、ようやく父を探し当てると、今は落ちぶれた景清が娘に向かって恥じながら「麒麟《キリン》も老いぬれば馬に劣るが如くなり」と有名なセリフを吐いて嘆く。（「麒麟も…」は昔、父が負け惜しみでよく言ってたっけ。気がついてみればもう自分がそのころの父の年…。）

能の方では曲がりなりにも親娘対面がかなったことになっているが、この桜の景清息女の方は、どうやら父に会えぬままこの地に客死したらしい。父の死を報らされると、それまで大切に持ち歩いていた父の形見の平家の旗を、これまた形見の短刀で切り裂いた後、自害して果てたというのである。それ以来この地は「切旗」と呼ばれていたのがいつの間にか「切畑」になったとか。ともあれ、この切畑の地で、宮原家と共に、桜も永く永く生き続けて行ってくれるようにと切に祈るばかりである。

桜の名称	所在地	品種	樹齢	見頃時期
前原の一本桜（小国町牧場の一本桜）	阿蘇郡小国町大字下城、前原牧場	ヤマザクラ	70年	4月上旬
池の鶴の大桜	阿蘇郡小国町大字下城字池の鶴	ヒガンザクラ	350年	4月上旬
一心行の桜	阿蘇郡南阿蘇村中松3240番地	ヤマザクラ	400年	3月下旬～4月上旬
宮原家のヒガンザクラ	球磨郡あさぎり町岡原北切畑1137－1	エドヒガン	600年	3月下旬
拝聖院のヒガンザクラ	熊本市室園町12―53拝聖院	エドヒガン	350年	3月下旬
徳王の桜	熊本市徳王町	エドヒガン	200年	3月下旬
観音桜	阿蘇郡南阿蘇村大字河陰	ソメイヨシノ	100年	4月上旬

桜の旅――熊本県編

桜へのアプローチ

※二〇一六年一月現在の施設のため、予め営業を確認されてからのご利用をおすすめします。

「一心行の桜」・「観音桜」への桜旅には

○旅館「別邸蘇庵」

全客室が二階建て、一棟ずつの離れ。数寄屋風、古民家風、洋館風など意匠が異なる。各棟の浴室は掛け流しの温泉風呂。

〒八六九―一四一一
熊本県阿蘇郡南阿蘇村河陰五―五六
電話：〇九六七―六七―四五五五

○オーベルジュ「コート・ド・レーベ・縷々」

熊本空港にもほど近く、南阿蘇村にも近い。フレンチと鉄板焼。山の中腹に位置し、切り取り方の上手な窓の向こうに熊本平野が霞んで見える。実は一日一組だけ宿泊可能なオーベルジュでもある。

〒八六一―二四〇二
熊本県阿蘇郡西原村大字小森二一七六―二七
電話：〇九六―二七九―一五七五

○公共の宿「白水温泉『瑠璃』」

部屋付の温泉露天風呂は岩風呂と石風呂のタイプ。郷土料理の馬さしも。

〒八六九―一五〇四
熊本県阿蘇郡南阿蘇村一関一二六〇―一
電話：〇九六七―六二―九三四四

別邸蘇庵

コート・ド・レーベ・縷々

白水温泉　瑠璃

「池の鶴の大桜」・「前原の一本桜」への桜旅には

○旅館「華柚」

山川温泉。離れの客室には掛け流しの温泉の内湯と露天風呂。どの部屋でも温泉が楽しめる。山の中の温泉らしく民家風な建物。旅館入り口にみつまたが美しい花をつけていた。

〒八六九―二五〇五
熊本県阿蘇郡小国町北里桐の木一五一一
電話：〇九六七―四六―六六八八

「拝聖院のヒガンザクラ」・「徳王の桜」への桜旅には

○公共の宿の中華レストラン「KKRホテル熊本『ロータス』」

大きな窓のむこうはテラス。その先は緑がいっぱい。森の中かと思えば、ふと目を上げると熊本城の天守閣がこっちをのぞいてる。こんなに近くに見えるなんてまるでお城の中で中華料理をいただいているみたい。

〒八六〇―〇〇〇一　熊本県熊本市中央区千葉城町三―三一
電話：〇九六―三五五―〇一二一

「宮原家のエドヒガン」への桜旅には

○カフェレストラン「Kura－倉 cafe」

洋館風の門を入ってから丘の上まで坂道を上って行く。広場のガーデンの中に倉だのショップだのレストランがあちこちと点在。大きなガラス窓に囲まれたカフェのテラスからは球磨川がのぞける。数本の橋がかかり、小京都と呼ばれる人吉の町の雰囲気を垣間見ることができる。

〒八六八―〇〇二二　熊本県人吉市願成寺町一〇〇七―二〇
電話：〇九六六―二八―三〇八〇

華柚

KKRホテル熊本　ロータス

Kura―倉cafe

熊本県のコート・ド・レーベ・縷々

長崎県の桜たち

慈眼桜

　平戸大橋を渡って、市内とは反対の方向へ走る。背景に慈眼岳を持つジャガイモ畑の起伏の中に「慈《じ》眼《げん》桜」が見えて来る。樹令は140年。半円形のスッキリした形を持つオオシマザクラで、ジャガイモ畑の緑と純白の花のコントラストが美しい。ここは明治時代にキリスト教徒の開拓者たちが移住して開墾した土地だったそうで、かつては桜の木の傍らに開拓民の家と畑があったらしい。開拓という自然との根比べの戦いの明け暮れの中で、ひとときの慰めを求めて植えられたのだろうか。どこか禁欲的な魂を感じさせる桜でもある。この樹の近くには「木が津協会」があって、当時の熱心な信者たちによって建てられたものと思われるが、その質素なしかし清浄な祈りの心にあふれた建物と同じ種類の精神性を持っている。あたかも神の前に跪いて祈りをささげているような形で、慈眼桜は清らかに咲いていた。
　佐世保《させぼ》市のはずれに、江戸時代には平戸藩の祈願所であった西光寺という古刹がある。山門を入って

右手山側の階段を登って行くと、その途中に樹令2
60年の「西光寺のオオムラザクラ」を見ることが
できる。平戸の亀岡神社にはかつて「平戸二度咲き
桜」の古木があり、当時平戸藩主からその苗を二本
拝領したという記録がある。花弁の多い八重桜の二
段咲きという珍しい品種である。大村市の「大村公
園」で発見されたため「オオムラザクラ」の名があ
るが、実はこの西光寺の桜の方が歴史的には古くか
らあるらしい。もしこちらが先に発見されていれば
品種名は「サイコウジザクラ」と名付けられたとこ

西光寺のオオムラザクラ

西光寺のオオムラザクラ

平戸亀岡神社　平戸二度咲き桜

ろだったという。
　波佐見という焼物の歴史のある町には、町役場近くの民家の斜面に地面に届かんばかりに枝を垂らす「波佐見のしだれ桜」樹令100年がある。以前はこの民家の近くにもう一本大きなしだれ桜があり、この樹と共に親子桜といわれたそうであるが、そちらは台風によって枝折れしてしまい、今は町内で古木というとこの桜だけになったという。
　大村空港に近い大村市には幕末まで大村藩の居城だった「玖島《くじま》城跡」がある。現在は城全体が大村公園となっていて、本丸跡が大村神社の境内である。ここに件《くだん》の「オオムラザクラ」という国の指定記念物となっているサトザクラの珍種がある。八重桜を二つ重ねたような姿の二段咲きが特色だそうで、私たちが訪れた時は花季にはかなり遅かったが、それ

でもその特徴のある濃いピンク色をした二段咲き花を下からのぞくことができた。同じ場所に「クジマザクラ」もあり、こちらは全体の約半数が二段咲きなのだそうで、県の天然記念物の指定を受けているという話である。

桜の名称	所在地	品種	樹齢	見頃時期
大村神社のオオムラザクラ	大村市玖島1—34—3	サトザクラ	不明	4月上旬〜4月下旬
大村神社のクジマザクラ	大村市玖島1—34—3	クジマ桜		4月中旬
西光寺のオオムラザクラ	佐世保市上柚木町3213	サトザクラ	260年	4月中旬
田ノ頭郷の枝垂れ桜	東彼杵郡波佐見町田ノ頭郷1701	枝垂桜	百数十年	3月下旬
平戸ニドザキザクラ	平戸市岩の上町亀岡公園内	八重桜	120年	4月中旬
慈眼桜(平戸のヤマザクラ)	平戸市木ヶ津町木ヶ津カトリック協会付近	ヤマザクラ	140年	4月中旬

波佐見のしだれ桜

玖島桜

オオムラザクラ

オオムラザクラ

桜の旅——長崎県編

桜へのアプローチ

※二〇一六年一月現在の施設のため、予め営業を確認されてからのご利用をおすすめします。

「慈眼桜」・「亀岡神社の平戸二度咲き桜」への桜旅は

○旅館「平戸彩月庵」

高低のある回廊を奥へ進んで、客室の窓からながめると、建物が高台にあるので眼下に島の樹林が広がり、その先には海の色がかすんで見える。夕膳にはぜひ「平戸ひらめ」をチョイスしたい。歯ごたえ十分な肉厚の一片一片からそのひらめの大きさも想像されよう。しゃぶしゃぶにすれば舌の上で滋味がはじける。

〒八五九-五一五三　長崎県平戸市戸石川町一七八-一
電話：〇九五〇-二二-八八一一

平戸彩月庵

「オオムラザクラ」・「クジマザクラ」への桜旅は

○旅館「半水盧」

六千坪の敷地内に14棟の離れ。茶室のある「如月」の間は二階建てで、一階が茶室と夕食朝食用の座敷。二階の二間はリビングと寝室。京都の宮大工が造ったというだけあって、茶室の造りも、各部屋の造作も、一点の妥協もない完璧さ。調度品、漆器は輪島塗のブランド品で揃えられ、磁器類は有田の三右衛門のものがさりげなく置かれている。お料理も、旅館としては料亭に匹敵するような内容で、器も凝ったものや作家ものが使われている。

〒八五四-〇六二一　長崎県雲仙市小浜町雲仙三八〇-一
電話：〇九五七-七三-二一一一

半水盧

「西光寺オオムラザクラ」・「波佐見のしだれ桜」への桜旅は

○中華レストラン「新心花梨」

ハウステンボスの某ホテルの料理長だったという経歴。コース料理も本格的で、しかも野心的な料理の数々を味わうことができる。

〒八五七-〇八六三
長崎県佐世保市三浦町二-一　アルファビル1F
電話：〇九五六-七六-八四四七

新心花梨

○公共の宿「山暖簾」

国見峠を越えた山と山の中間に位置し、テラスや客室の窓、露天風呂からも「山暖簾」という形容にふさわしい美しく植林された山の斜面が目の前に見える。民家や道路が脇の方にしかないため、露天風呂の前の柵は、手すりから下は全面ガラス張り。開放感がいっぱいである。

〒八五九-六四〇三
長崎県佐世保市世知原町上野原三一六
電話：〇九五六-七六-二九〇〇

山暖簾

佐賀県の桜たち

法光寺の太閤お手植えの桜

豊臣秀吉が朝鮮出兵を命じた時、九州の肥前名護屋（今の佐賀県唐津市鎮西町）にその足がかりとなる大規模な城を造営した。大名たちの各陣屋を始め、長滞陣の娯楽施設、茶室まで造営して、二十万以上の人数を収容したその城は、秀吉の死まで七年間というもの当時の大坂城に次ぐ規模を誇ったという。名護屋城の大手門南側に「法光寺」という臨済宗の寺院があった。秀吉が名護屋城へ入った時、その寺に目を止め、これから兵士が戦場へ赴くのに街道沿いに寺があるのは不吉だとして、寺に急ぎ立ち退くように命じた。その後で、秀吉は寺に詫びの印として、寄進の品と共に曽呂利新左衛門に命じて寺域に庭園を造らせ、更に伊達政宗に命じて奥州の塩釜から取り寄せた二本の八重桜を、太閤自らの手で植えたという。

法光寺の太閤お手植えの桜

一本は枯れたものの、残った一本は今でも「法光寺の太閤お手植えの桜」として毎年元気に花をつける。

名護屋城跡から唐津焼の岸岳古窯跡を横目に見ながら伊万里市まで南下する。東山代地区に「明星桜」という樹令800年のエドヒガンがある。名の由来は、夜間に樹の下で焚火をすると花が星のように輝いたからとされている。今からおよそ800年前、京都の浦内淡路守という公家が都を追放され、松浦《まつら》氏を頼って伊万里の浦川内に住みついたことがあった。彼はその地に「山城→山代」と名付け、京の桜の苗を植えて望郷の念をなぐさめたと伝えられる。明星桜は何度か枝折れしながらも、今も観音堂を守るような形で立っている。かつては満開ともなれば山代の地だけではなく、伊万里湾の対岸からもながめられて、この地方の農民に種まきの時期を知らせる役割を果たしていた。また花つきが良ければその年は豊作、少なければ不作。樹の上の方に花が多ければ風害のない年、下の方に多く咲けば大風の吹く年などと、花のつき方によって豊凶を占う桜としても信奉されたらしい。

伊万里から武雄《たけお》温泉の方へ向かう途中、右手の山中へ上って行くと、頂上付近に「馬場の山桜」が見えて来る。周囲は開墾された畑地になっていて、足もとの菜の花の黄色との対比が彩やかに見える。斜面の上に立っているので、雨上がりなどには、桜を透かして霧に煙った山々やみかん畑が墨絵のように見える。

嬉野《うれしの》市のはずれには、「納戸料の百年桜」の姿がある。茶畑の広がる中に、小高い丘の端に立って里を見下ろしている。百年以上の樹令ということで百年桜と呼ばれるらしいが、斜面の下へ大きく伸びた枝は、かなり遠くからもそれと認められるほどの存在感を持ち、多くの人々に春告げ桜として愛されている。

武雄から長崎自動車道に乗って神埼《かんざき》市まで行く。東背振ICのすぐ近くに「宝珠院の姫シダレ」と「小渕のヤマザクラ」がある。どちらも樹令は100年ぐらいの桜であるが、宝珠寺の方は境内一杯に枝を広げてにぎやかであるのに比べ、小渕のヤマザクラは古墳の墳丘上にあるので、あまり訪れる人もなくひっそりと咲いている。

桜の名称	所在地	品種	樹齢	見頃時期
法光寺の太閤お手植え桜	唐津市鎮西町名護屋4092	八重桜	400年	4月中旬
明星桜	伊万里市東山代町浦川内	エドヒガン	800年	3月下旬
納戸料の百年桜	嬉野市嬉野町大字吉田丁5650	ヤマザクラ系統の八重桜	100年	4月中旬
宝珠寺の姫シダレザクラ	神埼市神埼町的908	枝垂桜	100年	3月下旬
花浦のヤマザクラ(小渕のヤマザクラ)	神埼市神埼町的小渕	ヤマザクラ	100年	3月下旬
馬場の山桜	武雄市武内町真手野21316番地	ヤマザクラ	120年	3月下旬～4月上旬

馬場の山桜

馬場の山桜

山代の明星桜

小渕のヤマザクラ

納戸料の百年桜

宝珠院の姫シダレ

桜の旅——佐賀県編

桜へのアプローチ

「法光寺の太閤お手植桜」への桜旅は

○ホテル「唐津シーサイドホテル」

唐津湾に臨み、目の前の海には高島始め、大小の島々。右手は虹の松原、左手は唐津城と松浦川、舞鶴橋、パノラマの風景が広がる。玄海の海の幸に加え、広々とした造りの部屋も魅力。

〒八四七-〇〇一七 佐賀県唐津市東唐津四-一八二
電話：〇九五五-七五-三三〇〇㈹

○レストラン「セゾンドール」（福岡市へ移転）

活いかで有名な呼子の殿ノ浦という浜辺にある。玄界灘の素材の良さは言うまでもないが、日進月歩のフレンチの流れの中で、時折目を見張るような新しい味覚を楽しませてくれる。フランスの片田舎の漁港にあるような雰囲気の店。

現住所 〒八一五-〇〇八三
福岡県福岡市南区高宮一-三-三二
電話：〇九二-五二四-〇四三二

「明星桜」・「馬場の山桜」・「納戸料の百年桜」への桜旅は

○旅館「御宿竹林亭」

武雄鍋島藩ゆかりの広大な御船山楽園の中に建つ数寄屋造りの宿。御船山は神功皇后が新羅からの帰りに「御船」をつないだという伝承を持つ断崖の山であるが、晴れた姿も、雨もやいの景色も素晴しい。富岡鉄斎の描く山水画のような風景の中へ、各部屋から直接庭づたいに入って行けるような造りの部屋もいくつかあって、夕方や早朝、人気《ひとけ》のない時間帯にそぞろ歩きを楽しむこともできる。ここに「楽園」を造った武雄領主第28代鍋島茂義公は、絵師に画かせた完成予想図をもとに、三年の歳月をかけて造園したと伝えられる。幕末に佐賀鍋島藩は、開明思想と近代技術の推進で名高かったが、この鍋島茂義公も近代技術革命に最も熱心な一人であったという。

〒八四三-〇〇二二
佐賀県武雄市武雄町武雄四一〇〇
電話：〇九五四-二三-〇二一〇

唐津シーサイドホテル

セゾンドール

御宿竹林亭

○ステーキハウス「勝」

直営牧場を持ち我が子のように慈しんで育てる伊万里牛は、牛脂の中からもその愛情に満ちた味わいが感じられる。レアに近い状態の赤味からにじみ出る肉汁の甘さと旨みの豊潤さ。

〒八四八-〇〇三二
佐賀県伊万里市二里町大里甲一七八〇
電話：〇九五五-二二-六六六一

○ホテル「フォレストイン伊万里」

ロビーに入ると豊穣な音を響かせるステレオ装置が鎮座している。壁には「明星桜」の陶板画が空間いっぱいにきらめく。スタッフのサービスはどこか素人っぽいが、熱心で手間ひまを惜しまない姿勢に好感が持て、全室のバスに温泉が引かれているのもうれしい。

〒八四八-〇〇三二
佐賀県伊万里市二里町大里甲一七〇四-一
電話：〇九五五-二三-一〇〇一

「宝珠寺の姫シダレザクラ」・「小渕のヤマザクラ」への桜旅は

○ホテルの中国料理レストラン「ホテルニューオータニ佐賀『大観苑』」

佐賀城跡に隣接。広々としたお堀に面して建つ。安心できる中華料理のコース。面白いフェアも登場。

〒八四〇-〇〇四七 佐賀県佐賀市与賀町一-二
電話：〇九五二-二三-一一一一㈹

ステーキハウス 勝

フォレストイン伊万里

ニューオータニ佐賀 大観苑

※二〇一六年一月現在の施設のため、予め営業を確認されてからのご利用をおすすめします。

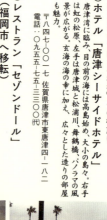

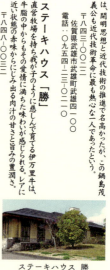

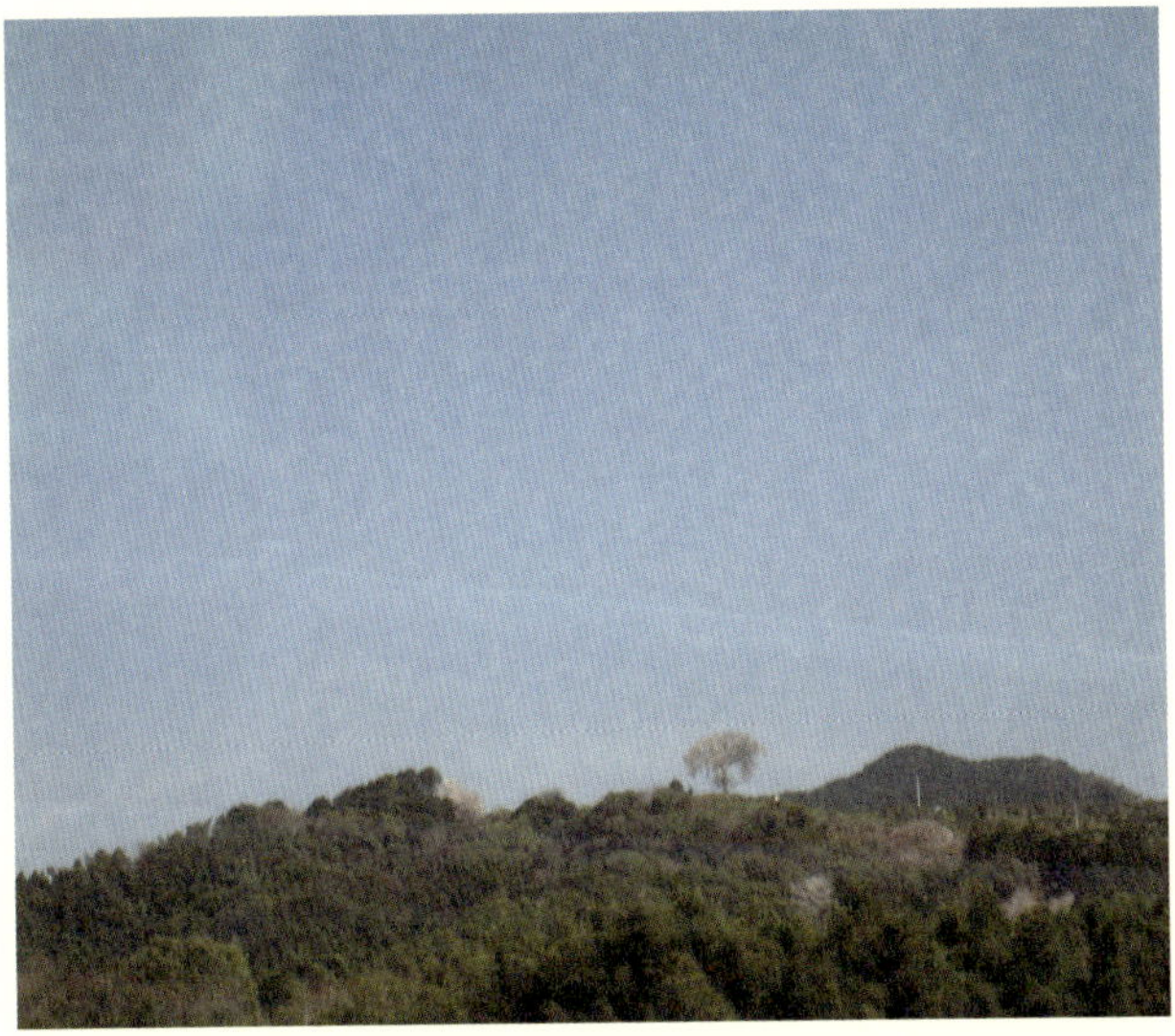

天保古山平家一本桜

福岡県の桜たち

福岡から九州自動車道に乗り、熊本県境付近まで来て、左側の山の上にこちらをながめ下ろしているような一本の桜の姿を認めることができるだろうか。運転している人は無理として、助手席でこの辺りと見当をつけて探すと、存外大きく映る桜である。ことに花の時季ならば比較的容易に見つけられよう。(くれぐれも事故をおこさぬよう運転手サンは探さないで下さいネ)

花の名を「天《テン》保《ポ》古《コ》山《ヤマ》平《ヘイ》家《ケ》一本桜」という。何だかおかしみのある(ポンポコではありません!)名前ではあるが、「平家」とつけられている理由《わけ》は、この地が源平時代の平家にゆかりがあるからである。

天保古山平家一本桜

今からほぼ八百年前のこと。壇之浦の合戦で源氏に敗れた平家は、一門の主だった者はほとんどが海の藻屑と消えたが、なお生き残った武士たちはここ山川の地まで落ちのびて来た。けれどこの先には「南関」つまり関所があって、これ以上の南下は不可能である。覚悟を決めた彼らは、要川《かなめ》を最後の戦場として散って行った。ここまで行を共にして来た平家方の女官たちは、天保古山の山頂から戦いの様子をうかがっていたが、その終局を知るや次々と滝に身を投じたという。そうした伝説を秘めて、山頂の桜は世代交代をくり返しつつ、現在の樹令は250年といわれている。

みやま市にはこの付近に他にも平家伝説を持った桜が数本あり、また旧瀬高町の方には「名木野のしだれ桜」という樹令300年の古桜がある。かなり樹勢は弱っているものの、けんめいに花をつけている姿が見られる。

八女市へもどって道を右へ取り、山側へ向かって行くと、途中でとてつもない大藤に出合うだろう。黒木の大藤というそうで、一町内全部がフジかと思われるほど大きい藤棚を過ぎると、間もなく右手に光善寺の屋根が見えて来る。境内には「光善寺のしだれ桜」樹令300年が樹勢も良く、大きく枝を広げている。

久留米市のはずれ、高台の池の傍らに「浅井の一本桜」の姿がある。耳納《みのう》連山の麓に山堤があり、その池の傍らに昭和天皇の御大典記念に植えられたというから約100年ほどが経っている。樹高20m枝張り東西23mある姿は風格を感じさせる。一時は台風によって折れ傷んだところを、自治区が管理し、樹木医によって回復したのだそうで、その経過が立て札に書かれている。

英彦山《ひこさん》の谷あいに入ると、漆田町《うるしだまち》では『吉木のヤマザクラ」を見ることができる。県道からだとのぞき込むような形になるが、近寄ってみると、伸びた横枝が土おこしをしたばかりの田の上にかぶさり、ピンクの花びらをはらはらとその上に散りまいていた。

添田町から北九州市をめざす道の途中に、「京都《みやこ》郡みやこ町」がある。天平の昔から国分寺が置かれ、仲哀天皇、景行天皇などの東征伝説もあり、かつては北九州の政治文化の中心をなしていた土地らしい。その地名からも、はるかに時空を越えてきらびやかな都の文化への名残りと憧憬を感じさせられる。障子ヶ岳の麓、広大な野の中に「千女房《せんにょうぼう》桜」という樹令300年の山桜がある。かつてその周辺は寺域であり、たくさんの宿坊が建っていたそうなので、宿坊の庭の一隅に植えられた桜だったかも知れない。

北九州市小倉の福聚寺には「宗因桜」がある。九

天保古山平家一本桜と天保古大桜

光善寺のしだれ桜

名木野のしだれ桜

浅井の一本桜

吉木のヤマザクラ

吉木のヤマザクラ

州出身で江戸初期の俳人だった西山宗因にちなんでの命令らしく、境内には句碑もある。俳聖といわれる松尾芭蕉にも多大な影響を与えたことが、シダレ桜の木の傍らの立て札に墨書されていた。

　また門司の白野江植物園の中に樹令400年といわれるサトザクラがある。入り口すぐ右に見られる古木で、「母子桜」とも呼ばれ、オオシマザクラに似た品種とのこと。こちらも台風による塩害で、一時はかなり衰えて心配されたが、治療や土壌改良により蘇ったという。

桜の名称	所在地	品種	樹齢	見頃時期
福聚寺の宗因桜	北九州市小倉北区寿山町6—7	枝垂桜	不明	4月上旬～4月中旬
天保古山の平家一本桜	みやま市山川町甲田	ヤマザクラ	250年	3月下旬～4月上旬
母子桜（白野江のサトザクラ）	北九州市門司区白野江2 白野江植物公園内	サトザクラ	450年	4月上旬
吉木の桜	田川郡添田町大字落合字吉木原	ヤマザクラ	300年	4月上旬
光善寺の枝垂れ桜	八女市黒木町木屋1773	枝垂桜	300年	4月上旬
名木野の枝垂桜	みやま市瀬高町小田字名木野	枝垂桜	300年	3月下旬～4月上旬
浅井の一本桜	久留米市山本町耳納1511—1	ヤマザクラ	100年	4月上旬
千女房桜	京都郡みやこ町勝山宮原	ヤマザクラ	300年	3月下旬～4月上旬

宗因桜

千女房桜

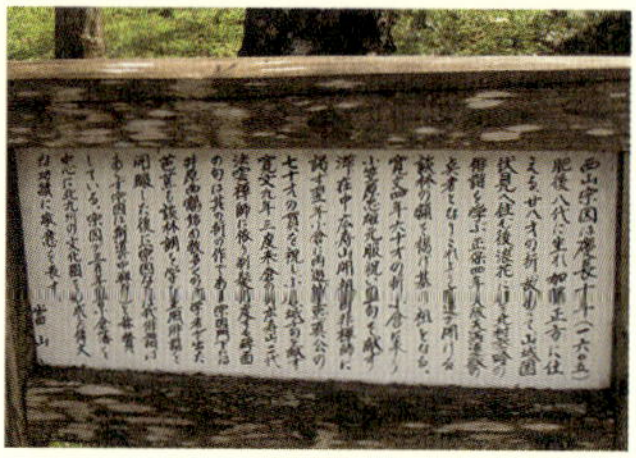
宗因桜

白野江植物園のサトザクラ

桜の旅――福岡県編

桜へのアプローチ

※二〇一六年一月現在の施設のため、予め営業を確認されてからのご利用をおすすめします。

「白野江のサトザクラ」・「福聚寺の宗因桜」への桜旅には

○ホテル「門司港ホテル」

高い窓から関門海峡を一望。クラシカルな雰囲気の建物。港の夜景はノスタルジックな哀愁が漂う。

〒八〇一-八五〇三
福岡県北九州市門司区港町九-一一
電話：〇九三-三二一-一一一一

○食事処「まんねん亀」

本店は門司の栄町の中心部の割烹。門司港駅前の旧三井倶楽部店なら、かつての豪奢な建物の中でふくのランチを味わうことができる。

〒八〇一-〇八六三
福岡県北九州市門司区栄町五-三
電話：〇九三-三二一-〇〇二九

門司港ホテルからの眺め

まんねん亀

「天保古山の一本桜」・「名木野のしだれ桜」・「光善寺のしだれ桜」・「浅井の一本桜」への桜旅には

○旅館「ふかほり邸」

江戸時代の大庄屋の屋敷を改造した母屋のダイニング。四千坪の敷地の中に離れや浴場が点在する。屋敷の裏は自家農園。

〒八三〇-〇一一一
福岡県久留米市三潴《みづま》町西牟田六五五二
電話：〇九四二-五四-六六八一

○公共の宿「マリンテラスあしや」

芦屋町は茶道をたしなむ人にはおなじみの「芦屋釜」の故郷で、能「砧」の舞台でもある。ホテルは山上にあって遠賀川の河口、響灘をのぞむ。この一帯は「魚見公園」といい、その中に樹令150年の「魚見桜」がある。ホテル玄関前の遊歩道を降りて行くと右側に見える。

〒八〇七-〇一四一
福岡県遠賀郡芦屋町山鹿一五八八
電話：〇九三-二二三-一〇八一

ふかほり亭

マリンテラスあしや

魚見桜

四国地区

高知県
愛媛県
香川県
徳島県

上：高知県　ひょうたん桜
下：徳島県　吉良の江戸彼岸

高知県の桜たち

ひょうたん桜

高知県の左部分には二本の清流が流れている。中心に近いのが仁淀川《によど》であり、やや左を走るのが四万十川《しまんと》である。

仁淀川の上流、今の「仁淀川町」、かつての「吾川村」に四国随一と言われる「ひょうたん桜」がある。元々はこの地区は「大藪」という字名であったのを、「大藪の彼岸桜」と呼ばれるよりも「ひょうたん桜」という方がすっかり有名になってしまったために、地区名そのものが「桜」と昭和33年に改称されたというういきさつがある。ひょうたん桜は樹令500年、高さは30m（斜面に立っているためにそこまで樹高のある桜であるとは感じられない）、根回り6mの堂々たるエドヒガンである。この桜は戦国時代の武田勝頼の伝承を持つ。武田信玄の四男で、武田家を相続したものの、長篠の戦いで織田信長に敗れた後は家臣の離反や裏切りが重なって、一族と共に滅んだと伝えられる勝頼であるが、実は天目山で自害したのではなく、ひそかに落ちのびて来てこの地に隠れ住んだというのである。そして武田家再興の望みを祈願し、立てた杖が根付いて大木となったのがひょうたん桜ということになっている。「ひょうたん桜」という名は、つぼみがひょうたん型をしているところから付けられたらしい。この桜に会うためには麓からジグザグの道を上って行かなければならないが、樹のそばまで登ってみると、桜は上半身を道の方へのぞかせたような形に咲いているので、割と目線に近いところに花を見ることができる。桜のむこうは谷間をへだてた前の山の稜線が目の高さとほぼ同じ。吹き上がって来る風も心地良く、青空に白い花が映えて、ひょうたん桜はさわやかに咲いていた。

仁淀川町のこの辺りにはひょうたん桜以外にも「市川家のしだれ桜」「中越家のしだれ桜」「生芋ひょうたん桜」などが谷間の里に咲いて、三月下旬には桜めぐりの人々でにぎわう。

仁淀川町から四国カルストの高原の方へ登って行

市川家のしだれ桜

生芋ひょうたん桜

市川家のしだれ桜

中越家のしだれ桜

くと梼原《ゆすはら》町となり、坂本龍馬が脱藩した時に通った道に近づく。この道は今「維新の道」と呼ばれて整備されているが、幕末に高知城下を脱出した龍馬は、梼原町から伊予、今の愛媛県へと人跡もまれな険しい道を抜けて追手をかわしたのである。その梼原町にも二本の桜を見ることができる。一本は「世試し桜」という樹令150年のウバヒガンで、民家の裏山の斜面に咲く。花のつき具合によってその年の豊凶を占い、農事の参考にしたためにこの名があるという。

もう一本は「老桜樹」、またの名を「梼原のひょうたん桜」と呼ばれ、集落を見下ろす高台にある。桜自体は明治の初めごろに植えられたものというが、長平庵といって侘びたたたずまいの御堂が残るこの場所は、室町時代に領主津野家の一族の一人が身をかくすようにして住んだところだったという。桜の説明のついでに教育委員会によって立てられた案内板にはそのいきさつが詳しく書かれている。茅葺きの軒深い濡れ縁に腰を下ろしていると、つい今しがた読んだばかりの、長平庵の主の生きざまに思いを至してしまう。嫡子として生まれながら、一族の争いを避けるために自ら身を退いてここに隠遁したその男性《ひと》は、また里人たちにとってはよき理解者でもあり、庇護者ともなって生涯を終えた。そうした人柄の貴人であったればこそ、梼原の里人たちが今日《こんにち》に至るまで語りつぎ、庵跡に桜を植えて偲ぶよすがとしたということだったのだろう。四国の有名な「お接待」（巡礼の人々を援け、もてなす習わし）の舞台ともなる「茶堂」を、今なお町内に13棟も残しているという梼原びとの心が伝わって来るような話である。

世試し桜

老桜樹

さて、四万十川の流域には四万十市と四万十町があって、他所者にはとてもまぎらわしいのであるが、近ごろ四万十町の方は高速道路が伸びたことによって、時間も短縮され（いずれ四万十市も高速道路が届くことになるのだろうが）桜行脚が格段に楽になった。数多い四万十町の一本桜たちの中でも、「一斗俵ホキのヤマザクラ」という樹令200年の桜は、すぐそばに「一斗俵沈下橋」という観光名所となっている沈下橋があるので、そちらを目あてに探すと割と簡単にたどり着くことができる。

沈下橋

一斗俵ホキの山桜

　足摺岬に近い大月町の海岸線は、なだらかなのに荒々しい風景が続くところであるが、この町の人々にシンボルとして大切にされている一本の桜がある。「長沢月光桜」というその名も、町の公募によるものだという。桜のある高台は、回りの草木を刈り取って手入れがなされ、道路を走りながらながめても、一本立ちしている姿がすっきりと見えるが、この桜がただものならぬ魅力を発揮するのは月の光が輝く時である。偶々《たま》この樹の後方に月がかかった時は、幻想的な美しさで人々を酔わせるほどだそうで（残念ながら私は見る機会に恵まれなかったが）、「月光桜」という名に恥じぬ美しさという話である。

　足摺岬が登場したので、高知県のもう一つの岬、室戸岬に近い桜も一本ご紹介しよう。安芸市の田畑の中に穴内新城八幡社の祠がある。その境内に丈の高い桜が二本、お互いの腕を高く

長沢月光桜

挙げてからませているような形で立っている「穴内新城八幡桜」、樹令３００年の独特の雰囲気をたたえた夫婦の桜である。

その他高知県には、

黒潮町「福泉寺のヤマザクラ」　樹令４００年
宿毛市「栄喜のヒガンザクラ」　樹令２５０年
馬路村「天王の山桜」　樹令１５０年

などがあり、いずれも地域の人々によって大切に守られている。

穴内新城八幡桜

福泉寺の山桜

栄喜の彼岸桜

天王の山桜

桜の名称	所在地	品種	樹齢	見頃時期
生芋のひょうたん桜	吾川郡仁淀川町（大規模林道小田池川線沿い）	エドヒガンザクラ		3月下旬
瓢箪桜	吾川郡仁淀川町桜	エドヒガン	500年	3月下旬
市川家のしだれ桜	吾川郡仁淀川町別枝岩屋	枝垂桜	50年	4月上旬
中越家のしだれ桜	吾川郡仁淀川町別枝本村	枝垂桜	200年	4月上旬
天王の山桜	安芸郡馬路村大字馬路3872—2 日浦	ヤマザクラ	150年	4月上旬
穴内新城八幡桜	安芸市		300年	
栄喜のひがんざくら	宿毛市小筑紫町栄喜天河原	エドヒガンザクラ	250年	3月中旬
一斗俵ホキのヤマザクラ	高岡郡四万十町	ヤマザクラ	200年	
老桜樹	高岡郡梼原町竹の藪76番地	エドヒガンザクラ	130年	3月下旬
世試し桜	高岡郡梼原町本も谷	ウバヒガンザクラの一種と言われる	150年	3月下旬
長沢・月光桜	幡多郡大月町弘見・長沢			3月末
福泉寺のヤマザクラ	幡多郡黒潮町	ヤマザクラ	400年	4月上旬

桜の旅――高知県編

桜へのアプローチ

※二〇一六年一月現在の施設のため、予め営業を確認されてからのご利用をおすすめします。

「ひょうたん桜」・「市川家のしだれ桜」・「中越家のしだれ桜」・「生芋のひょうたん桜」・「世試し桜」・「老桜樹（梼原のひょうたん桜）」への桜旅は

○ホテル「ヴィラ・サントリーニ」

山上の崖に段状に建てられて、まるでギリシャへ行ったような雰囲気のホテル。エーゲ海に浮かぶサントリーニ島の建築様式だそうで、天気の良い日は高知市の桂浜の辺りまでが室内で寝転びながら眺めることができる。食事はできるだけ窓側の席を確保したい。

〒七八一―一一六五　高知県土佐市宇佐町竜五九九番地六
電話：〇八八―八五六―〇〇〇七

○旅館「三陽荘別館・安荘《やすらぎ》」

ちょうど「ヴィラ・サントリーニ」の真下に位置する。こちらはうって変わって純和風の二間続きの座敷と広々とした中庭。部屋付の源泉引き込みの温泉がうれしい。安荘の部屋からは見えないが、本館へ行くと、目の前が土佐湾。お遍路宿としてお遍路さんたちにやさしいサービスと、便利な場所。

〒七八一―一一六五　高知県土佐市宇佐町竜五〇四―一
電話：〇八八―八五六―〇〇〇一

○ホテルの中華レストラン
「ザ クラウンパレス新阪急高知『マンダリン・コート』」

阪急阪神第一ホテルグループ。HMIホテルグループ。疲れがたまった時、中華料理のコースメニューは元気を回復してくれる特効薬。

〒七八〇―八五六一　高知県高知市本町四―二―五〇
電話：〇八八―八七三―一一一一

ヴィラ・サントリーニ

山陽荘別館・安荘

ザ・クラウンパレス新阪急　マンダリン・コート

○公共の宿「国民宿舎　土佐」

「ヴィラ・サントリーニ」のすぐ上にあり、素晴しい眺望、ちょっと変わった動物たちがあちこちで飼育されていて、アトホームな、おとぎ話に出て来るような雰囲気のある宿、スタッフも心安く、あたたかい。レストランの「伊勢えびコース」はおすすめ。昼食に立ち寄って伊勢えびを食べればみな「エビス顔」になるかも。

〒七八一―一一六五　高知県土佐市宇佐町竜五九九―六
電話：〇八八―八五六―二四五一

「穴内新城八幡桜」・「天王の山桜」への桜旅には

○オーベルジュ「ウトコ・オーベルジュ」

室戸岬の海に面した開放的なロケーションと、地元の素材を使ったイタリアンのレストラン、すぐ近くに弘法大師が修業したといわれる洞窟がある。

〒七八一―七一〇一　高知県室戸市室戸岬町六九六九―一
ディープシーワールド内
電話：〇五〇―三七八六―〇〇二二

「長沢月光桜」・「栄喜のひがん桜」・「一斗俵ホキのヒガン桜」・「福泉寺のヤマザクラ」への桜旅は

○宿「足摺テルメ」

足摺の町を見下ろす高台にある。船をイメージしたような白いモダンな建物。各部屋の造りもテラスも広々と。朝食は特筆もの。温泉棟が隣接。サービス精神にあふれたスタッフのおかげで、春分の日、秋分の日の前後にしか見ることのできないという「トオルマの光」（岩のすき間から透けて見える夕陽のきらめき）をかすかに認めることができた。

〒七八七―〇三一五
高知県土佐清水市足摺岬字東畑一四三三―三
電話：〇八八〇―八八―〇三〇一

国民宿舎　土佐からの眺め

ウトコ・オーベルジュ

足摺テルメ

愛媛県の桜たち

東のしだれ桜

うぐいすの声が聞こえている。うしろからも上からも。おや、あちらからこちらへ飛び移ったらしい。ホーケキョケキョケキョー。上手に鳴けるようになったネと褒めてあげよう。目の前は桜のすだれ。薄桃色の花のつながりの間から、むかいの山と村の屋根。そして畑が見えている。見上げればここも花、花、花の天上。右も左も花のカーテン。まるで自分が鳥になって花の籠に入っているような心地。夢うつつの中で、極楽浄土ってもしかしてこんなところだろうかなんてうっとり想像してしまうが、耳を澄ますとかすかに村人たちの息づきの音。農機具の音やら話し声も。でも静か。のんびりと、のどかな春の昼下がりである。腰を下ろしているのは小さなお堂の縁側。背を向けてしまった仏様には

東のしだれ桜

ちょっとおゆるしをいただいて。お堂の横から桜の太い太い幹が、身をくねらせて昇っている。樹令350年の「東のしだれ桜」は今たわわに枝に花をつけたところである。内子町《うちこちょう》の石畳東地区、小高い丘の上から、村人たちに慈悲の雨を降りそそいでいるかのよう。お遍路さんだって、ここの桜の籠に入ったなら、きっと身にたくさんの『福』を授かって、再び元気に歩き出すのだろう。さて、私たちもそろそろ出かけよう。桜巡礼の旅はまだまだ先が長いのである。

　大洲《おおず》市へ入り、河辺川をさか上って行く途中、川にかかっている橋が、何だかとてもみやびに見える。どういうことかとつい確かめたくなって、次の橋が見えて来た時にはとうとう車を降りてそばまで近づいてしまった。木造りの橋に屋根を乗せて、欄干も整えた立派さである。橋の名も「御幸の橋」と優雅に名付けられ、渡った先には神社があるらしい。あとで聞くと、この旧河辺村には屋根付き橋が八橋も見られるとのこと。この地方でどういう信仰（？）のいわれがあるのかは分からないが、高知県の方では沈下橋と言って、今度は逆に何のあいそもない（水に浸ってもいいように超シンプルにできているらしい）橋が有名でもある。どうも四国には珍しい橋の話が多い。

東のしだれ桜

　その橋から少し奥へ行くと、左手上の方にお堂があって、その上から「用の山の桜」が見えて来る。樹令350年。根回りが6・3mあるエドヒガンの大樹で、お堂の横から桜のすぐ脇まで登れるようになっている。小高いところに位置しているので、春になってこの桜にピンク色の花が咲くのを見て、集落の人々がさつまいもの種ふせをしたと言われている。内子町にもその名も「いも種桜」という桜があるので、この地方では昔から桜と芋の栽培のかかわりが深いらしい。

松山市内へ出ると「西法寺の薄墨桜」という1300年の伝承を持つ桜がある。天武天皇の皇后の病気平癒の功として下賜されたものだそうで、現在の樹は三代目とのことであるが、初代は800年、二代目は400年の樹令を保ったと言われている。八重のヤマザクラの一種で、天皇の綸旨の薄墨色にちなんで「薄墨桜」と名付けられたという話が伝わる。

松山市には「大宝寺の姥桜（うば桜）」という樹令300年のエドヒガンザクラもある。

御幸の橋

用の山の桜

用の山の桜

いも種桜

いも種桜

この桜には伝説があって、明治時代に小泉八雲によって英訳され、英・米にも「怪談」として紹介され

た。昔、この地方の長者の娘が重い病にかかった。乳母が必死に観音様へおまいりして、娘は回復したものの、今度は乳母が急に病気になってしまった。驚く人々に乳母はお嬢様の身代わりとなるよう観音様にお願いしたと告げ、娘の病気平癒のお礼にお寺に桜を一本植えて欲しいと遺言して亡くなった。本堂の前に植えられた桜は人々から「うば桜」と呼ばれるようになったという。根元から四方へ大きく枝を伸ばしているこの桜は、早咲きとしても知られ、松山市の中で一番早く開花をみるそうである。

　瀬戸内に面した西条市には「実報寺の一樹《ひとき》桜」が境内に大きく枝を広げている。寛政七年(1795)に小林一茶がこの地を訪れた時、「遠山と見しは是也花一木」と詠んで、そのことを自らの旅日記にも記したという。一茶の句にちなんでの命名であるらしい。

　新居浜《にいはま》市では、明正寺という奈良時代からの古刹の門前に「明正寺桜」という珍しい種類の桜がある。涅槃会のころに咲き始めることから涅槃桜とも呼ばれ、各地にこの桜を株分けした苗が送られているという。新居浜市にはかつての住友別子銅山があり、元禄四年から三百年近く銅が採掘されていた。山上のその遺構は、近ごろ南米ペルーのインカ帝国の遺跡になぞらえて「東洋のマチュピチュ」などと呼ばれ、人気が高まっているという。

桜の名称	所在地	品種	樹齢	見頃時期
用の山のサクラ	大洲市河辺町北平	エドヒガン	350年	3月末～4月上旬
東のシダレザクラ	喜多郡内子町石畳東	枝垂桜	350年	4月上旬
いも種桜	喜多郡内子町大瀬南	エドヒガン	400年	3月末
実報寺の一樹桜	西条市実報寺	エドヒガン	300年	3月下旬
明正寺桜	新居浜市			3月中旬
大宝寺姥桜	松山市	アズマヒガンザクラ	300年	3月下旬～4月上旬
西法寺の伊予薄墨桜3代目	松山市伊台町 西法寺	ヤマザクラ		4月初旬～4月中旬

東のしだれ桜

大宝寺の姥桜（うば桜）

西法寺の薄墨桜

明正寺桜

実報寺の一樹桜

桜の旅——愛媛県編

「東のしだれ桜」・「用の山の桜」・「いも種桜」への桜旅は

○旅館「みかめ本館」
西予市の地元漁師の活魚宿。宇和海と三瓶湾の海の幸を味わえる。対岸が九州大分の佐賀関。かの有名な関あじ関さばがこちら側でもとれる。この宿へ来たならぜひあじの活き造りを。
〒七九六―〇九〇七
愛媛県西予市三瓶町朝立一番耕地五四八番地二
電話：〇八九四―三三―二〇〇一

○オーベルジュ「オーベルジュ内子」
内子町の高台にあり、全室、といってもわずか5室、が離れとなっている。地元の和紙とガラスを使ったモダンなインテリアがやさしくてあたたかい。地の素材を使うフレンチの評判も上々。
〒七九五―〇三〇一
愛媛県喜多郡内子町五十崎乙四八五―二
電話：〇八九三―四四―六五六五

「薄墨桜」・「大宝寺うば桜」への桜旅は

○旅館「大和屋別荘」
俳句の宿として知られる。館内随所にある文人たちの書画によって、その跡を偲ぶことができる。文化の香りのする宿。といっても、古い感じはせず、明るく、居心地の良い温泉旅館。
〒七九〇―〇八三六
愛媛県松山市道後鷺谷町二―二七
電話：〇八九―九三一―七七七一

みかめ本館

オーベルジュ内子

大和屋別荘

桜へのアプローチ

※二〇一六年一月現在の施設のため、予め営業を確認されてからのご利用をおすすめします。

○オーベルジュ「TOBE オーベルジュリゾート」
松山I・Cから南へ降りて5分というアクセスが良い。通谷池のそばに建ち、春には池の周りを桜が霞のように染める。池の中に一条の噴水が勢い良く吹き出し、時に光の加減で見事な虹のカーテンを作り出す。むこうの高台にはえひめこどもの城の一画が見えて、動く遊具の影が見えかくれするのも楽しい。
〒七九一―二一二〇
愛媛県伊予郡砥部町宮内一六二二―七
電話：〇八九―九六〇―七五〇一

「実報寺の一樹桜」・「明正寺桜」への桜旅は

○ホテルの中華レストラン「リーガロイヤル新居浜『龍風』」
安心できて元気の出る中華料理。高層階からは海も見える。
〒七九二―〇〇〇七
愛媛県新居浜市前田町六番九号
電話：〇八九七―三七―一一一一

TOBE オーベルジュリゾート

リーガロイヤル新居浜

香川県の桜たち

堀池のしだれ桜

香川県にはかつて名桜として知られた二本の桜があった。樹令４００年の東地のウバヒガン、そして樹令３００年の長谷のヤマザクラである。

ところが二本とも近年急に衰えを見せ始め、「東地のウバヒガン」は平成九年に枯死、そして伐採されてしまったのである。さぬき空港公園内にこの樹の実生から育てた子孫があるらしいが、私たちが元木のあったところを訪ねた時には切り株だけが残っていた。

「長谷のヤマザクラ」の方も、大枝はほとんど落ちて、細い枝だけが頑張って出ているといった状態である。こちらも枯死が心配され、同じ長谷の地でやはり二世を育てるべ

東地のウバヒガン

く努力がなされているという。

　こうした老桜たちが、これまで何百年も生きて来たというのに、今、ここへ来て急に衰弱してしまうのは一体何故なのか。様々な要因があげられるが、専門家たちの一致する最大のものは、環境の変化である。これまでと同じ環境の中でなら、これからも何百年と生き続けられる強さを持った桜たちも、気候であれ、人的な原因であれ、今までと異なった環境、バランスの中では生き伸びることが難しくなって来たというのである。香川県ばかりではなく、同様の現象は全国各地で起こりつつある。桜にとって受難の時代の到来なのである。

　現在の香川県の中で、最も華やかな姿を見せてくれるのは綾川町の「堀池のしだれ桜」であろう。昭和50年に植えられたエドヒガンのシダレ桜で、まだ若いので幹はさほど太くはないが、枝張りが立派で、遠目ではまるで大きな傘を広げているように見える。道路を斜めに登りつめたところにあって、かなり遠くからでも見えるので、花の時期には見物客が絶えない。

長谷のヤマザクラ

　善通寺では、弘法大師の生誕地として名高い善通寺の寺域に、珍しい種類の桜がある。涅槃会（三月十五日）ごろにちょうど満開となるので「涅槃桜」と呼ばれている。昭和四十八年の弘法大師生誕千二百年祭を記念して、新居浜の明正寺から贈られたものだそうで、宝物館の近くに見ることができる。

堀池のしだれ桜

　また三豊《みとよ》市にも弘法大師ゆかりの桜がある。大同年間（807）に善通寺が建立された時、弘法大師が所持していた杖を地面にさしたところ、芽吹いて花を咲かせた桜と伝えられる。年毎にこの桜の花のつき方の多少によって、五穀の豊凶や世の中の吉凶を占うことができるとされ、「世の中桜」と呼ばれて来た桜である。昭和の初期には幹囲が3・6mもあったと伝えられるが、現在の樹は世代交代して、まだ若い幹から枝が四方に伸びている。

三豊市には古木の桜がもう一本ある。財田町に戦国時代の本條城跡があり、その城主であった財田左兵衛義宗のものと伝えられる墓の傍らに「義宗桜」という樹令500年の山桜が咲く。私たちが訪ねた三月末は、まだ花の時期には早かったが、この山の

涅槃桜

世の中桜

所有者である細川さんが現地まで案内して下さった。苔むした五輪の塔がひっそりとうずくまり、それを見守るような形で太い幹の桜が立っていた。根回りは4・9mあり、台風などで枝折れして、かなり樹勢が弱って来ているものの、四月初めには花をつけるという。樹の上の部分がそこだけ白くなって、遠くからも義宗桜が咲いたことを認めることができるそうである。年を経て弱りながらも、時が来ればきっと咲いて、ふもとの里人に春を告げる。けなげな桜の楚々として咲く姿を想像しながら、細川さんと義宗桜に別れを告げた。

その後しばらくして細川さんから手紙が届いた。義宗桜が花をつけた時の写真を撮って送って下さっ

たのである。その文面の中に、いかにもこの桜の主《あるじ》らしい句が添えてあったので、ここに紹介させていただきたいと思う。

「枝は巧ち　花は頭上に　幾百年」

——細川敏和氏作——

義宗桜

桜の名称	所在地	品種	樹齢	見頃時期
堀池のしだれ桜	綾歌郡綾川町町方	エドヒガン	40年	3月中旬
東地のウバヒガンザクラ	香川郡塩江町	エドヒガン	400年	
義宗桜	三豊市財田	ヤマザクラ	500年	4月上旬
世の中桜	三豊市財田		不明	4月上旬
涅槃桜	善通寺市善通寺町3−3 善通寺内	ミョウショウジザクラ		3月中旬
長谷のヤマザクラ	仲多度郡まんのう町勝浦長谷	ヤマザクラ	300年	4月中旬

細川さん撮影の義宗桜

細川さん撮影の義宗桜

桜の旅——香川県編

桜へのアプローチ

※二〇一六年一月現在の施設のため、予め営業を確認されてからのご利用をおすすめします。

「東地のウバヒガン」・「長谷のヤマザクラ」・「堀池のシダレ桜」への桜旅は

○オーベルジュ「オーベルジュ・ドゥ・オオイシ」

屋島の下、海際に建つ。サービス、料理、建物、すべてあかぬけているのに、どこかアト・ホームな感じ。エレガントなマダムのお人柄によるものか。

〒七六一-〇一一三 香川県高松市屋島西町六五
電話：〇八七-八四三-二二三五

○ホテル「JRホテルクレメント高松」

すぐ目の前が高松港。どの方向にもすばらしい眺望が広がる。ランドマークタワー。交通も便利。

〒七六〇-〇〇一一 香川県高松市浜ノ町一-一
電話：〇八七-八一一-一一一一

○旅館「花樹海」

部屋の前面が海側に全面ガラス張りになっているので、眼下に高松の市街地、屋島、瀬戸内が広々と見える。夜景もきれい。

〒七六〇-〇〇〇四 香川県高松市西宝町三-五-一〇
電話：〇八七-八六一-五五八〇

オーベルジュ・ドゥ・オオイシ

JR ホテルクレメント高松

花樹海

○公共の宿「ベッセルおおちの湯」

瀬戸内の海際に建ち、島影が霞んで見える。温泉施設の中に見晴らしのいいビュフェスタイルのレストランもあるが、ここのおすすめは、居食屋（居酒屋とはいわず）の新鮮な地魚。おそらく地元の人が多いと思われるが、入浴よりも、ここの食事処がお目当てのようで、土日休日ともなれば、予約もできない有様。良心的な味、値段、景色、人気があるのも納得。

〒七六九-二五二〇 香川県東かがわ市馬篠一二〇〇
電話：〇八七九-二六-一一二六

「涅槃桜」・「世の中桜」・「義宗桜」への桜旅は

○ホテル「オークラホテル丸亀」

瀬戸内に面して建つ。坂出方面の山々や瀬戸大橋を遠望できる。京極家の城だった丸亀城跡も近いので、往き帰りはぜひ城の周囲をひとまわりと。

〒七六三-〇〇一一 香川県丸亀市富士見町三-三-五十
電話：〇八七七-二三-二二二二

○旅館「琴平花壇」

金刀比羅宮の麓にあり、格式のある建物にモダンな雰囲気を上手に組み入れて、しかもすべてにゆったりと余裕のある造り。竹林の中の露天風呂も印象に残る宿。

〒七六六-〇〇〇一 香川県仲多度郡琴平町一二四一-五
電話：〇八七七-七五-三二三二

ベッセルおおちの湯

オークラホテル丸亀

琴平花壇

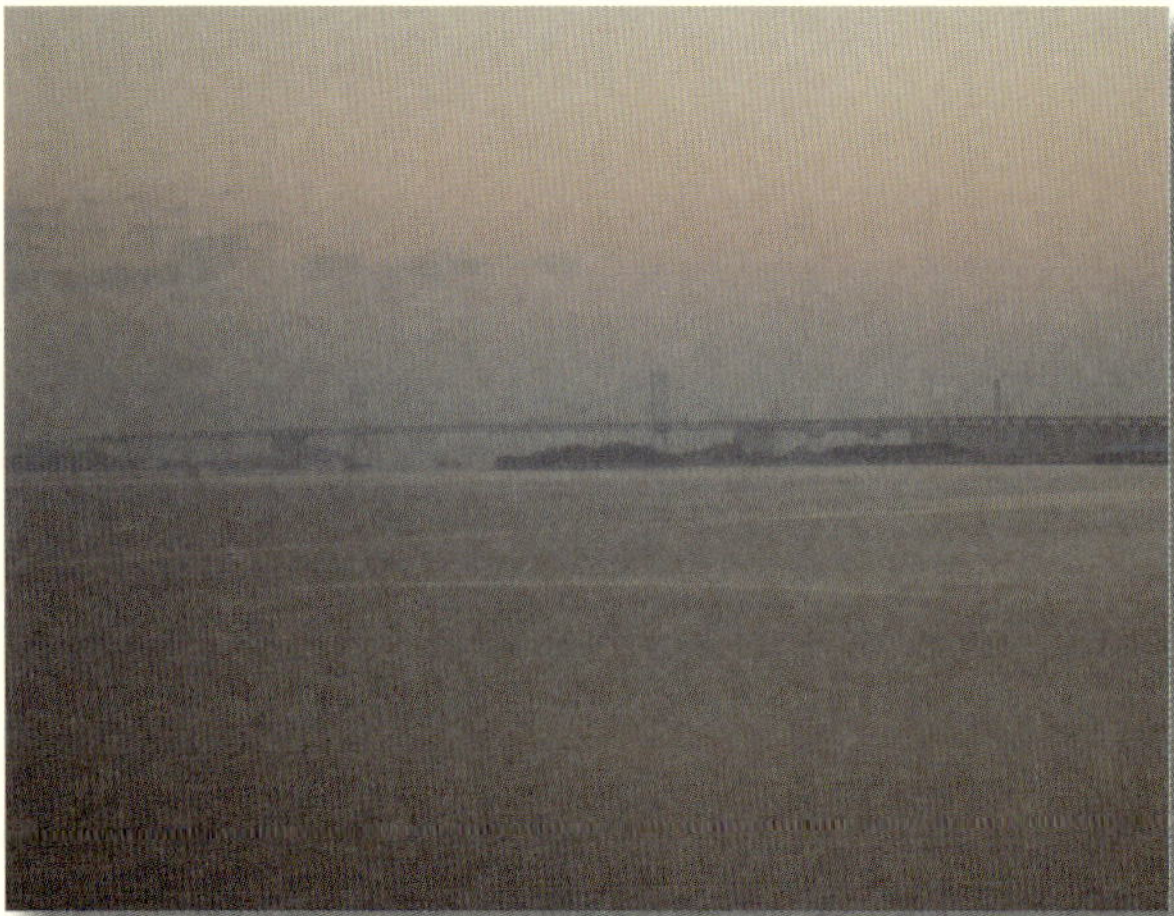

香川県の丸亀オークラから見た瀬戸大橋

徳島県の桜たち

川井のエドヒガン

徳島市の住宅街の中に、国の登録文化財に指定されている武家屋敷の「原田家住宅」があり、その庭の一隅に樹令250年の「蜂須賀桜」が咲く。原田家は江戸時代には徳島藩の重臣だった家柄で、蜂須賀桜はもとは徳島城の表御殿で育成されていた。歴代の藩主が「お留め石」に座って花見をしたことから「お留め桜」と呼ばれ、またその可憐な花の色から「おとめ桜」とも呼ばれたとも言う。明治の初め、廃藩置県によって城を去ることになった最後の徳島藩主蜂須賀茂韶《もちあき》が、当時の原田家当主に託したものと伝えられる。以来原田家の庭において二月の中旬から咲き始め、約一カ月間、やさしい薄紅色の花が徳島の春を飾る。現在は原田家は無人のため、保存会によって管理され、年

蜂須賀桜

に一度だけ三月中旬に開花に合わせて公開されている。苗の育成が成功したことにより、各地で栽培されて、イタリアのバチカン王国のサンピエトロ寺院でもこの花が咲くようになったらしい。

徳島市から剣山《つるぎさん》地の方へ向かうと、神山町に明王寺があり、境内には二本のしだれ桜がある。よく伸びた枝が塀を大きく越えて、道路上に届かんばかりに花を垂らす。樹令は80年と60年だそうで、まだ若い木であるが、かつてはここに樹令350年の老木があった。その樹から接木して育ったのが現在の二本のしだれ桜なのであり、二代目と三代目に当たるそうである。

そこから奥の川井峠を越えると、美馬市木屋交流センターの西側に「川井のエドヒガン」を見ることができる。かつてはこの場所に寺があったそうで、樹令500年を数える老桜である。高台の角地に立っているので、眼下に木屋平の町を一望することができる。

つるぎ町へ入って、貞光の手前、道を上ったところに忌部神社があり、そのそばにエドヒガンの大樹の姿がある。樹令400年、樹高20mの「吉良のエドヒガン」である。小高いところに伸びやかに立つこの樹の根元には古いお墓がある。昔の庄屋だった人が亡くなった時、かわいがっていた桜をお墓の根元に植えたところこのように成長したのだという。一時は樹勢の衰えもあったと聞くが、地元の人々の努力によって回復し、再び見事に花をつけるようになった。ほとんど支柱の力も借りず、凛《リン》と立った樹をながめると、かつて舞の名手だった老妓が姿勢を正して舞台に立つ姿を見るようでもある。まことの「姥桜《うばざくら》」とはこのような名木を指すのかとも思う。よく年配の女性を指す言葉として「姥桜」が蔑称的に使われるが、年老いてなお品格が高く、たおやかに強靭な力を秘めて、しかも華やかで美しい、そういう老樹だけが「姥桜」と呼ばれる資格を持つ。となれば人間も「姥桜」と呼ばれるのは大変な名誉であり、いいかげんな使い方をされては本物の「姥桜」たちに失礼というものである。この際、世の女性たちは「姥桜」と呼ばれたら褒められたと思って大いに自信を持ちたいものである。

蜂須賀桜

川井のエドヒガン

明王寺の桜

明王寺の桜

吉良のエドヒガン

桜の名称	所在地	品種	樹齢	見頃時期
明王寺のしだれ桜	名西郡神山町	枝垂桜	80年	3月下旬~4月上旬
川井のエドヒガン	美馬市木屋平字川井302	エドヒガン	500~600年	4月中旬
蜂須賀桜	徳島市かちどき橋3	カンヒザクラとヤマザクラの混種	250年	2月下旬
吉良のエドヒガン	美馬郡つるぎ町貞光字吉良679	エドヒガン	400年	4月上旬

桜の旅――徳島県編

桜へのアプローチ

※二〇一六年一月現在の施設のため、予め営業を確認されてからのご利用をおすすめします。

「蜂須賀桜」・「明王寺の桜」への桜旅は

○ホテル
「ルネッサンス リゾート ナルト」
窓を開ければそのまま海。様々なニーズに応えられる多種の部屋タイプがある。
〒七七二―〇〇五三　徳島県鳴門市鳴門町土佐泊浦字大毛一六―四五
電話：〇八八―六八七―二五八〇㈹

○ホテルレストラン
「ホテル リッジ『カリフォルニアテーブル』」
鳴門海峡をのぞむ驚嘆すべきパノラマ。渦潮の流れから、瀬戸内海の島々、大鳴門橋、紀伊水道までを一気に見ることができる。眺望のすばらしさに加えて、建物、設備、サービス、食事、あらゆる面でのセンスの良さが光る。
〒七七一―〇三六七　徳島県鳴門市瀬戸町大島田中山一―一
電話：〇八八―六八八―一二一二

○ホテルの中華レストラン
「徳島グランヴィリオ ホテル『龍殿』」
徳島県庁の隣に位置し、シティホテルでありながら、レストランの窓の外を見るとヨットハーバーのようにたくさんの船がつながれているのが見える。
〒七七〇―〇九四一　徳島県徳島市万代町三―五―一
電話：〇八八―六二四―一一一一㈹

ルネッサンス リゾート ナルト

ホテル リッジ カリフォルニアテーブル

グランヴィリオ ホテル　龍殿

「川井のエドヒガン」・「吉良のエドヒガン」への桜旅は

○旅館「御所社乃森」
入口の門を潜った瞬間から平安時代の貴族の館へタイムスリップしたかのよう。寝殿造りの客室、渡殿、拝殿、などの建物ばかりでなく、貸し出しされる平安貴族の装束、香道具、投扇興、すべてが本物であることに感動すら覚える。
〒七七一―一五〇八　徳島県阿波市土成町宮川内落久保七一―一
電話：〇八八―六九五―五八四六㈹

○宿「サンリバー 大歩危」
大歩危、小歩危の吉野川の谷間にあり、山の風景、川の流れ、鉄橋を渡るJRの電車など、部屋付きの露天風呂につかりながら眺めるのも楽しい。
〒七七九―五四五一　徳島県三好市山城町西宇一―二五九―一
電話：〇八八三―八四―二一一一

御所社乃森

サンリバー 大歩危

中国地区

山口県
広島県
岡山県
島根県
鳥取県

上：山口県　向畑の左近桜
下：広島県　千鳥別尺の山桜

山口県の桜たち

左近桜

「ええ、こわいです。」
片方は切り立った山の斜面。反対側はのぞき込むと身もすくむような深い谷。ところどころガードレールすらない狭い道は、小型の軽自動車が通るのがやっと。運転手役をかって出て下さった岩国市錦町支所の方（私たちの車で、私たちの運転で行くのはムリと言われたので）への、私たちの問い「こんな細い道は私たちは運転したことがないんですけど、地元の方ならこわくないんですか？」の答えが冒頭の言葉である。たよりないほど細い道ながら、それでも沿道に少なくとも一軒は民家が残っているので一応レッキとした公道で、郵便配達の人も通るのだそうである。「さくらみち」――全国の一本桜の各々へたどりつくための悪路（夫が半ば呆れ、半ば嘆息しながらたてまつった呼称）――はそもそも一本桜がえてして山の奥や、人里離れた場所にあるので、とにかく急峻で狭いことが多い。未舗装の道や、車が曲がり切れるギリギリのカーブもざらである。ほとんど通行量のない山奥の道で、（たとえ舗装がしてあったところで）上に落葉が何重にも積もって、更に雨上がりの夕方だったりすると、傾斜度の高い道を決死の覚悟で（!!!）そろりそろりと降りて行く時のスリルはちょっとしたものである。そういう場数は踏んでいるつもりの私たちでさえ、難度の高さは最高レベルの「さくらみち」がこの左近桜をめざして行く時の道なのであった。「ここです。」と言われて、やれやれ到着したかとホッとした途端に「この先は土砂崩れがあって道が抜けてしまい、通行止めになっています。」で、もう一度改めてゾッとした次第。着いたところは山が切り開かれて広くなっていて、かつては人が住んでいた痕跡が見える。荒れ果てた木造の小屋のような建物のむこうにお目当ての桜があった。斜面に立った背の高い桜は、妙な客が来たなと驚いているよう。樹高は20ｍとなっているが、この時の印象ではもっともっと丈高く思われた。「向畑の左近桜」と呼ばれるこのエドヒガン、以前は「澄屋の荒神様（澄屋は所有者の家の屋号）」と尊称で呼ばれたこともあったらしいが、樹令は８００年とも９００年とも言われ、鎌倉時代からこの地で咲き続けて来た。平家の残党で広実《ひろざね》左近という武士の一族が隠栖した土地に植えられた桜で、代々の子孫によって守られて来たが、何年か前に一族の最後の一人がこの地を去って、あとは役場が管理を任されて来たということらしい。桜の他にこの土地で長年守り続けて来た神事があり、広実左近に因んで「広実申し」と呼ばれる。役所から送っていただいた資料を読んでいたら、あまりに愉快な内容なので、ちょっと紹介させていただくと。まず女性は参加できない。招いた客を一晩中大盤振る舞いの酒食でもてなすが眠

左近桜への道

らせない。ご丁寧に寝具を用意しておいて、酔った客がそこに入ると、太鼓や鐘をたたいて起こし、果ては餅つき、ドラム缶たたき、爆竹など、その都度大さわぎして眠らせず、酒をすすめ、接待する。午前三時になると「ゴミが出た」と言って客のふとんをはねのけて起こし、掃除を始める。昔は一晩で十三食の接待があり、今はさすがに六食を振る舞うことになったらしいが、ともかく客は早朝の宮詣でをつとめ、神送りの神事の後、また朝食を振る舞われて終了…。この独特の神事は六年に一度、十一月か十二月に行われ、その時ばかりは他の土地に住む一族ゆかりの人々も集まって来て、参加する習わしなのだそうである。その日は左近桜もにぎやかな笑い声と共にあるが、六年ごとの冬の日の「広実申し」がすめば、「祭りの後」の寂寥がまたやって来る。この危険極まる道の奥で、主《あるじ》を失い、花見に訪れる人とてありえないような状況の中で、かくも清楚に美しく、かつ力強く花をつけ続けている桜の姿に、畏敬の念すら覚えたものであった。（その後この左近桜はNHKの特集で全国に放映され、空地の建物も撤去されて周りを整美されたという。でもあの道はやっぱりそのままで…。）かつての錦町、今は合併して岩国市の山の中で、あの左近桜はまた今年も咲いてくれるのだろうか。あれから各地の「さくらみち」に遭遇するたびに思い出し、心にかかる桜なのである。

　さて、旧錦町から中国自動車道へ出て、鹿野ＩＣで一たん降りる。ここにアクセスの良い桜が一本あるので寄り道をしよう。周南市の「中世土塁跡のサクラ」である。室町時代に陶《すえ》氏の重臣の邸にあったしだれ桜と言われ、樹令350年。今のところは勢いも良く、しだれ

中世土塁跡の桜

た枝も下に着くほど長く伸びて、花時は見事な姿を披露してくれるだろう。

中国自動車道から美祢東ICTで小郡萩道路へ入る。長登トンネルのをぬけてすぐ、ごくわずかの瞬間ながら右下に「長登のシダレザクラ」樹令350年をのぞき見ることができる。近づいて見ると、民家の庭先に立つこの桜、傘状に伸びた枝によって形の美しさを知られている。かつては山深い里にあって、里人と共に静かな春を楽しんでいたであろう桜も、頭上を高速で走り去る多くの車の往来を見て、何を思うのだろうか。訪ねた時のいささか元気のなかった様子が気がかりである。

長登のシダレザクラ

そのまま萩の中心部へ入る前に、樹令200年の「平山千人塚のヤマザクラ」への道をとろう。果樹園の広がる原の中に立つ桜は、戦死者たちを弔うためのものとされ、つい最近まで根元の塚を掘ると矢の根やら太刀の折れたものがたくさん出て来たそうである。激戦地だったこの場所に植えられた桜は、真っ直ぐにまっすぐにと伸びて、戦死者たちを天に昇らせる助けとなっていたのかも知れない。

平山千人塚のヤマザクラ

萩市ではもう一本旧むつみ町の山林の中に「辻山のシダレザクラ」を見ることができる。かつては矢島家という修験者の道場があったらしいが、今ではあまり陽も射さないような杉林の密集地帯となっている。さすがにこの樹の周辺だけは木が切り取られているが、そこへ至る道すがらの林の密集ぶりは、どこか霊的な雰囲気が漂うほどである。樹令300年の波打つような曲がりくねった枝ぶりは陽の光を求めてさまよった果てなのだろうか。もしもここに桜の精が住んでいるならば、それはきっと杉林に枝を伸ばす自由を奪われて苦虫をかみつぶした顔の、気難しく頑迷な山伏こそその化身にふさわしい。何だか少し気の毒に思える桜である。

萩から長門を過ぎて、下関市となった豊北町滝部地区へ行く。「滝部のしだれ桜」樹令400年は民家の庭にある。大内氏の家臣で中山弾正という武士（僧となっての法名は浄西という）の手植えと伝えられる。かつては大きく枝を広げて、多勢の花見客を集めた時代もあったらしいが、今は台風に痛めつけられたりして、私たちが訪れた時はかなり痛んでいた。しかし、夕暮れの光の中で見た太い幹と、その傍らで愛おしそうに折れた枝の部分をさすっていたその家の息子さんの姿がとても印象に残っている。

辻山のシダレザクラ

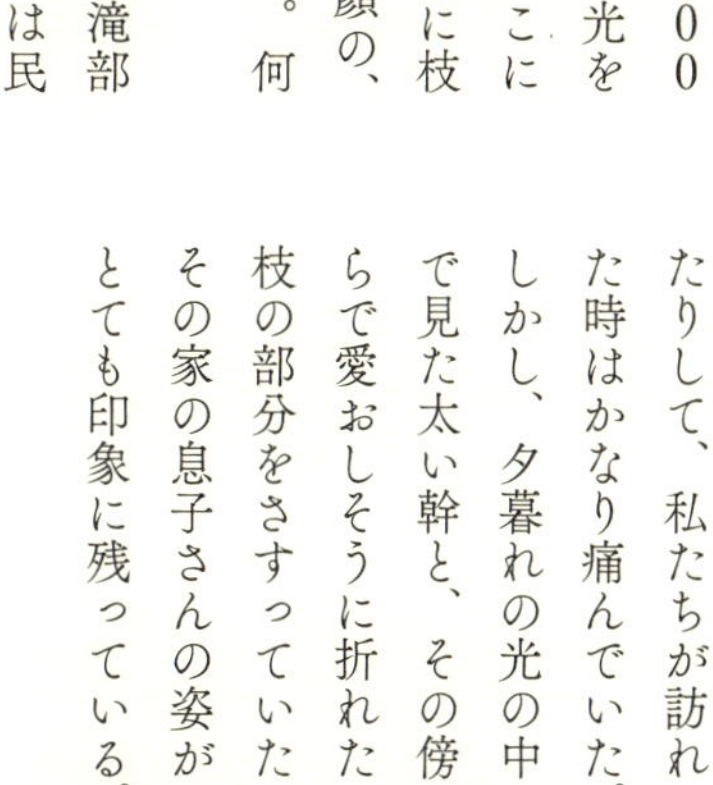

滝部のしだれ桜

桜の名称	所在地	品種	樹齢	見頃時期
長登のシダレ桜	美祢市（大田長登）	枝垂桜	250年	4月上旬
向畑の左近桜	岩国市錦町広瀬向畑	エドヒガン	700年	4月上旬
滝部のしだれ桜	下関市（豊北町滝部寺地）	枝垂桜	400年	4月上旬
中世土塁跡のイトザクラ	周南市鹿野上	イトザクラ	350年	4月上旬
平山台のヤマザクラ	萩市	ヤマザクラ	200年	4月上旬
辻山のシダレザクラ	萩市高佐上（むつみ村高佐上）	枝垂桜	300年	4月上旬

桜の旅——山口県編

桜へのアプローチ

※二〇一六年一月現在の施設のため、予め営業を確認されてからのご利用をおすすめします。

「向畑の左近桜」・「中世土塁のシダレザクラ」への桜旅は

○ホテルの中華レストラン
「岩国国際観光ホテル『岩国四川飯店』」

部屋に居ながらにして山上の岩国城と川にかかった錦帯橋をながめることができる。長時間、狭い道のドライブで疲れた神経には中華料理はありがたい。

〒七四一−〇〇六二　山口県岩国市岩国一丁目一−七　錦帯橋畔
電話：〇八二七−四三−一一一一㈹

「長登のシダレザクラ」への桜旅は

○ホテル
「ナチュラルグリーンパークホテル」

広大な江汐公園をのぞむ、健康志向の明るいホテル。

〒七五六−〇〇二三　山口県山陽小野田市千崎一一二八　江汐公園内
電話：〇八三六−八四−六二二三

「平山千人塚のヤマザクラ」・「辻山のシダレザクラ」への桜旅は

○旅館「北門屋敷」

旧萩城の三の丸に位置する。周囲に旧毛利分家や永代家老の屋敷が並ぶ中、立派な門をくぐる。広大な敷地の中を散策すると、あたかも家老屋敷にいるような気分となる。イングリッシュガーデンも見事に造られている。

〒七五八−〇〇五七　山口県萩市堀内二一〇
電話：〇八三八−二二−七五二一

岩国国際観光ホテル　岩国四川飯店

ナチュラルグリーンパークホテル

北門屋敷

「滝部のしだれ桜」への桜旅は

○ホテル「楊貴館」

油谷湾の入り江に沈む夕陽はすばらしい。対岸に楊貴妃伝説のある「楊貴妃の里」があり、唐の時代中国の馬嵬坡で死んだはずの楊貴妃が実はここまで逃れて来て晩年を送ったことになっている。湾に面した露天風呂から、夕映えの湾と海面に映る月の美しさを見ると、ついその伝説をさえ信じたくなってしまう。

〒七五九−四五〇五　山口県長門市油谷伊上一一三〇
電話：〇八三七−三二−一二三四㈹

○ホテル
「西長門リゾートホテル」

目の前が響灘の美しい砂浜と海。角島へ渡る海中道路も風景としてもおもしろいが、ホテルから島まで往復するともっと楽しい。

〒七五九−五三三一
山口県下関市豊北町つくの温泉海岸
電話：〇八三−七八六−二一一一

楊貴館

西長門リゾートホテル

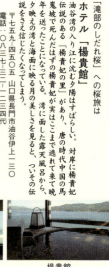

広島県の桜たち

小奴可の要害桜

広島県で「桜の町」といえば、どうしても庄原市《しょうばら》ということになる。もともと古くからの庄原の町に、かなりの数の桜たちがあったのに加えて、東城、西城、総領、高野などの地域が合併した結果、西日本で有数の桜の町ができてしまった。

庄原市の中でもとりわけ名高いのが次の三本である。

小奴可《おぬか》の要害桜　樹令500年
森湯谷《もりゆだに》のエドヒガン　樹令300年
千鳥別尺の山桜　樹令400年

いずれも旧東城町にあった古桜で、シーズンともなるとこの三本を「三寺まいり」ならぬ「三桜めぐり」として、花見の車で大にぎわいとなる。ただし咲く時期が微妙にずれるので、必ずしも一度で三本の桜の花に会えるとは限らない。

「小奴可の要害桜」はかつての亀山城跡にあり、苗代桜とも呼ばれ、農事暦に使われて来た桜であるが、近ごろは水田に映る姿ももてはやされるようになった。

「森湯谷のエドヒガン」は以前は文字通り森の中にあった。道路側からは見えなくて、森の細道をたどって行くと忽然と大木が現われて目を見張らされたものである。ずいぶんと丈の高い桜で、林の中の他の木と比べてもその威厳はあたりを払うものがあり、それでいてしなやかで女王のようにみずみずしい生命力に満ちていた。ところが最近になって行ってみると、周囲の木々が切り払われて公園のようになっている。観光客をたくさん集めるためにそうしたのかも知れないが、桜自体はあたかも打掛をはぎ取られた上臈を思わせて、どこか元気なく、寒々しく見え

森湯谷のエドヒガン

たことであった。
「小奴可の要害桜」と「森湯谷のエドヒガン」はおよそ四月初めから半ばごろに咲くが、この二本より奥地に位置する「千鳥別尺の山桜」の方はやや遅れて、四月半ばから下旬にかけて、どうかすると五月の連休のころでもまだ花をつけていることがある。初めて千鳥別尺を訪れた時は、他の二本は満開だったのに、この桜はまだつぼみでガッカリしたことを覚えている。それから数度訪れたが、いずれも早すぎたり遅すぎたりで、なかなか花に逢えずにいた。ある年、今度こそはとこの桜一本に照準を合わせて予定を組み、開花情報をたんねんに調べながらはるばる訪れた。念願かなって満開のこの桜の盛装姿を

千鳥別尺の山桜

初めて見て感激はしたものの、何故か何年もかかってたどり着いたような喜びにはひたれない。何故だろうかと自問してみた。花をつけていない時期には見物客もなくて、孤高に立っている姿がいかにも凛々しく、清々しい桜であった。今咲いたとなるとたくさんの見物客が周囲を取り巻き、スピーカーでは歌謡曲が流れ、駐車場の係員の笛の音が響き、写真家たちが列を作る。名桜と言われる桜の宿命ではあるが、この場合もとうてい落ち着いて桜に向き合えるような状態ではなかった。あの蕾だけの時期に見た桜の神々しいまでの姿を恋しく思い返しながら、「花をつけている時ばかりが桜なのではなく、それ以外の長い長い時の姿の方が、実は本当の桜の姿なのかも知れない。」そんなことをふと考えさせられた千鳥別尺の山桜であった。

　これほどの有名な桜ではないが、庄原市の静かな里の中で、村人たちの喜びと共に見事に咲く桜もある。水越町の「栗ヶ段の桜」。扇を広げたような恰好の桜が、集落の中心で少し小高くなった場所にある。足もとには小さな神社の祠。桜を遠巻きにするような形で周囲に民家が建っている。それらの家々のそこかしこで、縁側に腰かけてこの桜をながめている人たちの姿を認めることができた。里の人たちがどんなにこの花を待ちわびていたことか、満開の桜をながめて喜びに浸る熱い想いがその姿からにじんで来るようで、こちらまでほのぼのとした情感にとらわれてしまった。

栗ケ段の桜

　三次《みよし》市も一本桜の多いところであるが、三次浅野家の菩提寺であったという鳳源寺の庭に、大石良雄お手植えという伝承を持つ桜がある。「鳳源寺のしだれ桜」。浅野内匠頭長矩《たくみのかみながのり》（忠臣蔵で名高い赤穂のお殿様）の奥方の実家が三次であり、阿久里姫（後の瑤泉院）が嫁ぐ際に、その輿を迎えにやって来た当時の赤穂藩城代家老の大石内蔵助良雄が、記念に植えたと言われているのである。忠臣蔵ゆかりの寺として、境内には四十七士の義士堂や、瑤泉院の「遺髪塔」などもあるそうなので、桜と一緒に見学すると、忠臣蔵フリークの人にはたまらないことだろう。

北広島町にも何本かの古桜、特にシダレ桜が多いが、「刀匠石橋正光屋敷跡の桜」は樹令200年のエドヒガンザクラである。石橋正光は京都からこの地へ移った後、広島藩の刀匠としての地位を築いていた。草の生い繁る屋敷跡にたたずんでいると、どこからともなく刀を打つ音が響いて来そうで、主を失いながらも毎年黙々と花をつける桜に、けなげさと哀れを同時に覚えてしまった。

瀬戸内方面でも広島市、尾道市など訪ね甲斐のある桜たちが存在するが、福山市の南に平家谷というところがある。平通盛《みちもり》（平清盛の甥）が妻の小宰相の局と共に隠れ住んだという伝承があり、その子孫によって建立されたという福泉坊の庭に一本のしだれ桜が咲く。そこに至るまでの細い道は、その昔平家の落人が住んだというにふさわしい「かくれ里」のような谷の奥である。けれどもまた一方で、平家の公達の子孫が暮らすというに似つかわしい、どこか優美なたたずまいの住居（邸）が谷の上下左右に並んで、一種独特の趣をかもし出している。その最奥に位置する福泉坊の敷地内にあるしだれ桜は、230年の樹令と伝えられ、寺院の屋根の曲線上に長い枝を垂らしていた。五代前の住職の時に植えられたそうで、「花かんざし」と銘をつけられたこの桜、あくまで優美に、品位を持ってかくれ里の春を彩っていた。

桜の名称	所在地	品種	樹齢	見頃時期
鳳源寺の枝垂桜	三次市三次町 鳳源寺	枝垂桜	330年	4月上旬
小奴可の要害桜	庄原市東城町小奴可要害	エドヒガンザクラ	500年	4月中旬
千鳥別尺のヤマザクラ	庄原市東城町千鳥別尺439−2	ヤマザクラ	400年	4月下旬
森湯谷のエドヒガン	庄原市東城町森字細谷	エドヒガンザクラ	300年	4月中旬
栗ケ段の桜	庄原市水城町	不明	300年	4月上旬
平家谷福泉坊のしだれ桜	福山市沼隈町中山南	枝垂桜	200年	4月上旬
石橋正光屋敷跡の桜	山県郡北広島町移原	枝垂桜	200年	4月中旬

刀匠石橋光屋敷跡の桜

大石良雄お手植桜

千鳥別尺の山桜

平家谷福島坊のしだれ桜

桜の旅――広島県編

桜へのアプローチ

※二〇一六年一月現在の施設のため、予め営業を確認されてからのご利用をおすすめします。

「小奴可の要害桜」・「森湯谷のエドヒガン」・「千鳥別尺の山桜」・「栗ケ段の桜」・「大石良雄お手植桜」への桜旅は

○ホテル「神石高原ホテル」

この高原の中にこの茶室と庭が??と夢かとも疑うような本格的な茶室群と泉遊式庭園を持つ。ホテルの室内からも中国山地が遠景に望める。さわやかでゆとりを感じさせるホテルで、ふたが開くと同時に小鳥の声が流れる仕掛けのトイレに思わず笑みが。

〒七二〇—一六〇三
広島県神石郡神石高原町時安五〇九〇
電話：〇八四七—八五—三〇〇〇

○宿「休暇村帝釈峡」

ぐるりを中国山地に囲まれた中で、広い敷地内にはこれからが楽しみな若い桜の樹もある。ビュッフェスタイルの食事も良質。

〒七二九—五一三二
広島県庄原市東城町三坂九六二—一
電話：〇八四七七—二—三一一〇

神石高原ホテルからの眺め

休暇村帝釈峡からの眺め

「平家谷福泉坊のしだれ桜」への桜旅は

○旅館「西山別館」

芝生の敷地内に一棟一棟が造りの異なる離れが点在。洋館や数寄屋造り、茶室をもつ棟も。瀬戸内の魚貝類、懐石料理の宿。

〒七二二—〇〇五二
広島県尾道市山波町六七八—一
電話：〇八四八—三七—三一四五

○ホテル「ベラビスタ　スパ＆マリーナ尾道」

ベラビスタ（美しいながめ）の名の通り、室内からもどこからも美しいながめを堪能することができる。特にすばらしいのが露天風呂からのながめ。さえ切るものがない計算された空間の広がりは見事。

〒七二〇—〇五五一
広島県尾道市浦崎町大平木一三四四—一
電話：〇八四四—九八七—一一一一㈹

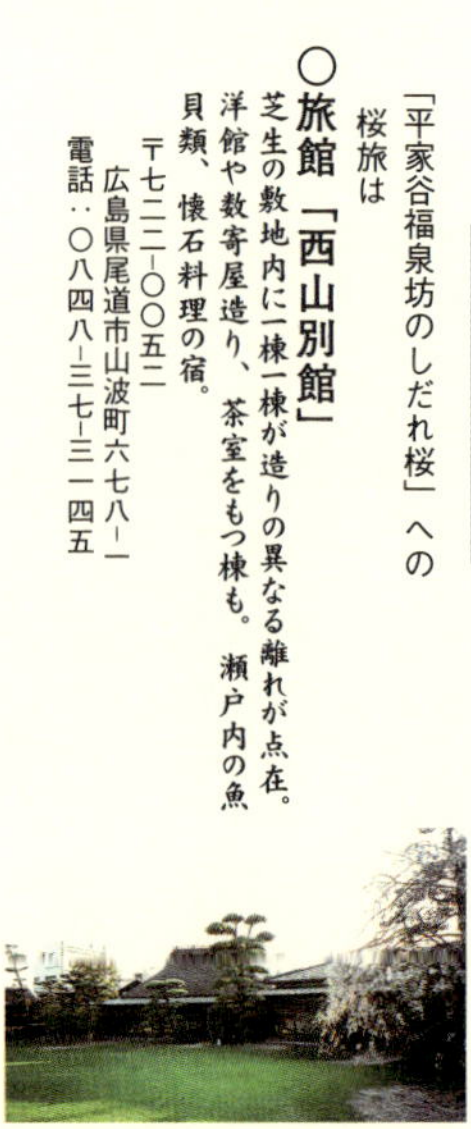
西山別館

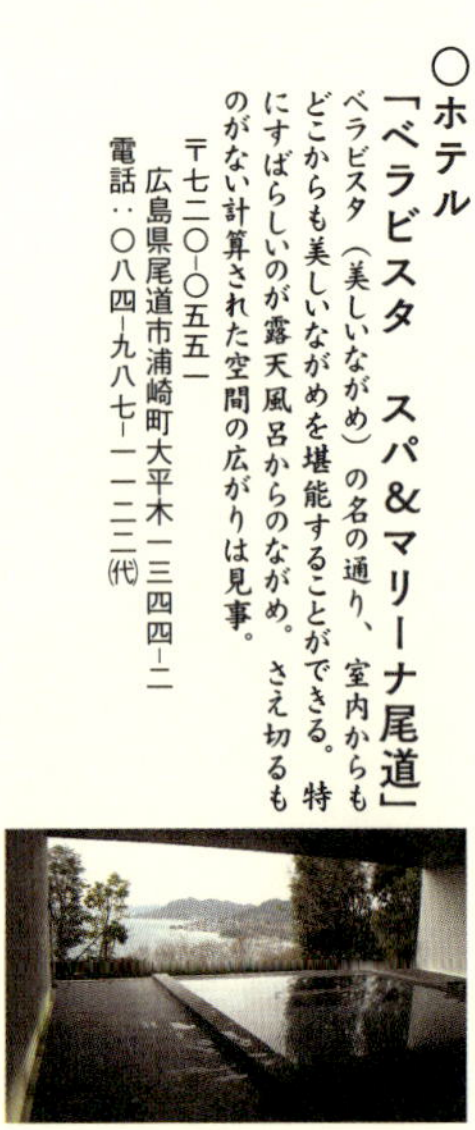
ベラビスタ　スパ＆マリーナ尾道

「刀匠石橋正光屋敷跡の桜」への桜旅は

○グランドプリンス広島の
中華レストラン「中国料理　李芳」

建物全体が海にせり出すような構造。ゆとりのある設計の室内からも、海と島影が見える。海の風景を楽しみながらの中華料理。

〒七三四―八五四三
広島県広島市南区元宇品町二三―一
電話：〇八二―二五六―一一一一

○ホテル「広島エアポートホテル＆
フォレストヒルズガーデン」

広島空港の隣、雄大な自然の中に何棟ものコテージが点在。マナーハウスの中にはレストランが入り、他にホテル棟もある。

〒七二九―〇四一五
広島県三原市本郷町上北方一三六一
電話：〇八四八―六〇―八二一一

グランドプリンスホテル広島からの眺め

フォレストヒルズガーデン

○旅館「石亭」

宮浜温泉の高台にあり、海を隔てて宮島を望む。池を囲んで庭園の中に、離れやあずまやが点々と建っている。

〒七三九―〇四五四
広島県廿日市市宮浜温泉三丁目五―二七
電話：〇八二九―五五―〇六〇一

石亭

神石高原ホテル

フォレストヒルズガーデン

広島県のベラビスタ スパ&マリーナ尾道

岡山県の桜たち

醍醐桜

朝まだき暗い中を桜へと急ぐ。山道のカーブを上るにつれて闇が次第に明るさを取りもどして行く。めざす集落に着くころには夜は完全に明け放れていた。この時間から既に混み始めた駐車場に車を置き、黄色いミツマタの花が咲く坂道を下る。土蔵造りの角を曲がったとたん、丘の上に巨大な桜が白く浮かんでいるのが目に飛び込んで来た。ここは岡山県の真庭市落合。標高500mの台地に吉念寺という集落があり、樹令1000年といわれるアズマヒガンの大木がそびえ立っている。「醍醐桜」と呼ばれるこの桜、鎌倉末期に後醍醐天皇が隠岐へ配流の途中に立ち寄った時、賞讃したという伝説を持っている。樹高18m、幹回り7・1m、枝張り20mの醍醐桜が、山々を眼下に従えるような形で屹立している。この桜との出合いが、それから私を一本桜の世界へと導くきっかけとなった。堂々としてかつ雅びな古桜たち——古い年を経た桜には歴史の重みがあり、幹の中にはふつふつと湧いて流れる生命の力が感じられる。そして何よりも気高く美しい。その魅力に一気に傾倒させられてしまった。それまでは川岸の桜並木、城址に乱れ咲く桜群などをただ賞揚していたに過ぎなかったのに、これはまた何という桜にめぐり合ったことだろう。朝霧の昇る四方の山々を下に見て、醍醐桜はそこだけくっきりと澄んだ大気の中に、神々しいほどの威厳を見せて輝いていた。醍醐桜にはもう一つの伝承があって、後醍醐天皇がその時お手植えされたものというのである。けれどやはり醍醐桜は当時すでに数百年を経た桜であったと考えたい。満開の花をつけ孤高に咲くこの桜をながめながら、天皇たる身で今まさに孤独と憂愁の中に流されて行く自身を重ね合わせた後醍醐天皇が、愛惜の情に何度も振り返って去った姿を想像する方が、この桜のエピソードとしてふさわしいような気がする。その時村人が総出で見送ったという「大勢坂」という地名も残っているそうで、当時の情景が目に浮かぶようである。桜といえば後醍醐天皇にはもう一つ、戦前の尋常小学校唱歌に入っていたという有名な桜のエピソードがある。落合を通る前夜のこと、天皇は院庄《いんのしょう》に宿泊された。児島高徳《たかのり》という天皇の忠臣は、天皇の救出作戦に失敗し、失意の天皇を力づけようと、院庄の宿舎の庭にあった白桜の幹を削ってそこに詩を書き残した。「天莫空勾践　時非無范蠡」。この詩の意味は、中国の春秋時代の越王勾践の故事にあやかり、天は決して天皇を見捨てることはなく、きっといつか忠臣がお助けするということであった。翌朝、この詩を見つけた警備の武士たちは何のことか分からず、天皇一人だけがその意味を理解できて心強く思われたという話である。そうした出来事の直後だけに、この場所で孤高の桜を見て、更に意を強くされて賞讃を与えたと想像することも許されるだろうか。

　真庭市にはまた「岩井畝《いわいうね》の大桜」が醍醐桜に近いところにあるので、ついでに立ち寄ることもおすすめしたいが、更にもう一本「黒岩のヤマザクラ」という樹令700年の桜が、少し離れた蒜山高原の方にある。説明板によると、かつて尼子氏の家臣だった武士がこの桜の下で剣術のけいこをしていて、打ち込んだ木刀の力で七つに裂けたとのこと。受難の桜というわけであるが、この桜、今また更に気の毒なことが生じている。桜の樹の前は広場になっていて、「黒岩のヤマザクラ」という説明板が設置されているわけであるが、実は説明板のすぐ後ろには、けっこう丈が高くなった一本の若木の桜がある。一見したところではまるでその若木が「黒岩のヤマザクラ」と誤解されかねない。現にそういう書き方の写真が紹介されている例もある。樹令700年といえば幹を見れば分かりそうなものであるが、何代目かの桜でも元木からの年月を樹令として数えたとする場合もあるので、あながち早とちりとして笑うわけにも行かない。地元の人たちも困っているらしいが、こうなったいきさつは、ある時黒岩のヤマザクラを研究に来たという学者の「センセイ」が帰りがけに記念にと傍らに一本の苗を植えて去った。そちらは若くて勢いがいいのでどんどん伸びて、今や本体の黒岩のヤマザクラをしのぐ勢いで生長を続けているという。心ないことをする「学者センセイ」もあったものだと思うが、放置すると今後どう影響が出るのか心配なところである。受難続きの桜が何だか気の毒に思われた。

岩井畝の大桜

　津山市に合併した旧阿波村にも名桜がある。樹令550年の「尾所《オソ》のヤマザクラ」。尾所川のほとり、道のすぐ脇に「駘蕩たる風情」で咲く。この桜の形が何かに似ているとずっと考えていて、やっと気がついた。

黒岩のヤマザクラ

能舞台の背景となる「鏡板」、そこに画かれている「影向《ようごう》の松」――神様の依り代となる松――の絵にそっくりの形をしている。この桜の起源は室町時代の山伏の杖が根付いたものと言われているが、うしろの杉の林を鏡板と見たてるならば、その前の影向の桜。そしてその前で静かに舞っているのは春の女神様ということにもなろうか。春風の中に咲く、この上なく高雅な気品にあふれた桜である。

津山市の中心に行くと津山城跡がある。この城は織田信長の小姓で名高い森蘭丸の兄弟、森忠政が築いたものであるが、石垣に添ってぐるりとソメイヨシノが植えられている。下から見ると何段もの桜の帯となっていて、花の時期には見事な「お城のデコレーションケーキ」が完成する。

吉備中央町の山の中には「栗ノ木尾山の一本桜」と呼ばれる山桜がある。江戸時代に植えられてから、竹林の中できゅうくつそうに枝を伸ばしていたらしいが、地元の人々によって周囲の木が伐採されたので、すんなりと伸びた幹が明るいところで見えるようになった。

瀬戸内側へ行くと、岡山市に旧藩主の菩提寺があり、心地形をした池のほとりに「曹源寺のしだれ桜」を見ることができる。まだ樹は若いらしいが、枝の広がり方が見事で、池の面に映る優美な姿が人気を呼んで、年々見物客が増えているらしい。この寺はまた外国人修業僧が多いことでも知られている。運が良ければ青い眼をした御坊サンの姿をおがめるかも。

井原市の民家の裏にある「宇戸川のしだれ桜」樹令200年は、しだれ桜としては驚異的に背高のっぽの姿である。樹高27・5mもあって、竹林に傘をさすような形に咲く。

尾所のヤマザクラ

桜の名称	所在地	品種	樹齢	見頃時期
宇戸川のシダレザクラ	井原市芳井宇戸川	枝垂桜	200年	4月中旬
曹源寺のシダレザクラ(2本)	岡山市	枝垂桜		4月上旬
尾山の一本ザクラ	加賀郡吉備中央町(豊岡下)	ヤマザクラ	不明	4月上旬
尾所のヤマザクラ	津山市阿波尾所地区1927	ヤマザクラ	550年	4月中旬
岩井畝の大桜	真庭市岩井畝	アズマヒガンザクラ	700年	4月中旬
黒岩の山桜	真庭市蒜山東茅部(川上村)	ヤマザクラ	700年	4月下旬
醍醐桜	真庭市別所2277	エドヒガン	1000年	4月中旬

栗ノ木尾山の一本桜

曹源寺のしだれ桜

尾所のヤマザクラ

宇戸川のしだれ桜

津山城跡の桜

桜の旅――岡山県編

桜へのアプローチ

※二〇一六年一月現在の施設のため、予め営業を確認されてからのご利用をおすすめします。

「醍醐桜」・「岩井畝の大桜」・「黒岩のヤマザクラ」への桜旅は

○ホテル「真庭リバーサイドホテル」

ホテルのツインの部屋の前が木のテラスになっていて、そこに丸い温泉の露天風呂がはめ込まれている。トイレのふたが自動で開いたとたんに、ジャズの音楽が流れ出してびっくり。

〒七一九―三二一一　岡山県真庭市開田六二〇
電話：〇八六七―五二―一五二一

○宿「蒜山ヒルズ」

どの部屋にもテラスが附いている広い空間でゆったりと過ごせる。スタッフの素朴であたたかいもてなしに、くつろいだ気分でさわやかな朝を迎えられる。

〒七一七―〇五〇三
岡山県真庭市蒜山富山根六九四―一二九
電話：〇八六七―六六―七〇一八

「尾所の山桜」・「津山城跡のサクラ」への桜旅は

○ホテル「ホテル作州武蔵」

部屋の造りがとても広々とってあるので気分が良い。夕食用の個室も茶室と見まがうような造りとしつらえ。窓から見えるのは森と山。ロビーの一隅に飾られている宮本武蔵の書画は一見の価値がある。

〒七〇七―〇一二四　岡山県美作市大町八七八
電話：〇八六八―七七―一三八〇㈹

真庭リバーサイドホテル

蒜山ヒルズからの眺め

ホテル作州武蔵

○宿「作東バレンタインホテル」

中国自動車道の作東ICから割と近くて便利。市の文化施設が集められた一隅のようで、小ぎれいな建物とインテリア。窓から見える山々の風景もやさしい。

〒七〇九―四二三四　岡山県美作市江見九九三
電話：〇八六八―七五―一一一五

「栗ノ木尾山の一本桜」・「曹源寺のしだれ桜」・「宇戸川のしだれ桜」への桜旅は

○旅館「旅館くらしき」

倉敷の美観地区の中にある。旧天領の商家の内所豊かさを髣髴される造り。端正な蔵座敷の光と影が美しい。

〒七一〇―〇〇五四　岡山県倉敷市本町四―一
電話：〇八六―四二二―〇七三〇

○ホテル「牛窓リマーニ」

ロビーに足を踏み入れると、プールの青い色ごしに、海の波のきらめきがまぶしい。ホテル専用の船着場を持ち、日本のエーゲ海と呼ばれる牛窓の風景が明るく迎えてくれる。

〒七〇一―四三〇二
岡山県瀬戸内市牛窓町牛窓三九〇〇
電話：〇八六九―三四―五五〇〇

作東バレンタイン

旅館くらしき

牛窓リマーニからの眺め

○オーベルジュ「レオ ソレイユ」

海を望む起伏のある丘の中腹に、花とハーブと果樹に囲まれた建物。野菜も自家農園で栽培。アフリカなどの海外の暮らしの長かったシェフの作る「外国の海辺の料理」。この素材をどう料理しようかなあ、などと言いながらこだわりなく手早く作る料理は、生《き》のままで素直においしい。外国の映画にありそうなシーンで、まるで地中海のどこか海岸の田舎町へでも来たみたい。

〒七〇一―四三〇二
岡山県瀬戸内市牛窓町牛窓一三二六―五
電話：〇八六九―三四―五一〇〇

○中華レストラン「娘々」

一階のテーブル席はホテルのダイニングのようなインテリア。上の階には畳敷きの個室もある。様々な素材を、様々な調理法で。

〒七一〇―〇八〇三
岡山県倉敷市中島二三七〇―二七
電話：〇八六―四六五―九六七六

レオ ソレイユ

娘々

醍醐桜

岡山県の尾所の山桜

島根県の桜たち

三隅の大平桜

浜田市の桜で有名なのが「三隅の大平桜」である。樹令650年、高さは17mに、枝の広がりが30m近くもあり、作家水上勉が「雪の小山を見るようだ」と評したという。所有者の大平家の祖先が馬をつなぐために植えたと伝えられるこの桜は、エドヒガンとヤマザクラの交配種で白っぽい花を咲かせる。昭和の初めごろには幹枝が11本もあったらしいが、台風や山火事などによって被害を受け、今は4本だけになったとは言え、満開時の花の華やかさは格別のものがある。

浜田市には他にも「佐々木桜」という名の、村を飢餓から救ってくれた代官にちなんだ桜や、「井川桜」と呼ばれる桜、これは川向こうの棚田の下でロケーションのいい場所にあるが、実はかつてはもっと上の方に咲いていたのを山崩れによってここまで流されて来た桜など、訪ね甲斐のある桜が多い。

また全国の一本桜ファンに話題となったのは「海老谷桜」である。樹令350年の桜が道路脇から谷へ向かって咲く姿は、写真家たちにとっても恰好の撮影の対象となっていたが、平成20年4月1日に突如として谷へ向かって崩れ落ちてしまった。その後地元の海老谷集落の人々によって必死の回復作業が

佐々木桜

井川桜

海老谷桜

なされ、全国の桜愛好家たちからの募金などで回復努力が行われているが、今なお予断を許さない状況にある。実を言うと私自身がこの桜の話を伝え聞いてからというもの、全国の一本桜の現状に危機感を抱くようになった。日本中の一本桜の今現在の状況を記録として後世に残したいと考えるに至ったのは、この海老谷桜の倒壊がきっかけだったのである。枝を切られ、裸のようになった痛々しい姿の海老谷桜を現地で間近にながめ、感慨深いものがあった。

　浜田市から日本海を右に見つつ、益田市へ行くと、益田氏の菩提寺だった医光寺がある。室町時代の画僧、雪舟の終焉の地とも言われる古刹で、本堂の裏には雪舟作の池泉式回遊の庭園が静かな姿をとどめている。この庭で天人の羽衣のような桜に出会った。池の背後は山の斜面となっていて、ツツジが植え込まれている。中ほどから一本の枝垂れ桜が長い枝を何本も池へ向かって降らせていた。風につれてその枝がなびく。能のシテが長絹の衣の裾をひるがえす

動きにも似て、見つめていると知らぬ間に魅入られたようになってしまった。幽玄な時の中に長く座り続けていると、少し手を伸ばして天人の袖（本当は枝の先）に触れて見たならば、ゆっくりと体ごと引き上げられ、天上界へと伴われて行ってしまいそうでもあった。美しいと言われるしだれ桜はこれまでに数々見て来た眼に、このような妖しい幻想を抱かせる桜とは一体何なのか…。夢と現実の狭間へ導いてくれた不思議な桜と不思議な庭に別れを告げ、あとで資料を調べていた時に気がついた。樹令450年を越すこの桜は、その昔足利将軍家からこの寺へ下賜されたものだったという。京都室町の「花の御所」にあった糸桜—枝垂れ桜の別称——今はもう京都では跡形もなく消え果てた幻の桜ではあるが、都から遠く離れた石見の地、雪舟の庭に株分けされたものが生き永らえて来たということだろうか。この医光寺の中で、ひっそりと。嫋々と枝を垂らしていた桜は、足利義政、あの東山文化を造営した美の護

医光寺のしだれ桜

医光寺のしだれ桜

金谷の城山桜

金谷の城山桜

持者に育《はぐく》まれた桜の末裔だったかも知れない。夢幻能を好んだ義政の桜が…。あの時抱いた幻想の理由《わけ》が分かったような気がしたものである。

益田市にはもう一本訪ねたい桜がある。「金谷の城山桜」。こちらは山上の城跡に咲く桜で、麓からも風格ある姿を遠望できる。近づいてその太い幹(幹周6・7m)の傍らから下界をのぞき込むと、一本の白い道が山すそを縫って峠の方へ消えて行く。400年前に入船城と呼ばれた昔からの変わらぬ風景がそこにあった。

山本の白シダレ桜

千手院のしだれ桜

江津《ごうつ》市の「山本の白シダレ桜」は、桃山時代に中国から苗を運んだといういわれを持つ名桜であるが、私たちが訪ねた時、この桜のある屋敷は、かなり前から無人となっていた。傾きかけた大屋根と荒れた庭の一隅で、手入れもなされないまま、さびた支柱に寄りかかった枝は重そうに見えたことであった。これからは日本中で同じような境遇の桜が増えて行くことと思われる。個々の家どころか、村全体から人の姿がなくなって行く。廃屋に取り残された桜たちは、それまでに何百年の間、里人の熱い想いによって守られ生き続けて来たというのに、時代の波の中で今まさに私たちの目の前で命脈を断たれてしまうのだろうか。こうした桜たちの声なき叫びは切実である。

松江市内には高台に「千手院のしだれ桜」があって、こちらは大切に守られ、

浜乃木しだれ桜

長く伸びた枝がたくさんの支柱によって助けられている。またかつての家老屋敷にあったとされる「浜乃木しだれ桜」はマンションの一画に植えられ、旧東出雲町の「大空の山桜」は国道の上で、おのおの３００年、４００年という樹令を保っている。

大空の山桜

段部のしだれ桜

みろく公園のしだれ桜

夜泣き地蔵のしだれ桜

その他島根県には、雲南市の「段部のしだれ桜」樹令３３０年や、吉賀町「夜泣き地蔵のしだれ桜」「みろく公園のしだれ桜」など、高速道路や自動車道の開通によって、訪ねるのが容易になった古桜たちもまだたくさん存在している。

桜の名称	所在地	品種	樹齢	見頃時期
段部のしだれ桜	雲南市加茂町三代	枝垂桜	３３０年	４月上旬
山本家の白枝垂桜	江津市川平町南川上	枝垂桜	４００年	４月中旬
夜泣き地蔵のしだれ桜	鹿足郡吉賀町有飯	枝垂桜		４月上旬
みろく公園の枝垂桜	鹿足郡吉賀町六日市	枝垂桜	３００年	４月中旬
井川桜	浜田市三隅町井川	ヤマザクラ	３００年	４月上旬
佐々木桜	浜田市三隅町三隅	エドヒガン	２５０年	４月上旬
海老谷桜	浜田市三隅町向野田海老谷	ヤマザクラ	３５０年	４月上旬
三隅大平桜	浜田市三隅町矢原	ヤマザクラとエドヒガンの交配	６５０年	４月上旬
医光寺のしだれ桜	益田市染羽町 医光寺	枝垂桜	４００年	４月上旬
金谷城山桜	益田市美都町山本金谷	エドヒガン	５６０年	４月上旬
大空の山桜	松江市（旧東出雲町）	ヤマザクラ	４００年	
千手院のしだれ桜	松江市石橋町	枝垂桜	２００年	３月下旬〜４月上旬
浜乃木しだれ桜	松江市浜乃木	枝垂桜	３００年	

桜の旅——島根県編

桜へのアプローチ

※二〇一六年一月現在の施設のため、予め営業を確認されてからのご利用をおすすめします。

「三隅の大平桜」・「佐々木桜」・「井川桜」・「海老谷桜」・「山本の白シダレ桜」・「医光寺の枝垂れ桜」・「金谷の城山桜」への桜旅は

○旅館「荒磯館」

荒磯にせり出すような形に建っている。室内からも波の踊りを倦きずにながめられる。荒磯の料理も器や盛りつけに工夫があって、島根らしい素材を島根らしい景観の中で堪能できる宿。

〒六九九-三五〇六　島根県益田市西平原町
電話：〇八五六-二七-〇八一一(代)

○公共の宿「千畳苑」

こちらも目の前が海。千畳敷とも言われる白い砂浜に寄せる波が美しい。かつて皇室の利用もあったという和洋室もある。

〒六九七-〇〇〇六　島根県浜田市下府町二一六四
電話：〇八五五-二八-一二五五

「千手院のしだれ桜」・「浜乃木しだれ桜」・「大空の山桜」・「段部のしだれ桜」への桜旅は

○旅館「皆美館」

宍道湖のほとりに明治時代からの老舗。訪れた文人墨客は数知れず。書画などにその跡を偲ぶことができる。全国のそうした歴史を持つ宿は設備が古くなって暗い印象を受けることが多いが、建物といい、食事といい、残すべきは残し、改革すべきは改めるという式で、明るく風雅な宿。窓外の景色も宍道湖の夕景や早朝の珍しい漁が間近に見え、湖面の照りが室内に映えて美しく、旅情を満喫できる。

荒磯館からの眺め

千畳苑

皆美館

〒六九〇-〇八四三　島根県松江市末次本町一四
電話：〇八五二-二一-五一三一(代)

○中華レストラン「桃仙閣」

建物もインテリアもいかにも中国風。家族連れが多く、客のニーズに合わせて様々に工夫したコース料理。

〒六九〇-〇〇四四　松江市浜乃木六丁目一三-一
電話：〇八五二-二一-三九四六

○公共の宿「さんべ荘」

三瓶山の麓に位置し、別館離れの客室は温泉風呂を備えた古民家風。

〒六九四-〇二二二
島根県大田市三瓶町志学二〇七二-一
電話：〇八五四-八三-二〇一一

千畳苑からの眺め

桃仙閣

さんべ荘

鳥取県の桜たち

下蚊屋明神の桜

米子自動車道は蒜山《ひるぜん》高原を越えたところで鳥取県へ入る。ちょうどその真下辺り、岡山県と鳥取県の県境すれすれのところに「下蚊屋《サガリカヤ》明神の桜」、樹令300年のエドヒガンが咲く。この下蚊屋という地名は後醍醐天皇の伝承を持っている。南北朝時代、鎌倉幕府との戦いに敗れた後醍醐天皇は、隠岐へ流されて行く途中にこの場所を通り、休息場所に吊ってあった「蚊屋」を見て、今は蚊のいない時期だから蚊屋を吊る必要はないだろうと言われたので、蚊屋を下げた。以来この地を下蚊屋と呼ぶようになったというのである。この周辺はかつては木地師の村として栄えた地域であった。木地師集団は、封建制度の中で土地に縛られた農民とは異なり、宮廷御用という大義名分によって、製品を造るための原木を探して諸国往来勝手の特権を持っていた。中世には大山の南西山麓は近江の塗師職や木地師が移り住み、ろくろを回して椀や盆を造っていた。その集団の崇敬を集めた下蚊屋明神社と共に、この桜も御神木としてあがめられていたと思われる。下蚊屋明神の祠は集落のはずれにあり、村を見下ろすような形で林の中に鎮座している。桜は祠の横にあるが、枝が林の薄暗さから何とか抜け出したい、陽の当たる方へ逃げたいと試行錯誤をくり返したような形で、ひどく曲がりくねって伸びている。目通り周囲は5・9m、枝張り25m～30mにも及ぶこの桜を写真におさめようとすると、林の中なのでかなりむずかしい作業となる。あれこれと試してみたがとても一枚の図にはおさまりそうにない。あきらめて一たん桜のそばを離れ、集落の方へと遠ざかってからふり返ってみると、林の上に頭を抜け出したような形に、桜はそこだけ白く確かな存在感を持って輝いていた。ひどくおごそかな姿にも思われ、集落の人々に神格化されている証しを見せつけられたような気がした。

　大山の麓を東側へ回ると倉吉市となる。田や畑が広がり、まだところどころ雪がまだらに残る大山と中国山地の山々に囲まれた関金町に「荒田のヤマザクラ」の姿が見える。農家の傍らに立ち、古い墓地を守るような形となっている。地元では通称「森の木」と呼ばれているそうで、花が終わってからは葉の繁りが森のようにこんもりとして見えるからということからの名らしい。支柱を一本も持たず、まだまだ元気にあふれた桜である。

　同じく倉吉市の極楽寺では、塀から大きなしだれ桜が屋根にかぶさるように咲いている。140年ほど前に地元の庄屋だった人が仙台から苗木を取り寄せて寄進したものという。

　琴浦町の上法万《かみほうまん》バス停前には「上法万の大山桜」というまだ樹令80年ぐらいの若い桜がある。誰が植えたというわけでもなく、いつの間にか自生したらし

荒田のヤマザクラ

いが、独特の枝の広がりが地元の人々から愛されている。県道を走って来たバスの終点となっているので、ここでバスを降りる人、乗ろうとする人、またしばらくバスの中で時間待ちをする人、それぞれの眼を楽しませている。

鳥取市は郊外の用瀬の高台に「大善寺のしだれ桜」樹令120年がある。境内の塀を乗り越え、町の方へ大きく身をよじるような形に幹を張り出して、参道の階段を花の天蓋で飾る。この樹の横に立てば旧用瀬町と千代川の流れを一望できる。

下蚊屋明神の桜

極楽寺のしだれ桜

下蚊屋明神の桜

極楽寺のしだれ桜

上法万の大山桜

また旧河原町長瀬には「長瀬の大シダレザクラ」がある。かつては樹形の良さで有名で、飛び立つ前の鳥が大きく羽根を広げた姿と賞賛されたそうであるが、雪害などでかなり枝が折れて、現在の姿となっている。400年の樹令でさすがに近ごろ支えをつけてもらった様子。がんばって元気になって欲しい桜の一つである。

桜の名称	所在地	品種	樹齢	見頃時期
荒田のヤマザクラ	倉吉市	ヤマザクラ	300年	4月中旬
極楽寺のしだれ桜	倉吉市八屋130	枝垂桜	120年	4月上旬
上法万の大山桜	東伯郡琴浦町			4月中旬
長瀬の大シダレザクラ	鳥取市河原町長瀬	枝垂桜	400年	4月上旬
大善寺のしだれ桜	鳥取市用瀬町用瀬	枝垂桜	120年	4月上旬
下蚊屋明神の桜	日野郡江府町下蚊屋	エドヒガン	300年	4月中旬

大善寺のしだれ桜

長瀬の大シダレザクラ

長瀬の大シダレザクラ

桜の旅――鳥取県編

桜へのアプローチ

※二〇一六年一月現在の施設のため、予め営業を確認されてからのご利用をおすすめします。

「荒田のヤマザクラ」・「極楽寺のシダレザクラ」への桜旅は

○旅館「望湖楼」

東郷湖畔に建つ。水の上の歩道を渡って湖上に浮かぶ温泉に入る。露天風呂に浸りながらも不思議な感覚。羽合温泉→はあい温泉→「ハワイ」というゴロ合わせで、館内は「日本のハワイ」のウリにムームーも用意されている。

〒六八二―〇七一五　鳥取県東伯郡湯梨浜町はわい温泉四―二五
電話：〇八五八―三五―二二二一

○旅館「月代」

橋津屋の別館として、本館から少し歩いたところに二室（二棟）だけ全く独立して建っている。食事時にはカラコロと下駄を響かせて町なかを歩いて本館へと赴き、個室に用意された山陰の海の幸を堪能する。

〒六八二―〇一二三　鳥取県東伯郡三朝町三朝八八六
電話：〇八五八―四三―〇七一九

「下蚊屋明神の桜」・「上法万の大山桜」への桜旅は

○ホテル「皆生ホテル　ベイサイドスクエア」

美保湾の浜辺に面して、様々なタイプの部屋を持つ。温泉露天風呂付和洋室もあり、温泉なのにホテル形式。食事時間に縛られることなく行動できて便利。

〒六八三―〇〇〇一　鳥取県米子市皆生温泉四―二一―一
電話：〇八五九―三五―〇〇〇一

望湖楼

月代

皆生ホテル　ベイサイドスクエア

○公共の宿「かんぽの宿　皆生」

窓から大山の雄大な姿をながめられる客室。温泉展望風呂、シャワー付和洋室もある。

〒六八三―〇〇〇二
鳥取県米子市皆生新田三丁目一―七
電話：〇八五九―三三―四四二一

「大善寺のしだれ桜」・「長瀬の大しだれ桜」への桜旅は

○ホテルの中華レストラン「ホテルニューオータニ鳥取『大観苑』」

シティホテルらしく、折目正しく、サービスが受けられる。中華レストランのコースの内容も安心できる。

〒六八〇―〇八二二　鳥取県鳥取市今町二丁目一五三
電話：〇八五七―二三―一一一一(代)

○レストラン「ビストロ　フライパン」

繁華街の一角にある洋食店。篤実そのもののようなシェフがまじめに、誠実に、しかも細心の注意を払って仕上げるフレンチ。素直に本物の素材の味が息づいている。何だか忘れかけていた郷里の、がんこ一徹でも人の良い親戚のおじさんに出会ったような気分になるメニュー。

〒六八〇―〇八三一　鳥取県鳥取市栄町二〇四―一二
電話：〇八五七―二九―一三二四

かんぽの宿　皆生

ホテルニューオータニ鳥取　大観苑

ビストロ　フライパン

近畿地区

和歌山県
奈良県
兵庫県
大阪府
京都府
滋賀県

上：奈良県　仏隆寺の望月桜
下：奈良県　吉野山桜

和歌山県の桜たち

法皇桜

熊野那智大社の石段を上ると、左手の社務所の前に大きな山桜が見える。平安時代に奥州の藤原秀衡《ひでひら》が植えたという伝承を持つ「秀衡桜」、またの名を「白山桜」という遅咲きの山桜である。

　奥州において、源頼朝に滅ぼされるまでの約百年間、平泉を中心に勢力をほこった藤原三代とは清衡、基衡、秀衡であるが、先祖は藤原秀郷（近江三上山の百足《ムカデ》退治で有名な俵藤太のこと）であったとも言われている。平泉は当時京都に次いで第二の都市であった。後世に芭蕉が「五月雨の降り残してや光堂」と詠んだ荘厳華麗な寺院の堂宇が金色の光を放っていた。支配地の中に金の鉱脈があり、そこから掘り出されたり、砂

那智の秀衡桜

金の中に混じって採集された「黄金」の力と、奥州一帯が産地であった「良馬」の商品的価値が、奥州藤原氏に莫大な財力をもたらしていた。そして京都にはいられない事情を抱えた貴族や武士たちが奥州をめざして落ちのびて行き、それらを迎え庇護することによって、中央の権力に対抗できるまでの地位を築いて行ったのであった。特に秀衡の時代には奥州藤原氏の最盛期で、秀衡本人が熊野へ参詣したという記録はないらしいが、豊富な資金をもって、各寺社への寄進、奉納がなされれば、奥州の藤原秀衡の名が当時の都周辺だけではなく、都人の信仰厚い熊野三山にも知れ渡って行ったことが想像されるのである。

那智大社では秀衡桜の他にも、本殿の横から内庭へ入ったところで後白河法皇お手植伝承のある「法皇桜」というしだれ桜を見ることができる。後白河法皇は鳥羽上皇の皇子で、生涯に34回も熊野へ行幸した人であるが、平安末期の騒乱の世に、源平両陣営を手玉にとって「日本一の大天狗」とアダ名をたてまつられるほど権謀術数に長けた帝王であった。平家滅亡の最大の功労者源義経も、後白河法皇にあやつられて、兄頼朝から敵視され、結局は自らも平泉で命を落とすことになったわけである。それにしてもこの那智大社の中で、一方に秀衡桜があり、また一方に法皇桜があることは、源義経の生涯に関わりを持った二人にゆかりの桜が、歳月を越えてこの平成の世に残っていることになる。片や義経にとって幼いころからの庇護者であり、片方は義経を破滅へと導いた陰の立役者なのである。それかあらぬか、因縁のこの二本の桜、同じ社域にありながら、咲く時期が全く異なり（法皇桜は三月末の早咲き、秀衡桜は四月中～下旬の遅咲き）、同時期に一緒に「顔を合わせる」ことはないのだそうである。

那智大社ばかりでなく、藤原秀衡の伝承のある桜はもう一本が熊野古道中辺路の継桜王子《つぎざくらおうじ》近くにも見られる。数年前に三代目と言われていた大木が根元

中辺路の秀衡桜

那智の秀衡桜

熊野本宮大社のしだれ桜

法皇桜

から倒れたが、切り株の横から四代目の若木が伸び始めている。その脇に往時の写真と、切り株が展示されているので、三代目秀衡桜のかつての威容を偲ぶことができる。継桜王子という名の由来ともなったというこの桜には、藤原秀衡夫妻の伝説が残されている。子供がなかった夫妻が、熊野権現に祈願すると、妻が身ごもったのでお礼参りに熊野へ参詣することになった。滝尻王子まで来た時に産気づき、男子を出産したが、産まれた赤児は岩屋においたままで本宮へ向かわねばならなかった。秀衡は桜の枝を檜の株に突き刺し、「参詣して戻った時、この枝に花が咲いていたら我子は無事」と祈願して出発した。本宮の参詣をすませて急いで岩屋へもどってみると、継木された桜の木には花が咲き、赤児は狼に守られて無事であったという。この功徳に対して、秀衡は熊野権現への感謝の印に七堂伽藍を建立し、その桜は継桜と呼ばれるようになったという話である。

「熊野古道の秀衡桜」から奥へ進んで行くと「熊野本宮大社」の壮麗な社殿が見えて来る。「熊野本宮大社」、「熊野速玉大社」、「熊野那智大社」という熊野地方の三社に詣でることを熊野詣でと呼び、平安の昔から貴賤を問わず信仰をあつめて、熊野三山に参詣するための道が熊野古道であった。その「熊野古道」から一番最初に現われるのが「熊野本宮大社」である。社殿の入口の横に樹令120年ほどのしだれ桜が長い枝を参道に向かって下ろしていた。

日高川町に安珍清姫の伝説で名高い道成寺がある。この寺には昔から「鐘がない」ことでも知られている。初代の鐘はかの安珍清姫事件で焼かれたわけであるし、二代目の鐘は天正十三年（1585）の豊臣秀吉の雑賀攻めの時に持ち去られ、二年後に京都の妙満寺に奉納されたと伝えられている。今は「鐘のない」状態の鐘楼の位置にエドヒガンの桜が一本植えられている。江戸時代には「道成寺の入相桜」樹令数百年として知られていたらしいが、そちらは大正年間に台風で折れ、現在はその折れた幹から新しい芽が出たものが育って、再び大きく枝を広げるようになっている。この二代目「入相桜」の他に、道成寺では「安珍桜」と名付けられた桜が昭和五十年に植樹された。ゆくゆくは、共に夫婦の桜として境内で育てば、清姫の魂鎮めにもなろうというものである。

道成寺の鐘が持ち去られたと時を同じくして、天正十三年、秀吉の紀州征伐の軍勢は根来寺も焼き尽くした。当時堂塔伽藍二千七百、寺領七十二万石にも及んだ根来寺も、ことごとく灰燼に帰したが、その時寺内にあった桜もすべて焼失した。江戸時代になって、初代の紀伊藩主徳川頼宣の命により少しずつ根来寺の復興がなされた時、桜も植えられるようになった。現在岩出市民俗資料館の道をへだてた向かい側にある桜は、その時のものと考えられる。ただ、この樹令200年の「根来寺のしだれ桜」は、近年かなり傷みが激しく、樹勢もおとろえて来ているので、心配されるところである。

道成寺の入相桜

道成寺の安珍桜

根来寺のしだれ桜

根来寺のしだれ桜

高野山には「傘桜」という樹令400年の桜がある。太閤秀吉のお手植え伝承の桜であるが、私たちが訪れた時はたまたま高野山の開創千二百年記念大法令の最中で、寺域は大混雑。桜の話をするのもはばかられるような状態であったので、あきらめて下山することとなった。なお、高野山の寺域には、「三昧堂」の前に「西行桜」という西行お手植え伝承のある桜があるので（こちらも何代目かと思われる）、いつか山内が静かな時にもう一度訪ねたいところである。

桜の名称	所在地	品種	樹齢	見頃時期
傘桜	伊都郡高野町		400年	4月下旬
熊野本宮のシダレ桜	田辺市熊野本宮	枝垂桜	110年	3月下旬
秀衡桜	田辺市中辺路町野中	ヤマザクラ	110年	4月中旬
法皇桜（シダレサクラ）	東牟婁郡那智勝浦町那智山1	枝垂桜		3月下旬
秀衡桜	東牟婁郡那智勝浦町那智山2	ヤマザクラ		4月中旬
道成寺の入相桜	日高郡日高川町鐘町1738　道成寺	エドヒガン		3月下旬
西行桜	伊那郡高野町			
安珍桜	日高郡日高川町鐘町1738　道成寺			

高野山　傘桜

高野山の西行桜

桜の旅――和歌山県編

桜へのアプローチ

※二〇一六年一月現在の施設のため、予め営業を確認されてからのご利用をおすすめします。

「那智の秀衡桜」・「那智の法皇桜」・「熊野本宮大社のしだれ桜」・「中辺路の秀衡桜」への桜旅は

○ホテル
「ベルヴェデーレ」

海を見渡せる専用庭に、すさみ温泉の露天風呂が備えられた部屋もあり、その名の通り高台からの海のながめがすばらしい。

〒六四九−二六二一
和歌山県西牟婁郡すさみ町周参見四八五七−三
電話：〇七三九−五五−三六三〇㈹

○ホテル
「和歌山マリーナシティホテル」

客室の前はマリーナベイ。オーシャンビューのバスからながめる夕陽と雲とヨットの帆。

〒六四一−〇〇一四　和歌山県和歌山市毛見一五一七
電話：〇七三−四四八−一一一一

ホテル　ベルヴェデーレ

和歌山マリーナシティホテル

○レストラン
「オテル・ド・ヨシノ」

パリの「ステラマリス」のオーナーシェフが和歌山に開いたレストラン。ナチュラルで繊細なメニューの数々。高層ビルの上階にあるので、和歌山の市街や海景が楽しめる。

〒六四〇−八三一九
和歌山県和歌山市手平二−一−二
和歌山ビッグ愛一二F
電話：〇七三−四二二−〇〇〇一

「道成寺の入相桜」・「道成寺の安珍桜」・「根来寺のしだれ桜」・「高野山の傘桜」・「高野山の西行桜」への桜旅は

○旅館「シーサイドホテル加太海月」

大阪と和歌山の県境、加太にあり、ひな人形のお祓いで有名な淡嶋神社がすぐ近くに見える。窓外は友が島水道。そのむこうには淡路島が。夕焼けの島影と波も美しいが、倦きずにながめられるのが露天風呂から空を横切って行く航空機たち。関西空港へ向かう夜間飛行の列は見もの。

〒六四〇−〇一〇三　和歌山県和歌山市加太一九〇五
電話：〇七三−四五九−〇〇一五

オテル・ド・ヨシノ

シーサイドホテル加太海月

和歌山県の和歌山城

奈良県の桜たち

又兵衛桜

段々畑の一隅に石垣が組まれていて、その端にしだれ桜が立っている。風が吹くたびに花と一緒に枝が揺れる。しなやかに揺れる。風の行方を追うように揺れて花を少しだけ散らす。宇陀市の「本郷の瀧桜」、またの名を「大宇陀の又兵衛桜」は、樹令300年の幹から四方へ枝を長く落としていた。大阪夏の陣において名をはせた豪将後藤又兵衛基次は、若いころは黒田家に仕えていたが、出奔の後、豊臣家へ仕えることとなった。その屋敷跡とされる高台にこの桜がある。大阪夏の陣道明寺の戦いにおいて討死したはずの後藤又兵衛であるが、実は戦場から逃れて来てここで余生を送ったとも伝えられている。豪将の死を惜しんだ人々によってこうした伝説が作られたのかもしれないが、桜はそのいずれ

又兵衛桜

をも知らぬげに花をつけ、風に揺れている。

ここ大宇陀の地はかつて万葉の時代には「阿騎野」と呼ばれて、貴族たちの狩猟の地であった。柿本人麻呂の「東の野にかぎろひの立つ見えてかへり見すれば月かたぶきぬ」が詠まれたのもこの地であった。

宇陀市ではこの他に花に埋まる寺として室生寺の名も高いが、旧榛原町の「仏隆寺の望月桜」はぜひ訪ねたい一本である。本堂へ上る長い石段の中ほどに立つこの桜、まずは下から仰ぎ見て枝ぶりを讃え、次は少し登って根回り7・7mの巨大な幹から広がる花の華麗さを賞《め》でよう。傍らに立って見渡せば、前の段丘の上から中空が広がる。ここから眺める月はさぞかしと思われるような地形である。あたたかな陽ざしの中にウグイスの声が時折響く。長い歳月、この地に注いで来た桜の大きく寛やかなまなざしがそのあたりに漂っているような気がする。樹令900年、大和路最古の桜は、この地に起こった政変も人々の文化や色の移ろいもすべてを静かに見下ろしていたのだろうか。いかめしさよりも、おだやかなやさしさを感じさせる、そんな望月桜である。

仏隆寺の望月桜

また旧室生村の大野寺は、昔から室生寺の西の大門とされて来たところだそうであるが、ここに300年を越えるしだれ桜が2本ある。境内には他に30本ほども若いベニシダレが植えられていて、そちらと妍を競うようにして咲く。まだまだ若い者には負けられぬといったところだろうか。
奈良市内へ入るとまず氷室神社の門前でシダレ桜が目につく。樹齢100年のこの桜は、奈良市内でも最も早く開花することで知られ、「奈良一番桜」とも呼ばれている。
それから市内には「ナラノヤエザクラ」の子孫たちが保存樹として残されている。平安時代に伊勢大輔が「いにしへの奈良の都の八重桜けふ九重に匂ひぬるかな」と詠んだ「ナラノヤエザクラ」は、奈良時代には興福寺東円堂前にあって聖武天皇と光明皇后が愛でた桜樹であったとされるが、現在はかつての原木から接ぎ木された若木が奈良公園一帯で育成されている。東大寺塔頭の知足院の奥庭、奈良女子大学構内庭園、県庁駐車場登大路側の一角、興福寺境内などに植えられて、五月上旬ころに花を見ることができる。花弁の数が１００枚を越えることもあるのだそうで花の色も蕾のうちは濃

氷室神社のしだれ桜

大野寺のしだれ桜

仏隆寺の望月桜

ナラノヤエザクラ
興福寺

ナラノヤエザクラ
県庁駐車場

ナラノヤエザクラ
奈良女子大

ナラノヤエザクラ
知足院

紅、開花すると淡い紅色となって、紅白が混じり合って咲くという遅咲きの八重桜である。

郡山城の東隅櫓には、お濠へ長く影を引くシダレザクラがある。樹令はおよそ200年。大和郡山城は、天正十三年に豊臣秀長（秀吉の弟）が城主だった時、多武峰の談山《たんざん》神社の桜を移植させて以来、代々の城主たちも城内に多くの苗を植えさせたということで、昔から桜の名所として知られていたらしい。

葛城市の當麻寺《たいまでら》は中将姫の伝説――當麻曼荼羅を蓮の糸で一晩で織り上げた――で名高い寺である。塔頭の中の坊では、池の上の方にまだ若いしだれ桜が可憐な色を見せている。護念院では樹令300年のしだれ桜が池の面に花の影を落としている。

平群町《へぐりちょう》にある信貴山《しぎさん》朝護孫氏寺は、山内に入るとまず巨大な張り子の虎におどろかされる。ここには何年か前までは古い桜があったが、台風によって倒木した後は玉蔵院の前院主であった方が富貴閣の前にお手植えしたという桜が大きくなりつつある。今後「信貴山の桜」として後世まで残ることが期待される桜である。ちなみに、信貴山は戦国時代には松永久秀が城を築き、織田信長に攻められて自害したが、その時信長には渡さないと言って自らと一緒に爆死したとされるのが有名な茶道具の名品「平蜘蛛」の茶釜である。

桜井市にも「瀧蔵寺の権現桜」樹令300年や「満願寺の八講桜」樹令300年、「談山神社の薄墨桜」樹令600年などが残っている。それぞれ風格を感じさせる桜が多い。

奈良の桜めぐり、最後にはやはり吉野の地を訪ねたい。竹林院群芳園の利休作細川幽斎改築と伝えられる庭園の中に、樹令300年の「天人桜」が咲く。

そして吉野山。樹令数百年とも言われる桜たちが、下千本、中千本、上千本、奥千本と植えられている。ほとんどが山桜だそうで、下千本が四月上旬から咲き始め、中、上、奥と約一カ月近く花を楽しむことができる。或る年のこと、例年だと下から序々に咲いて行く桜が、気候の加減で上中下と一斉に咲いた時に当たり、全山が花の雲に見えたことがあった。豊太閤もこの花の雲に座したのだろうかと思いつつ、あまりの壮観さに、呼吸する空気まで花に染まったかのような想いを抱いた。奥千本を訪ねて西行庵の辺りまで行くと、復元された庵の周囲ぐるりと一面山桜の群生である。散り際の花が風に誘われて一斉に舞う。沈み行く夕陽にその白い影が紅く染まって斜めに舞い上がる。桜に魔性というものがあるとしたら、確実にその時存在した

当麻寺　中の坊

と思う。花の群れの透き間に、いつしか心が紛れ込んで、そのまま黄泉の国へ行ってしまいそうであった。もしあの時風が止まなかったら。もしあの時連

当麻寺　護念院

郡山城跡のしだれ桜

信貴山　張り子の虎

信貴山の桜

れがなく一人きりだったら……と、思い返すたびに
少しだけ残念な気もするこのごろなのである。

吉野山

瀧蔵寺の権現桜

天人桜

満願寺の八講桜

談山神社の薄墨桜

桜の名称	所在地	品種	樹齢	見頃時期
吉野山	吉野郡吉野町			4月上旬〜下旬
天人桜	吉野郡吉野町竹林院群芳園	枝垂桜	300年	4月中旬
氷室神社の奈良一番桜	奈良市春日野町	枝垂桜	100年	3月下旬〜4月上旬
郡山城跡東隅櫓のシダレ桜	大和郡山市城内町2	枝垂桜	200年	3月下旬
中之坊の桜	葛城市當麻			3月下旬
當麻寺の枝垂桜	葛城市當麻1263	枝垂桜	300年	3月下旬〜4月上旬
満願寺八講桜	桜井市今井谷	枝垂桜	300年	4月上旬
瀧倉神社の権現桜	桜井市滝倉	枝垂桜	300年	4月上旬〜4月中旬
談山神社の薄墨桜	桜井市多武峰	エドヒガン	600年	4月上旬〜4月中旬
信貴山朝護孫子寺のシダレ	生駒郡平群町信貴山	枝垂桜		4月上旬
又兵衛桜（本郷の瀧桜）	宇陀市大宇陀町大字本郷	枝垂桜	300年	4月上旬
仏隆寺のモチヅキザクラ	宇陀市榛原町赤埴	モチヅキザクラ	900年	4月中旬
大野寺の枝垂桜	宇陀市室生村大野	枝垂桜	300年	4月上旬
東大寺知足院奈良八重桜	奈良市雑司町知足院	ナラヤエザクラ		5月上旬
奈良女子大学の奈良の八重桜	奈良市北魚屋東町	ナラヤエザクラ		5月上旬
奈良登大路自動車駐車場の奈良の八重桜	奈良市登大路町80	ナラヤエザクラ		5月上旬
興福寺の奈良八重桜	奈良市登大路町48	ナラヤエザクラ		5月上旬

桜の旅――奈良県編

桜へのアプローチ

※二〇一六年一月現在の施設のため、予め営業を確認されてからのご利用をおすすめします。

「又兵衛桜」・「仏隆寺の望月桜」・「氷室神社のしだれ桜」・「大野寺のしだれ桜」・「奈良の八重桜」・「郡山城跡の桜」・「瀧蔵寺の権現桜」・「満願寺の八講桜」・「談山神社の薄墨桜」への桜旅は

○ホテル「奈良ホテル」

明治42年に関西の迎賓館として建てられて以来、多くの外国元首、著名人から愛されて来たクラシックホテル。桃山風の建築の妙もさることながら、館内にたくさんの名画のコレクションを有し、それらがすぐそばで見えるのもこのホテルならではの楽しみ。

〒六三〇－八三〇一
奈良県奈良市高畑町一〇九六
電話：〇七四二－二六－三三〇〇㈹

○旅館「四季亭」

道と川をはさんで奈良ホテルと向き合うような形に建っている。三階の窓からは花の幔幕の上から奈良ホテルの建物が浮き出しているような形に見える。格式のある建物と部屋の造り。お料理は奈良風の「大和路料理」とのことで、名物の「招福餅」が登場。

〒六三〇－八三〇一
奈良県奈良市高畑町一一六三番地
（奈良公園一の鳥居横）
電話：〇七四二－二二－五五三一㈹

奈良ホテル

四季亭

○旅館「江戸三」

全室が離れの宿。奈良公園の敷地内にあるので、窓の下までシカがやって来ることもあるとか。侘びた風情の庵風な建物としつらえ。昼食の利用もできる。

〒六三〇－八三〇一
奈良県奈良市高畑町一一六七
電話：〇七四二－二六－二六六二

○ホテルの中国料理レストラン「ホテル日航奈良『珠江』」

カジュアルにもコース料理でも対応できる。奈良駅直結で、交通が便利。

〒六三〇－八一二二
奈良県奈良市三条本町八－一
電話：〇七四二－三五－八八三一（代表）

江戸三

ホテル日航奈良　珠江

○レストラン
「ル・ベンケイ」
重厚な石造りの建物。ロマンチックなインテリア。おシャレなフレンチ。

〒六三九-一一六〇
奈良県大和郡山市北郡山町二七六-一
電話：〇七四三-五三-三五八八

ル・ベンケイ

○公共の宿
「ホテル リガーレ 春日野(旧春日野荘)」
窓のむこうに若草山が見える。行き届いた対応をしてくれるスタッフと、誠実に、かつていねいに作られたお料理。朝食も充実。

〒六三〇-八一一三
奈良県奈良市法蓮町七五七-二
電話：〇七四二-二二-六〇二一

ホテル リガーレ 春日野
(2015秋にリニューアル)

「當麻寺の桜」・「天人桜」・「吉野山」への桜旅は

○旅館「竹林院群芳園」
奈良時代からの古刹「竹林院」の中に大和三庭園の一つ「群芳園」があり、千利休が作った庭園を文禄3年太閤秀吉の吉野の花見の時に細川幽斎が改築したと伝えられている。由緒ある宿坊だった本館と、新館には谷を一望する露天風呂を備えた客室もある。吉野山の花に囲まれて「一酔の夢」を。

〒六三九-三一一五
奈良県吉野郡吉野町大字吉野山二一四二
電話：〇七四六-三二-八〇八一(代)

竹林院群芳園

「信貴山の桜」への桜旅は

○旅館「柿本家」
信貴山の門前町にある。テラスに露天風呂の備えつけられた部屋からながめる山の霧。雲海のように湧いたと思うと立ち昇って消える。木々が鮮明に見えたかと思うとたちまち白く隠れて…と、自然の織りなす妙を見つめていると、ストレスも序々に発散されて行く。

〒六三六-〇八三一 奈良県生駒郡三郷町信貴山東五-八
電話：〇七四五-七二-八〇〇〇

柿本家

兵庫県の桜たち

樽見の大桜

赤土の滑りやすい一段一段をしっかり踏みしめて登る。先ほど登り口の脇に立てかけてあった杖を借りたのが大助かり。前の人が帰り際に置いて行った杖をありがたく使って、また帰る時には次の客のために杖を並べて置く。想いはどの人も同じ。山の斜面を慣れぬ体にムチ打って、息が切れたころ、森のむこうに白い花のかたまりが見えた。樹令1000年といわれる「樽見の大桜」。別名を「仙桜」という。山の仙人がそこに腰をかけた依り代の意味かも知れないが、それよりむしろ桜樹自体に霊的な力が宿っているようにすら見える。夕陽が傾いて行く。白からピンク、そして朱へと染まって行く花びらにも序々にあやかしの色が混じる。静まり返った山中、幾重にも組まれた櫓の中で大桜はこの上なく荘厳な存在であった。15年ほど前に私たちが登ったころと比べると、現在は随分道も良くなって楽になったとは聞くが、それにしてももう二度とあの桜に会う機会はないだろうと思う。でも私の記憶の中に、あの朱に輝いていた桜、夕陽に照らされていた樽見の大桜は、今でも鮮明に蘇って来るのである。

養父《やぶ》市の樽見の大桜はその起源を山の境界木として植えられたとも言われ、山中で仙人のように孤高に経て来たが、豊岡市の「三原のシボリザクラ」は村の中心に植えられて、村人の生活にシンボル的な役割を果たしている。幹の表面に人工的に絞ったような跡がついているためこの名があるという。麻の種を蒔く時期の目安とするため、わざわざよく目立つ集落の中央に植えられた。

この地方は昔から麻の栽培がさかんであったらしく、他にも「あさまき桜」として有名なものに「竹野のおまき桜」がある。麻のことを「オ」と呼び、この桜の開花時期を種蒔きの目安としていたため、こう呼ばれるようになった。県道の急なカーブの内側に「ほそき神社」があって、そこにある樹令500年の大桜は、花の時期には道行く車が皆ながめて通り過ぎて行く。

播但連絡道路を瀬戸内の方へ向かって降りる途中、神河町には「祐泉寺のしだれ桜」樹令100年がある。ピンク色の八重の花が、しだれた枝に可憐な風情で花をつけているのを見れば「紅かんざし」と名付けられたのもうなずける。少し遅目に咲く花なので、行く春を惜しむ心にやさしく映る。いつまでも座ってながめていたくなる桜である。

にぎやかな温泉地の桜なら、神戸の有馬温泉の中心地に善福寺という曹洞宗の寺院があり、そこの庭に樹令200年のしだれ桜を見ることができる。各旅館の窓からもながめられて、与謝野晶子はじめ古今の著名人も愛したと言われる「善福寺のイトザクラ」である。この寺は豊臣秀吉も度々茶会を催したことがあるという由緒を持つ。桜と共に秀吉の栄華の夢のあとを追うというのはいかがだろうか。

桜の名称	所在地	品種	樹齢	見頃時期
祐泉寺の枝垂桜	神崎郡神河町長谷414	枝垂桜	100年	4月中旬
善福寺のイトザクラ	神戸市北区有馬町	イトザクラ	160年	4月上旬
樽見の大ザクラ	養父市大屋町樽見	エドヒガン	1000年	4月中旬
三原のシボリザクラ	豊岡市	ヤマザクラ		4月上旬~4月中旬
ほそき神社のおまき桜	豊岡市竹野町下村	エドヒガン	500年	4月上旬~4月中旬

樽見の大桜

三原のシボリ桜

祐泉寺のしだれ桜

竹野のおまき桜

善福寺のイトザクラ

祐泉寺のしだれ桜

桜の旅――兵庫編

桜へのアプローチ

※二〇一六年一月現在の施設のため、予め営業を確認されてからのご利用をおすすめします。

「樽見の大桜」・「三原のシボリザクラ」・「竹野のおまき桜」への桜旅は

○旅館「西村屋本館」

しだれ桜が独特の風情をかもし出す城崎温泉の中でも格調高い門と建物。仲居さんも節度があり、気さくさもあってリラックスできる。食事も正統派の誠実さを感じる料理が並ぶ。文化度の高い厚みと、老舗の貫禄を感じさせてくれる宿。

〒六六九―六一〇一　兵庫県豊岡市城崎町湯島四六九
電話：〇七九六―三二―二二一一

「祐泉寺のしだれ桜」への桜旅は

○旅館「懐石宿 潮里」

おだやかな瀬戸内の浜辺が目前に広がる。潮干狩りもできるという。かつての皇族の別荘だった建物を改築したという離れは、露天風呂も備えられ、波の音と共に入ることができる。

〒六七一―一三〇一
兵庫県たつの市御津町黒崎一四〇四
電話：〇七九―三二二―一二一二

○ホテル「セトレ ハイランドヴィラ姫路」

姫路市を見下ろす広嶺山の頂上付近にあり、もう少し登れば黒田官兵衛ゆかりの広嶺神社となる。天気の良い日は淡路島、瀬戸内の島々まで見通せる。小さく姫路城も見えている。広くとった窓に広がる夜景も美しい。館内随所に客に対する気くばりの心が見える。

〒六七〇―〇八九一　兵庫県姫路市広嶺山二二四―二六
電話：〇七九―二八四―三〇一〇

西村屋本館

懐石宿　潮里

セトレ ハイランドヴィラ姫路

○公共の宿「ホテル モンテローザ」

高原の町にあるリゾートホテル。スイスの山荘風の建物。スタッフのものごしもていねいで好感が持てる。

〒六七九―三一〇三　兵庫県神崎郡神河町長谷九八七
電話：〇七九〇―三五―〇七七七

「善福寺のイトザクラ」への桜旅は

○フレンチレストラン「千暮里」

芦屋から六甲の山を車で登って行くとやがて見えて来るレストラン。前庭からのながめ。かすかに見える海の色。ヨーロッパ南仏をイメージさせるインテリア。一品一品、小皿で運ばれるあかぬけたお料理も、マダムとの会話も楽しく、上質の時と味わいが堪能できる。

〒六五九―〇〇〇三
兵庫県芦屋市奥池町三七―三　ユートピア内
電話：〇七九七―三一―五一二七

○ホテルの中華レストラン「シーサイドホテル舞子ビラ神戸『壺中天』」

舞子の浜の景色と明石海峡大橋が目の前に見える。かつて有栖川宮別邸だったという面影は庭の松の緑から偲ぶことができる。中華レストランの窓の横に、想像以上に雄大に迫って来る夜景を楽しむために、夕席がおすすめ。

〒六五五―〇〇四七
兵庫県神戸市垂水区東舞子町一八―一一
電話：〇七八―七〇六―七七九三㈹

ホテル モンテローザ

千暮里

シーサイドホテル舞子ビラ神戸

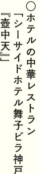

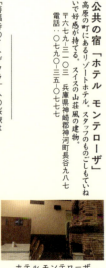

大阪府の桜たち

高貴寺の臥龍桜

静かな御寺。真言律の道場という厳しい修業の場らしく、凛とした空気が境内に漂っている。葛城山中に千三百年の歴史を持ち、役行者の創建、弘法大師が安居したと伝えられる名刹。どこからかかすかに祈禱の声が聞こえて来るような。が、それも気のせいか。どこにも人影は見えない。片側は土塀。もう一方は谷へ落ちるという細い路を奥へと歩いて行く。金堂の前にめざす「高貴寺のしだれ桜」があった。

小ぶりながら傘を拡げたような形に見えるしだれ桜は、幹には古桜らしく空洞が見えている。うねった幹と枝の形から別名を「臥龍桜」とも呼ばれるが、高貴な寺の高貴な桜らしく、臥龍といえども恐ろしげではなく、あくまで密やかに楚々とした風情に咲いている。けれどそのしだれた枝の先に開いている花の一輪一輪をよく見れば、短い春の午後をせいいっぱいのいのちを込めて楽しんでいる様子。大阪の街中の喧噪をよそに、ほとんど知る人もなく、ひっそりと雅びに咲いて散って行く。やはり忘れがたい桜の一つとして記憶にとどめたいものである。

阿南町には高貴寺の静寂とは正反対に、桜の季節にはたくさんの人が訪れる花の寺がある。僧西行の終焉の地として名高い弘川寺である。「願はくは花の下にて春死なむ　その如月の望月のころ」と詠んだ西行は、自らの願い通り桜の満開の下で、花と共に入寂したと伝えられる。本堂の横から小山を登ったところには西行の墓も、晩年を送ったとされる庵の跡もある。また、この桜をこよなく愛した歌人の生涯の全容を知るためには、境内に西行記念館が設けられていて、花の時季に合わせて開館されている。本堂のところへもどって、護摩堂のすぐ前を見ると「隅屋桜《すや》」というシダレ桜がある。樹令110年のピンク色の濃い紅シダレザクラである。南北朝時代に、南朝の忠臣だった隅屋興市という弘川城主がこの場所で討死したことからその名がついたと言われている。

泉佐野市には、「慈眼寺の姥桜」という樹令400年の桜が本堂の横から伸びている。弘法大師が地面に立てた杖が根付いて成長したという伝説を持つが、元木はすでになく、枯れた根元から再び生えた「ひこばえ」が伸びたものであるらしい。

和泉市へ行くと、個人の庭にある「若樫の百滝《ももたき》桜」が見事にしだれた枝ぶりを見せる。樹令は100年とまだ若いが、邸の横を流れる川へ向かって枝を長く伸ばす。

大阪市内では大正区の鶴町小学校の近くに市の保存樹がある。「神明神社の桜」で、境内にがんばって枝を広げているが、敷地の中で写真をとるのにはなかなかむずかしい位置にある。

また豊能町には高代寺という古い寺院があり、そこへ至るまでの参道の途中に、何本かのヒガンザクラの古木が見える。かつては参道の両側にかなりの数が植えられていて、桜の名所として知られた時代もあった由。今は数本が残るのみであるが、一本一本はよく見るとかなりの風格のある桜たちである。

桜の名称	所在地	品種	樹齢	見頃時期
慈眼院の姥桜	泉佐野市日根野626		400年	3月下旬～4月上旬
若樫のしだれ桜	和泉市若樫町	枝垂桜	100年	4月上旬
神明神社のソメイヨシノ	大阪市大正区鶴町2—7—29	ソメイヨシノ		4月上旬
高代寺桜	豊能郡豊能町		150年	4月中旬
高貴寺の桜	南河内郡河南町	枝垂桜	110年	3月下旬
弘川寺の隅屋桜	南河内郡河南町弘川43	枝垂桜	110年	3月下旬

高代寺桜

慈眼寺の姥桜

高貴寺の臥龍桜

弘川寺の隅屋桜

若樫の百滝桜

神明神社の桜

桜の旅——大阪府編

桜へのアプローチ

※二〇一六年一月現在の施設のため、予め営業を確認されてからのご利用をおすすめします。

「高貴寺のしだれ桜」・「弘川寺の隅屋桜」への桜旅は

○旅館「南天苑」

大阪と和歌山の県境、紀見峠の手前にある。南海高野線の天見駅が旅館の敷地続きにある。かつて堺の大浜にあった料亭の建物を移築して高野山参詣の温泉宿とした経緯がある。大正二年に辰野金吾によって設計された数寄屋造りの建物は古き良き時代の名残りを留め、どこか懐かしい。東京駅などの洋風建築を多く手がけただけに、格調の高さや空間の取り方に堅牢さと計算された余裕があって、座っていると不思議な安心感がある。2003年に国の登録文化財に指定された。

〒五八六-〇〇六二　大阪府河内長野市天見一五八
電話：〇七二一-六八-八〇八一㈹

「慈眼寺姥桜」・「若樫の百滝桜」・「神明神社の桜」への桜旅は

○ホテル「帝国ホテル大阪」

大川に面した客室の窓下には桜の宮公園。花の時期にはピンクに染まった川岸の風情が楽しめる。また少し遅れて、近くの大阪造幣局「桜の通り抜け」では豪勢な八重桜の競演を満喫できる。

〒五三〇-〇〇四二　大阪府大阪市北区天満橋一-八-五〇
電話：〇六-六八八一-一一一一

南天苑

帝国ホテル大阪からの眺め

○旅館「松葉温泉 滝の湯」

日帰りの温泉棟の横に宿泊棟。和洋室の客室に温泉露天風呂付の部屋も。夕食には北大路魯山人の器を使う懐石料理のコースもある。

〒五九七-〇一〇二　大阪府貝塚市木積三四八八
電話：〇七二-四二一-三六六六

○ホテルの中国料理レストラン「ホテル・アゴーラ リージェンシー堺『龍鳳』」

南海本線「堺駅」の西口に直結。背の高いビルは遠くからもよく目立つので車での移動にも便利。安心できる中国料理のコース。

〒五九〇-〇九八五　大阪府堺市堺区戎島町四-四五-一
電話：〇七二-二二四-一一二一

「高代寺桜」への桜旅は

○旅館「風の杜」

紅葉の名所箕面の山中にある。ロビーの一面の大きな窓からはるかに大阪市街の遠景が広がる。天気が良い日には大阪湾までの眺望も。夜景もすばらしい。

〒五六二-〇〇〇一　大阪府箕面市箕面二-一-四-七一
電話：〇七二-七二二-一一九一

滝の湯

ホテル・アゴーラリージェンシー堺 龍鳳

風の杜からの眺め

京都府の桜たち……

円山公園のしだれ桜

京都市内の一本桜でよく知られているのは円山公園のしだれ桜がトップと言えよう。初代は枯れて、現在は佐野藤右衛門氏の育てた二代目が祇園の夜桜として親しまれている。まだ80年ほどの若い桜である。

京都市内には毘沙門堂、醍醐寺、平野神社、高台寺など花名所がたくさんあり、歴史上の人物にゆかりの桜も多い。

京都府庁旧本館の中庭に「容保桜《かたもり》」と呼ばれる桜がある。大島桜と山桜の特長をあわせ持つ桜らしいが、樹のある場所は幕末には京都守護職の上屋敷のあったところで、当時の京都守護職だった会津の松平容保公の名をとって命名されたらしい。幕末の争乱の一部始終をこの桜は見ていたのかも知れない。

円山公園のしだれ桜

真如堂には春日局ゆかりの桜が咲く。春日局が父、斎藤内蔵介利三の菩提を弔うために手ずから植えたとされる「たてか波桜」である。幹が松の皮に似ていて、たてに筋が入ることから名付けられたという。斎藤利三は美濃の斎藤氏の一族であったが、仕えた明智光秀が本能寺の変の後、山崎の戦いで敗れ去った時、利三も捕縛され、明智家の家老として六条河原で磔の刑を受けたと言われている。お福（春日局の幼名）はその後三代将軍家光の乳母となり、権勢を誇ったが、幼い時の父の刑死はずっと心にかかっていて、人々の記憶から明智の名が消えたころになって菩提を弔い、桜を植えたかと思われる。台風により一たん折れたが、新しく枝を伸ばして再び花をつけるようになっている。

花園の法金剛院には「待賢門院桜」と呼ばれる濃い色の花をつける桜がある。平安末期「平家物語」にも登場する待賢門院璋子という類いまれなる美貌の中宮があった。白河法皇の養女として育ち、鳥羽天皇の中宮として崇徳天皇と後白河天皇の母となった女性である。その美貌のゆえに保元の乱の遠因ともなったとされるが、髪をおろし女院となって静かな明け暮れを法金剛院で迎えた。また一方、待賢門院と、出家する以前の西行、北面の武士時代の佐藤義清《のりきよ》が互いを相知ったのもこの寺においてである。

かつて本堂の前にあったとされる桜は、待賢門院が奈良の八重桜を是非にと乞うて興福寺から移植させたものであった。西行と女院の邂逅に一役を買ったとされるその桜は今はすでにない。その後東大寺の知足院から新たに若木を得て、芽を接ぎ木して成長したものが現在の待賢門院桜であるという。咲き初めは紫色に近い濃さを持ち、序々に色を淡くして行くというこのしだれ桜、西行の出家とも関わりのあると噂されるこの寺内において、あでやかな花の色が一層その美后を偲ぶよすがとなる。

女院の桜の次には西行の桜も訪ねたい。大原野の勝持寺は別名を花の寺とも呼ばれ、花どきの境内はあふれんばかりのしだれ桜の競演となる。バサラ（婆娑羅）大名として名高い佐々木道（導）誉もここで花見の宴を催したというから、かなり以前から桜の名所として知られていたらしい。鐘楼のそばに三代目ながら「西行手植えの桜」が丈高く伸びている。鳥羽上皇に出仕していた北面の武士、佐藤義清は23才の時この寺で剃髪出家した。西行と名を改めて、庵を結び、数年間隠棲の地とした時に

平野神社の桜

容保桜

たてか波桜

待賢門院桜

植えたものとされている。この小塩山勝持寺は能「小塩」における桜見物の舞台となっているので、在原業平の時代からもう花見客が訪ねていたことと思われ、西行自身がこの寺に住んでいた時の歌「花見人と群れつつ人の来るのみぞ　あたら桜の咎にはありける」によってその様子を憮然とながめていた様子も想像される。なお西行の植えたというこの桜をモチーフとして、春の夜の夢に現われた桜の精を夢幻能として世阿弥が描いたのが能「西行桜」である。

大原野には、勝持寺に近いところに「十輪寺の業平桜」（在原業平が晩年を過ごしたところ）樹令200年や、「善峰寺のしだれ桜（桂昌院――徳川五代将軍綱吉の生母――お手植えの桜）」樹令300年など見ごたえのある優美な桜たちが妍を競っている。

また大原野神社には「千眼桜」と呼ばれるしだれ桜があって、樹令は70年という若い桜であるが、一つ一つの花がぼんぼり状に固まって咲き、あたかも眼がたくさんあるかのように見えることから名付けられたらしい。ところでこの桜は花の時期が大層短い。咲いた時はこの上なく華麗に見えるが、一年のうちにたったの二、三日しか咲かず、あっという間に散ってしまうので「幻の桜」とも呼ばれている。もしもこの桜を満開時に見ることができたなら「千眼――千願（千の願い）」がかなうとも言われている。幻の桜に運だめしに寄ってみてはいかが？

京都市内はこの位にして、市内から北上して右京区京北井戸町へ行くと常照皇寺がある。北朝第一代とされた光厳天皇が創建の禅刹で、正式な皇位継承をしながらも皇統系譜からはずされてしまったという悲運の天皇が晩年を過ごした寺である。日々のなぐさめにと弟の光明天皇が御所から運んで来て、法皇と二人で手植えしたと伝えられる「九重桜」が開山堂の前に広がって咲く。この桜は明智光秀によって焼き討ちされ、後水尾天皇が再びお手植えされたとする説もあるが、伝承としては樹令600年を越え、根周り4・4m、枝張りは20mにも達している。京都府の桜では唯一の国指定の天然記念物の桜で、福島県の三春の滝桜と共に、シダレ桜の双璧とたたえられている。境内には他にも二本の古桜がある。

千眼桜

業平桜

西行桜

御所から株分けされたとされる「左近の桜」と方丈の前の「御車返しの桜」である。「御車返しの桜」の親木は残念ながら枯れて、現在は若木が咲くようになっている。この桜の名は後水尾上皇がもう一度車を返して鑑賞されたという故事による。そんなにもこの桜へ愛着を持たれたという上皇、もちろん花の愛らしさ美しさによることももちろんであるが、当時江戸幕府による朝廷への圧迫が強くなって失意のうちにこの寺を訪問されたと言われている。その上皇が自らの屈折した想いを、悲運の中で山国に没した光厳天皇に重ね合わせて、もう一度車を返してまで桜に想いを

常照皇寺の九重桜

善峯寺のしだれ桜

寄せられたのかも知れない。

京都市以外の桜、北の方では。

舞鶴市「瑠璃寺のシダレ桜」、樹令300年。境内の石垣の上に立って、下の駐車場にまで長い枝を垂れている。

亀岡市の「小幡神社のヤマザクラ」、本殿の右側に古木の桜がある。

同じく亀岡市の「桂林寺のヤマザクラ」、山津波を喰い止めたという武勇伝を持つ桜である。山すそから細い道を山の中腹まで上って行くと、寺の駐車場脇にこの桜がある。昭和35年の山津波の際、土砂をここで喰い止めて、真下の民家は災害をまぬがれたそうであるが、その時の後遺症で幹の根元は樹皮がはがれたままになっている。けなげなこの桜の横に立ってみると、亀岡の町のむこうに愛宕山が霞んで見える。この辺りは明智光秀の旧領だったところで、逆賊と言われることの多い光秀であるが、領主としては心を配って民を治め、名君としての誉れの高い武将だったことはあまり知られていない。その光秀がとつおいつ考え、考え、心を決めてこの地から兵をまとめてあの愛宕山へ登り、そこから本能寺へ怒濤のように駆け下りて行ったのかと思うと感慨深いものがある。

亀岡から今度はずうっと南下して。

和束町の山あい、茶畑の終わった辺りに湯船の集落があり、町を見下ろす高台に「西願寺のしだれ桜」樹令400年がある。近くへ寄ってみると満開のこの桜、町の頭上に花びらを降り注ぐような形で枝を伸ばしている。どこからか桜の詞《うた》もきこえて来そうである。

花に心があるならば
もしも風が吹いたら
たなごころに仏心を乗せたまま
花びらは遠く遠くへ飛んで行き
町中の人に福を
とどけたいと思うだろう

常照皇寺の御車返しの桜

常照皇寺の左近桜

瑠璃寺のしだれ桜

西願寺のしだれ桜

小幡神社の山桜

お寺の桜だもの桜の精の慈悲の心が見えるような桜であった。

そして京都の桜めぐり、しめくくりは井手町の「地蔵禅院の桜」としたい。享保十二年（1727）に植樹された桜は、現在鐘楼の横に見えている樹の親桜で、倒木した先代の桜の木は庭の奥に横たわったまま残されていて、当時の姿を偲ぶことができる。ところで、昭和22年に枯死したというう円山公園の初代のしだれ桜であるが、実はこの寺の先代の桜から株分けされたものだったそうで、いわば先代どうしが姉妹の桜であったという。鐘楼のそばまで行ってみると、しだれ桜のある位置からは生駒山系の山々が一望され、京都方面から大和の方へはるけく山野が広がっている。春霞のたなびく中、折からの夕陽に里のシルエットも朱く染まって行った。

桂林寺の山桜

地蔵禅院の桜

桜の名称	所在地	品種	樹齢	見頃時期
地蔵禅院の桜	綴喜郡井出町井出字東垣内16	枝垂桜	２８０年	４月上旬
祇園の夜桜	京都市東山区円山町	枝垂桜	８０年	３月下旬
３代目西行桜	京都市西京区大原野南春日町１１９４ 勝持寺	？		４月上旬
常照皇寺の九重桜	京都市右京区京北町字井戸	紅枝垂れ桜	６００年(九重桜)	４月中旬
常照皇寺の御所返しの桜	京都市右京区京北町字井戸	一重と八重の混合種？		４月中旬
常照皇寺の左近の桜	京都市右京区京北町字井戸	一重と八重の混合種？		４月中旬
たてか波桜	京都市左京区浄土寺真如町 真如堂	？	５５年	４月上旬
待賢門院桜	京都市右京区花園扇野町	枝垂桜	？	４月上旬
魁桜	京都市北区平野宮本町１	枝垂桜		３月下旬
業平桜	京都市西京区大原野小塩町４８１	枝垂桜	２００年	３月下旬
和束町の桜(西願寺の桜)	相楽郡和束町大字湯船	枝垂桜	４００年	４月上旬～４月中旬
容保桜	京都市上京区下立売通新町西入ル	大島桜と山桜の特徴を併せ持つ桜		４月上旬
大原野神社の千眼桜	京都市西京区大原野春日町１１５２	枝垂桜	７０年	４月上旬
善峯寺の枝垂れ桜	京都市西京区大原野小塩町１３７２	枝垂桜	３００年	４月中旬
瑠璃寺の枝垂桜	舞鶴市吉田１７０	枝垂桜	３００年 ８０年	４月上旬
小幡神社のヤマザクラ	亀岡市曽我部町穴太宮垣内１	ヤマザクラ		４月上旬
桂林寺のヤマザクラ	亀岡市本梅町平松中野垣内18			

桜の旅――京都府編

桜へのアプローチ

※二〇一六年一月現在の施設のため、予め営業を確認されてからのご利用をおすすめします。

「円山公園のしだれ桜」・「平野神社の桜」・「容保桜」・「たてかわ桜」・「待賢門院桜」・「常照皇寺の桜」への桜旅は

○ホテルの中国料理レストラン「京都ブライトンホテル『花閒』」

二階のテラス席からはホテルの入口からロビーラウンジを見通せる。すべてにゆとりのあるホテルで、中国料理のコースも安心できる。

〒六〇二-八〇七一 京都府京都市上京区新町通中立売（御所西）
電話：〇七五-四四一-四四一一㈹

○旅館「美山荘」

峰定寺の塔頭あとに建つ。先代が始めた「摘草料理」の料理旅館として数寄の心でもてなす。「京の鄙《ひな》」の典型。優雅で侘びた室内と料理。単なる懐石料理ではなく、山の張りつめた「気」が感じられて、身心ともに清浄になったような気分となれる宿。

〒六〇一-一一〇二 京都府京都市左京区花脊原地町大悲山三七五
電話：〇七五-七四六-〇二三一

京都ブライトンホテル　花閒

美山荘

「小幡神社のヤマザクラ」・「桂林寺のヤマザクラ」・「西行桜」・「業平桜」・「善峰寺のしだれ桜」・「千眼桜」・「西願寺のしだれ桜」・「地蔵禅院の桜」への桜旅は

○懐石料理「京都吉兆松花堂店」

松花堂庭園の中にあり、広い窓の外には竹林が見える。松花堂美術館なのでやはり松花堂弁当がおすすめ。昼、夜ともに時間に余裕がない時でも気楽に入ることができる。昼のラストオーダーが3時というのは本当にありがたい。

〒六一四-八〇七七 京都府八幡市八幡女郎花四三 松花堂庭園・美術館内
電話：〇七五-九七一-三三一一

○旅館「花やしき浮舟園」

目の前を宇治川の流れが横切る。桜並木も塔の島も窓のすぐ下。川の瀬音を聞きながら入る露天風呂は「源氏物語」の宇治十帖の世界を髣髴させる。平安の昔から宇治の地が離宮、別荘の地であったことを今さらながら納得。

〒六一一-〇〇二一 京都府宇治市宇治塔川二〇
電話：〇七七四-二一-二一二六㈹

京都吉兆松花堂店

花やしき浮舟園

○公共の宿「烟河」

テラスに温泉露天風呂を備えた部屋もある。建物、料理、アメニティ、細部にわたって公共の宿とは信じられないようなグレードの高さがある。夕食時の「割ばし」をじっくり見てほしい。近ごろはけっこうハイクラスな宿でも、安手の「塗りばし」を出すところがあり、是非見習ってほしい。浴衣の着心地も特筆もの。長く着ていて着くずれしないのは仕立てが良くないとこうは行かない。目立たないところにここまで目の届く宿は、支配人さん料理長さんの心意気を感じる。さすがは京都！文化度がちがうところである。

〒六二一―〇二五一 京都府亀岡市本梅町平松泥ヶ淵一―一
電話：〇七七一―二六―二三四五

烟河

「瑠璃寺のシダレ桜」への桜旅には

○旅館「文珠荘　松露亭」

宮津湾に面して建ち、部屋にいながらにして水面の輝きが映り、行き交う舟の音を間近に聞く。松林のむこうに天橋立も見渡せる。スタッフの心配りもきめ細やか。

〒六二六―〇〇〇一 京都府宮津市天の橋立文殊堂岬
電話：〇七七二―二二―二一五一

文殊荘　松露亭

○オーベルジュドボノ「ほのぼの屋」

舞鶴湾を展望できる高台に建つ。天井も高く、ゆったりとした造り。三重県志摩のホテル出身のシェフが作るフレンチは正統派。

〒六二五―〇〇〇七 京都府舞鶴市大字大波下小字滝ヶ浦二〇二番五六
電話：〇七七三―六六―七七二一

ほのぼの屋

○旅館「雨情草庵」

雨が多く湿度の高い土地柄からの命名らしい。林の中に離れ屋が点在。露天の部屋付風呂も雨が降っても大丈夫な造り。夕食、朝食に様々な工夫が見られるが、朝食の干ものの魚が身の部分と骨がきれいに切り分けられてあったのには驚いた。

〒六二九―三三四一 京都府京丹後市網野町木津二四七
電話：〇七七二―七四―九〇〇九（佳松苑内）

雨情草庵

滋賀県の桜たち

深堂の郷のしだれ桜

信楽ＩＣで新名神高速道路を降り、紫香楽宮跡の標識を右手に見ながら国道３６７号線を走る。奈良時代に聖武天皇が造営した紫香楽宮は、この地にわずか二年足らずの「都《みやこ》」であった。桃山時代の茶道具の名品を多く産出した陶芸の地、と言っても現在《いま》は道端にゾロゾロとこれでもかと言わんばかりに並んでいる「タヌキさんの置物」の方が一般的なのだろうが、合併して甲賀《こうか》市となった信楽の地を走っていると、一時的にせよここに「みやこ」があったとは信じがたい。

田畑の中に茶の木の栽培が見られるようになったころ、左手の小高い丘の上によく目立つ桜が現われる。「深堂の郷のしだれ桜」、またの名を「畑のしだれ桜」と呼ばれる樹令４００年の優美な桜である。樹のそばに案内板があり、それによると、平安後期に平家が滅亡した際、都落ちした人々が都を偲んで植えたというので「都しだれ」の別名があると言い、またこの地にあった「深堂山遍照院西光寺」という寺が織田信長によって焼き討ちに遭い、それが再建された時の記念樹ともいう。更に、徳川家康が江戸と京都を往来する際の刺客を避けるための隠密街道となり、家康がこの地で休息した時に植えられた、などの諸説が記されている。桜の樹令を考えると、ちょうどあの関ヶ原の戦の直前に、徳川家康が大阪から江戸へ帰る際、石田三成方の武将から狙われて甲賀路を脱出したことがあり、その際の休息場所という想像も成り立つ。その後にこの場所へ来て、回想と共に桜を植えようと思い立った家康の顔も見えるような気がするのであるが…。

甲賀市には他に土山町の大福寺にも桜がある。「徳本桜」といって、境内の墓地の横に思い切り幅広に伸びたしだれ桜で、こちらは樹令200年である。

滋賀県は湖の国である。琵琶湖の周辺にもたくさんの一本桜が残っているので、桜を訪ねて琵琶湖を一周してみよう。

まずは甲良町。湖東三山の一つ西明寺は広い寺域の中に樹令250年のシダレ桜が二本あるが、やはり樹令250年という「不断桜」の方がよく知られている。不断桜というのは秋と冬、そして春に開花するというのでその名がある。中でも十月末から十一月半ばにかけてが一番花の多い時という。私たちが訪れたのは一月半ばであったが、その時にも樹のあちこちに小さい花をつけていた。真冬の寺の境内はしんしんと底冷えがする。かぼそげに咲く花も寒さに震えているようで、いじらしくも見えた。

徳本桜

彦根市には龍潭寺という井伊家の菩提寺があって、その表門の内側に丈高く伸びた八重の紅しだれが咲く。

米原市にある徳源院は京極家の代々の菩提寺である。京極家第五代の佐々木道（導）誉は婆娑羅大名として名高い。鎌倉末期から南北朝時代にかけての動乱の時代の中で、権威や既存の価値観をくつがえし、独自の美意識に生きた人間たち、後世のかぶき者―傾き者―の系譜につながる反社会的な美の具現者たちを婆娑羅《ばさら》と呼び、代表格の人物が佐々木道誉であった。「太平記」の中でも様々な権威への反体制的行為が描かれ、当時の世人が道誉の行為を困ったことだとしながら裏では応援し、美的感覚を賞讃していた様子がうかがえる。その道誉が植えたと伝えられるのが徳源寺本堂の前にある「道誉桜」と呼ばれるしだれ桜である。現在の樹は二代目で樹令300年だそうであるが、「婆娑羅大名」の名に恥じぬようひときわ華やかに美しく咲く。三重塔の前には三代目も植えられていて、花どきには境内はしだれ桜の競宴となる。

西明寺のシダレ桜

西明寺の不断桜

龍潭寺のシダレ桜

道誉桜

　琵琶湖も北岸に至ったのち、余呉湖、賤ヶ岳の古戦場を右に見てぐるりと方向を変え、海津大崎の桜並木を越えると高島市となる。

高島市には多くの古木の桜があるが、代表的なものは樹令300年の「清水《しょうず》の桜」であろうか。別名を「見返りの桜」とも言う。加賀藩主が上洛の途中にこの桜のそばを通り、何度も振り返って見たと言われることからこの名がついた。水上勉の小説「櫻守」にも登場している。それから「新田の桜」樹令400年、この桜は別名を「竹生の桜」と呼ばれている。背景に竹生島が見える場所に立っているからであるが、奥琵琶湖の借景と共にながめると、風の中に清々しさを感じさせる桜である。「行過《ゆきすぎ》天満宮のヤマザクラ」樹令300年は、昔この神社に社殿のなかったころにはこの桜樹自体を神として祀り、「桜花大明神」と呼ばれていたというほどの由緒を持っている。「南深清水の夫婦桜」はともに樹令300年の樹が二本、仲良く枝をたずさえて立っている姿がほほえましい。

高島市の桜の中で一番の古木と言われるのは、今津の酒波寺《さなみじ》にある樹令500年のエドヒガンである。この寺は奈良時代に行基《ぎょうき》によって開かれたので「行基桜」と呼ばれている。参道の長い石段の脇にスックと立ち、樹高21・5mという背が高く品格と誇りを感じさせる桜である。酒波寺は戦国末期に織田信長によって焼き討ちされた。その時この桜も焼けて、半分の大きさになったと伝えられている。その後再生して現在の姿となった。ところでこの桜の根元には祠が祀られている。近年になって祠の中を調べた時、焼かれた時の炭状になったものが出て来たそうである。桜の持つ驚異的な生命力に神秘をさえ感じさせられる話である。

最後は大津市。「薬樹院の太閤桜」。薬樹院はかつては延暦寺の東塔東谷にあったらしいが、やはり織田信長の焼き討ちにあった。豊臣秀吉によって延暦寺の再興が許された時、薬樹院はこの地に再建され、庭園の中にあるしだれ桜は「太閤桜」と呼ばれるようになったという。樹令は200年といわれるので、

新田の桜(竹生の桜)

清水の桜

行過天満宮のヤマザクラ

新田の桜(竹生の桜)

南深清水の夫婦桜

酒波寺の行基桜

おそらく二代目かと思われる。

　また大津市でも湖西の北小松にある徳勝寺にもしだれ桜がある。参道の階段を上ると、ひっそりした境内の中に古木の桜が静かに枝を落としていた。樹のそばへ寄ってみた時、湖西線の列車の響きが走り去って消えた。ふり返ると湖西の町並みはのどかに長い。彼方の琵琶湖は白く靄《もや》っていた。

薬樹院の太閤桜

徳勝寺のしだれ桜

徳勝寺のしだれ桜

桜の名称	所在地	品種	樹齢	見頃時期
西明寺の不断ザクラ	犬上郡甲良町西明寺	不断桜	250年	11月・4月
西明寺のしだれ桜	犬上郡甲良町西明寺	枝垂桜	250年	4月上旬
徳勝寺の桜	大津市	枝垂桜		4月中旬
薬樹院の太閤桜	大津市坂本	枝垂桜	200年	4月中旬
深堂の郷の枝垂桜（畑のシダレザクラ）	甲賀市信楽町畑	枝垂桜	400年	4月中旬
大福寺の徳本桜	甲賀市土山町岩室		190年	4月中旬
酒波寺の桜	高島市今津町	エドヒガン?	400年	4月上旬
新田の桜（竹生の桜）	高島市今津町	エドヒガン	400年	4月上旬
南深清水の夫婦桜	高島市今津町	エドヒガン	300年	4月上旬
行過天満宮のヤマザクラ	高島市今津町弘川	ヤマザクラ	300年	4月上旬
清水の桜（見返り桜）	高島市マキノ町海津	エドヒガン	300年	4月上旬
龍潭寺の桜	彦根市古沢町	枝垂桜		4月中旬
徳源院のしだれ桜	米原市山東町清滝	枝垂桜	300年	4月中旬

桜の旅—— 滋賀県編

桜へのアプローチ

「深堂の郷のしだれ桜」・「大福寺の徳本桜」・「楽樹院の太閤桜」・「徳勝寺のしだれ桜」への桜旅は

○ホテル「ロイヤルオークホテル『湖園』」

琵琶湖畔に建つ。建物の外装、内観、庭園がおシャレな雰囲気。アトリウムロビーは一見オペラハウス風。上階の桟敷から観客がのぞいているように描かれている。レストランも充実。中庭に面した中華レストランは開放感がある。

〒五二〇―二一四三　滋賀県大津市萱野浦二三番一号
電話：〇七七―五四三―〇一一一(代)

ロイヤルオークホテル　湖園

○公共の宿「かもしか荘」

鈴鹿山系の麓、野洲川に面して建つ。どの部屋も二間続きで広々とした空間から川の流れと緑が目にやさしい。スタッフも親切。レストランのこまやかで気のきいたサービスに心がなごむ。

〒五二八―〇二〇一　滋賀県甲賀市土山町大河原一一〇四
電話：〇七四八―六九―〇三四四

かもしか荘

「龍潭寺のしだれ桜」・「西明寺のしだれ桜」・「西明寺の不断桜」・「徳源院の道誉桜」への桜旅は

○ホテル「北ビワコホテルグラツィエ」

琵琶湖に面して、長浜のヨットハーバーに隣接。竹生島行きの乗船場は真向かい。イタリアのヴェローナをイメージした館内のインテリア。ホテルの規模に比して、レストランも和、洋、中が揃って、食事の利用にも便利。

〒五二六―〇〇六七　滋賀県長浜市港町四―一七
電話：〇七四九―六二―七七七七

北ビワコホテルグラツィエ

○レストラン「ティファニー」

近江八幡の駅のそば。いつも地元の人たちが並ぶレストラン。近江牛の直営店なので階下で牛肉も販売している。良心的な価格とバラエティに富み近江牛をたんのうさせてくれるメニュー。市内に別に3店舗あって、琵琶湖畔の高台でながめの良い支店もある。

〒五二三―〇八九一　滋賀県近江八幡市鷹飼町五五八
電話：〇七四八―三三―三〇五五

ティファニー

※二〇一六年一月現在の施設のため、予め営業を確認されてからのご利用をおすすめします。

「清水の桜」・「新田の桜（竹生の桜）」・「行過天満宮のヤマザクラ」・「南深清水の夫婦桜」・「酒波寺の行基桜」への桜旅は

○旅館「紅鮎」

奥琵琶湖に位置し、室内から水辺の芦と水鳥、そのむこうに竹生島が浮かんで見える。夕陽が比良山系に沈むと、空も湖面も朱に染まる。部屋付露店風呂の温泉も空の色を映して揺れる。

〒五二九―〇三六四　滋賀県長浜市湖北町尾上
電話：〇七四九―七九―〇三一五

○オーベルジュ「ロテル・デュ・ラク」

琵琶湖畔の芝生に点在するコテージ。緑とブルーの自然の色のやさしさが心をなごませてくれる。湖上の月影も忘れがたい。桜の季節にはすぐ前が梅津大崎の桜並木。

〒五二九―〇七二一
滋賀県長浜市西浅井町大浦二〇六四
電話：〇七四九―八九―一八八八

紅鮎

ロテル・デュ・ラク

○懐石料理「湖里庵」

遠藤周作命名の奥琵琶湖の料亭。座敷から湖面を間近に眺めての懐石料理。

〒五二〇―一八一一
滋賀県高島市マキノ町海津二三〇七
電話：〇七四〇―二八―一〇一〇

湖里庵

道誉桜

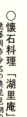

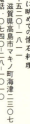

東海地区

三重県
愛知県
静岡県
岐阜県

上：三重県　家建の茶屋跡の大島桜
下：静岡県　みずめ桜

三重県の桜たち

石薬師の蒲桜

鈴鹿市の石薬師神社内の「御曹子神社」には、源平時代の源範頼が祀られているが、近くには樹令800年といわれる「石薬師の蒲桜」がある。樹の下にはこの辺りに生家のあった佐佐木信綱が蒲桜のことを詠んだ歌碑が建てられている。源範頼は源義朝の六男として生まれたが、成人するまで遠江国《とおとうみ》（今の静岡県）蒲御厨にいたため「蒲冠者《かばのかじゃ》」または「蒲殿」とも呼ばれている。兄の頼朝、あるいは弟の義経と比べると知名度は低いが、義経と同様に兄頼朝の挙兵を知るとすぐさま伊豆に駆けつけ、平家追討軍に加わっている。範頼は源氏の頭領の一門として重用され、頼朝の代わりに大軍をひきいて京都へ上る途中、この石薬師の神社で戦勝を祈願した。その時鞭に使っていた桜の枝を地面に挿して戦の勝敗を占い、「私が勝てばきっと生えよ。」と言い残して出発した。範頼が宇治川の合戦で勝利をおさめると、この枝も芽吹いて生長したので「蒲桜」と呼ばれるようになったというのである。

範頼はその後義経と共に転戦を重ね、壇之浦の戦いで平家を滅亡させた。しかし義経が頼朝から謀反の疑いをかけられ衣川で戦死した時、自らはその轍を踏むまいと心に誓い、頼朝に忠実な立場を貫いていた。ところが義経の死から四年後、建久四年（1193）に曽我兄弟の仇討ち事件が起きてしまう。曽我十郎五郎兄弟が親の仇と狙っていた工藤祐経を討ち果たすため、富士のすそ野で巻狩りを催していた源頼朝の陣屋へ暴れ込んだのである。陣屋内は大騒ぎとなり、一時頼朝が討たれたという誤報が駆けめぐった。その報せは鎌倉へも届き、驚き悲しむ政子に範頼は「後にはそれがしが控えております。」となぐさめた。事件がおさまって（兄弟はめでたく仇を討ち、自分たちも捕えられて斬られた）、鎌倉に帰った頼朝に、政子はこの時の範頼の言葉を告げた。範頼が自分に取ってかわろうとしていると考えた頼朝によって、範頼は謀反の疑いをかけられ、修禅寺に幽閉の後、結局は自害させられてしまったのであった。

範頼ゆかりの「蒲桜」はもう一本埼玉県に有名な「石戸の蒲桜」という名の桜がある。こちらの伝承には範頼が密かに逃亡して隠れ住んだという話もある。兄頼朝を支えながら、義経と全く同様に悲運の内に殺されねばならなかった範頼に対して、世の人々の同情が集まり、そんな伝説が生まれたのかも知れない。

鈴鹿市にはもう一本樹令1200年とも1300年とも言われる古い桜がある。白子の子安観音寺の境内で一年中花をつける「白子の不断桜」である。天平時代、称徳天皇が宮中へ植えかえさせたところ、一夜で枯れてしまったので、またこの寺へもどしたという伝承を持つ。戦国時代に連歌師の里村紹巴《じょうは》がここを通って、紀行文の中でこの桜のことを記しているという。

津市の長徳寺は旧芸濃町にある古刹であるが、その庭に「龍王桜」という八重の普賢桜が咲く。この

長徳寺の龍王桜

白子の不断桜

三多気のヤマザクラ

春谷寺のヒガンザクラ

三多気のヤマザクラ

寺には龍の伝説が残っている。長徳寺の前を流れる川の淵には昔、龍が住んでいた。寺の高僧に済度を受けたことによって天に戻れるようになった龍は、お礼の印にと「鱗《ウロコ》」と桜の種を残して去った。その種を蒔いて成長したのが龍王桜であるという。鱗の方は、この地方が旱魃で水不足になった時、その鱗を持って雨乞いをすると雨が降ると言われ、その不思議な魔力と共に寺の寺宝となっているという。

津市でもう一カ所名高い桜が「三多気《みたけ》のヤマザクラ」である。津市といってもJR名松線の終点「伊勢奥津駅」のそばにあり、ここまで来るともう奈良県との県境が近い。室生山系が背景をなす静かな山里も、中世には伊勢の国司北畠氏の本拠地があったところで、その祈願所として栄えた真福院の参道を200本の山桜の古木の並木が続いている。段々畑が両側に広がり、寺までの坂道は桜のトンネルを形造っている。この中には900年の古木もあるというから驚く。

松阪市の「春谷寺《しゅんこくじ》のヒガンザクラ」樹令400年は太い幹に風格を感じさせ、薄紅のやさしい花を咲かせる。地元ではこの桜のことを「青春桜」と呼ぶのだそうで、古木なのに青春とはこれいかにと思うが、やはりこの花の可憐な色を賞でてのことだろうか。一時樹勢が衰えていたところを、町の人々の努力によって、また元気になって来たという。

大紀町へ入ると旧紀勢町の役場だったところはもともと小学校の跡地で、そこに樹令100年の傘状のシダレ桜が咲く。庭の植え込みから幹が道路の方へ伸びて、旧熊野街道の上に長く枝を垂らしている。もう一本の「龍祥寺の不盡桜」は国道42号線を松阪方面へ走ると山の麓に見えている。江戸末期に植えられた背の高い桜である。

伊勢市へもどって、市立図書館の西隣に旧豊宮崎文庫の空地がある。ここは門を閉ざされていて一般には開放されないが、塀の一角を破って塀から道路へと姿を現わしているのが「お屋根桜」樹令300

春谷寺のヒガンザクラ

旧紀勢町役場のシダレザクラ

お屋根桜

龍祥寺の不盡桜

家建の茶屋跡のオオシマザクラ

年である。この名に関しては、江戸時代の禰宜の家の屋根に生えていたものという説と、伊勢神宮外宮《げくう》の正殿屋根に生えていたとの二通りの説があるが、いずれにせよ屋根の上に生えていたものを移植した桜であるらしい。一時は70株ほどにも増えたことがあったらしいが、今は4株のみが残っているという。

伊勢神宮内宮《ないくう》の裏手、山中に「天の岩戸」と呼ばれるところがある。そこと神宮とを結ぶ伊勢詣での旧道、逢坂越えの入り口にかつて一軒の茶屋があった。今ではトンネルができて車でスイと抜けてしまうが、昔は逢坂越えの難所を通る善男善女にとって、なくてはならぬ休息所であったと思われる。そこに一樹のオオシマザクラが咲けば、人々は茶を喫む手をふと休めて花に見入ったかも知れない。いつしか時を経て、茶屋はすでに失われ、低い石垣の中に件《くだん》の桜だけが残されてしまった。「家建の茶屋跡のオオシマザクラ」、樹令は350年と推定される。今は訪れる人とてなく、たまさかに天の岩戸見物の車の音が響く。けれど静寂の中で白扇のように広げた枝には生命力にあふれた「気」がみなぎっていた。たくさんの白い花をまとって、気高い一本桜の礼装姿がそこにあった。

桜の名称	所在地	品種	樹齢	見頃時期
白子不断桜	鈴鹿市寺家3−2−12 子安観音寺	不断桜	1250年	4月、12月
石薬師の蒲桜	鈴鹿市上野町68	山桜	820年	4月上旬
三多気の山桜	津市美杉町三多気	山桜	900年	4月中旬
長徳寺の龍王桜	津市芸濃町雲林院107	普賢桜		4月20日ごろ
春谷寺のヒガンザクラ	松阪市飯南町向粥見	エドヒガンザクラ	400年	3月下旬~4月上旬
龍祥寺のしだれ桜	度会郡大紀町阿曽	枝垂桜	130年	4月上旬
シダレザクラ	度会郡大紀町崎柏崎出張所前	枝垂桜	100年	3月下旬
家建の茶屋跡の大島桜	志摩市磯部町恵利原	大島桜	350年	4月上旬
お屋根桜	伊勢市岡本3 旧豊宮崎文庫跡	山桜	300年	4月上旬

桜の旅――三重県編

「石薬師の蒲桜」・「白子の不断桜」への桜旅は

○ホテルの中国料理レストラン「四日市都ホテル『四川』」

四日市駅前にあるホテルの中華レストラン。
〒五一〇-〇〇七五　三重県四日市市安島一-三-三八
電話：〇五九-三五二-四一三一

○リゾート施設「アクアイグニス」

新しくオープンしたスペースに、食のブランド店が点在。ホテルもイタリアンもパティスリーも、そして温泉も。
〒五一〇-一二三三　三重県三重郡菰野町菰野四八〇〇-一
電話：〇五九-三九四-七七三三

○会席料理「日の出」

桑名のはまぐり懐石をお座敷でゆっくり味わえる。
〒五一一-〇〇二一　三重県桑名市川口町一九
電話：〇五九四-二二-〇六五七

四日市都ホテル　四川

サーラビアンキ　アル・ケッチアーノ

日の出

桜へのアプローチ

※二〇一六年一月現在の施設のため、予め営業を確認されてからのご利用をおすすめします。

○レストラン「あずまや」

レトロな雰囲気の洋食レストラン。桑名だけあって、はまぐりコースというメニューもある。テーブルにミニ土鍋とガスコンロが置かれ（！あの～レストランなんですけど…）、と思っているうちに湯気が吹いて来て、ふたを取ったら殻の開いたはまぐりがふう～っと…。
〒五一一-〇〇二一　三重県桑名市川口町一〇
電話：〇五九四-二三-一八〇〇

「三多気のヤマザクラ」・「長徳寺の龍王桜」・「春谷寺のエドヒガン」への桜旅は

○伊賀牛料理店「金谷」

伊賀牛の老舗。味わいのある古い町並みの町に昔ながらのたたずまい。黒光りのする廊下と座敷の柱。懐かしさと安心感の中で味わうすき焼、あみ焼、バター焼。
〒五一八-〇八三一　三重県伊賀市上野農人町四三四
電話：〇五九五-二一-〇一〇五

○松阪牛料理店「牛銀本店」

昔風の牛鍋屋の雰囲気の残るお店。
〒五一五-〇〇八二　三重県松阪市魚町一六一八
電話：〇五九八-二一-〇四〇四㈹

あずまや

金谷

牛銀

「旧紀勢町役場のシダレ桜」・「龍祥寺の不盡桜」への桜旅は

○公共の宿「熊野倶楽部」

紀勢自動車道が伸び、熊野尾鷲道路ができたので、随分熊野が近くなった。大らかにのんびりした気分で過ごせる。大自然の中に悠然と建つ。熊野の山々とみかん畑が間近に見えて、神々しさと土のぬくもりを同時に覚える宿。部屋の造り、広さ、スタッフの心配り、お料理、どれをとっても公共の宿のイメージとかけ離れている。リピーターが多いのも納得。

〒五一九-四三二六　三重県熊野市久生屋町一四三〇
電話：〇五九七-八八-二〇四五

「お屋根桜」・「家建の茶屋跡のオオシマザクラ」への桜旅は

○旅館「ジ・アース」

嵐を見る宿というたい文句から始まった宿。台風の時などはさぞかし凄い見ものだろうと想像される。一山全部が敷地なのだろうか。そこへ至る私道の途中は何もない。温泉露天風呂からの景色は月と星。空と海を一人占め。ダイニング付の部屋なら、調理スタッフが出張して来て、目の前で一品こしらえてくれる。展望台からは360度の景色、海と島と崖、そして空。年に数回早朝に富士山が見える部屋もある。

〒五一七-〇〇二六　三重県鳥羽市石鏡町中ノ山龍の栖
電話：〇五九九-二一-八一一一

○ホテル「鳥羽国際ホテル」

冬の天気の良い日は鳥羽湾越しに富士山も見える。三島由紀夫の「潮騒」の島、神島も見える。その先は渥美半島の伊良湖岬。部屋に入ると先ずは窓のカーテンを開けるのが楽しみ。別館には温泉も。ロビーから、メインダイニングから、そして室内からも海の景色と行き交う船の航跡をながめられる。夕食は典雅なスタイルで。朝食は上質で選びぬかれた食材が並んでいる。

〒五一七-〇〇一一　三重県鳥羽市鳥羽一-二三-一
電話：〇五九九-二五-三一一一㈹

熊野倶楽部

ジ・アースA

鳥羽国際ホテル

○寿司店「伊な勢」

入り口で門の立派さに驚かされる。ピンとはねたシャチホコが二匹乗った屋根。古民家を改造したレストラン風。ちょっと目先の変わった寿司会席。

〒五一六-〇〇一七　三重県伊勢市神久五丁目一-三五
電話：〇五九六-二六-〇〇〇八

○公共の宿「サンペルラ志摩」

的矢湾に臨んで建つ。全室オーシャンビュー。広々とした室内と大きな窓。

〒五一七-〇二〇四　三重県志摩市磯部町的矢三一四
電話：〇五九九-五七-二一三〇

○ホテル「志摩観光ホテル　ベイスイート」

重厚な部屋の造り、海を見ながらのバスタイム。テラスに出ると眼下には樹海が広がり、北欧フィンランドの森と湖を思わせる風景。屋上庭園の海風が心地良い。

〒五一七-〇五〇二
三重県志摩市阿児町神明七三一（賢島）（伊勢志摩）
電話：〇五九九-四三-二一一一

伊な勢

サンペルラ志摩

志摩観光ホテル　ベイスイート

愛知県の桜たち

奥山田のしだれ桜

愛知県に樹令1300年の桜があると言ったら、たいがいの人は驚くことだろう。一体どこにそんな桜が？　岡崎市の北の方角、奥山田町に「奥山田のしだれ桜」と呼ばれる桜がある。高さは17m、幹周2・4m、枝張り東西15m、南北17mというこの桜は、1300年前の持統天皇のお手植え伝説を持っている。桜の立っている場所は、三河富士とも呼ばれる村積山《むらづみやま》の登山道入口で、かつて村積神社の神官だった柴田氏の屋敷跡なのだそうである。奈良時代にここへ持統天皇の行幸されたいきさつについては、当時三河地方は物部氏の本拠地であり、大和朝廷としては物部氏への懐柔策の一つとしても、女帝自らが三河地方へ行き物部氏ゆかりの神社へ参拝するパフォーマンスが必要だったのではないかと見られている。桜は小高い丘の上にあるので遠くからでも

奥山田のしだれ桜

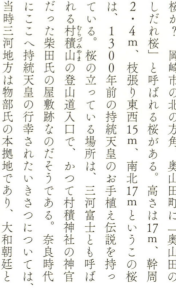

よく目立つ。白っぽい花にさそわれるように近寄ってみると、この桜が思ったよりはずっと巨樹であることに気付かされる。周りを低い棚で囲われているが、一巡すると、背後の斜面にも登れるようになっている。樹を上から見下ろすと、たくさんの副木に守られながら、春の風に吹かれて少しずつ花を散らしている。揺れながら、遠い昔平城京の夢でも見ているのだろうか…。

奥山田から岡崎の街へ入ると、江戸時代徳川将軍家の菩提寺だった大樹寺《だいじゅじ》がある。この寺には初代家康を始め、歴代の将軍の等身大の位牌が安置されているそうである。山門の横に「大樹寺のしだれ桜」がある。写真を撮っていたら、近くに座っていた人が杖を突きながら立ち上がって来て、ここからお城が見えるよとしきりに指さして教えてくれる。???。何のことやら分からなかったが、言われるままその位置まで行って、山門の下から遠くを見ると…！　見える！　本当に見える！　山門ともう一つ総門を通して、はるかに岡崎城の天守閣が小さくのぞいているではないか！　あとで調べたところによると、大樹寺と岡崎城の直接距離は約3㎞。徳川三代将軍の家光の時代に岡崎城から菩提寺（大樹寺のこと）が拝めるようにと、伽藍の配置が決められたとのこと。以来この直線上には視界をさえ切るような建築物ができないようにと、官民一体となって守られて来たらしい。現在でもこのビスタライン（と呼ばれている）は岡崎市の都市景観計画の中に組み込まれているのだそうで、岡崎の人々の「お城」に対する思い入れの深さを感じさせてくれる。

徳川家康の誕生地が岡崎であることはよく知られているが、徳川家の先祖、松平氏のルーツは岡崎からもっと奥の現在は豊田市となっている松平郷にある。松平家の菩提寺高月院の庭には「高月院のしだれ桜」、松平元信公お手植えという伝承のあるしだれ桜がある。松平元信とは徳川家康が駿府における人質時代に名乗っていた名前である。伝承を前提とするならば、樹自体の大きさからして、おそらく二代目かと思われるが、お手植えされたころは、松平元信、若き日の徳川家康が自らの領地へも戻れず、駿府で忍苦の人質生活を送っていた時代である。久方ぶりに菩提寺に詣でることを許可され、先祖へ自らの不甲斐なさを詫びながら、手向けとして植えて行ったものだろうか。あるいはいつか故郷へ錦を飾れる日を念じつつ、桜の成長に合わせて自らの出世を切に願ったのかとも思う。それにしても普通ならば「家康公お手植」と記されるところを、「松平元信公お手植の桜」という名のままで、この寺でひっそりと咲き続けたしだれ桜に、齢六十近くまで忍従を重ね、徳川時代という平和の世を盤石に築き上げた徳川家康その人の遠景が見えるような気もするのである。

ところで戦国時代における徳川家康とその家臣団の結束の固さは他家を圧して有名であった。それが家康の天下を手中に納めることのできた要因の一つでもあるが、数々の三河武士たちの骨太なエピソードが伝えられている。

家康のお手植え桜の次には、徳川十六将の一人渡辺半蔵ゆかりの桜を訪ねてみたい。豊田市の寺部町というところに「守綱寺」がある。本堂の裏手には

ビスタラインの岡崎城

守綱寺のエドヒガン

大樹寺のしだれ桜

高月院のしだれ桜

守綱寺のエドヒガン

渡辺半蔵家の墓所が並んでいる。この一画の入り口左側に樹令200年のエドヒガンを見ることができる。花の咲く時期以外はそこに桜のあることすら気付かずに通り過ぎてしまうが、花どきには伸ばした枝で墓所全体を飾って楽しませ、花が終わればまた静かに墓所の守護の役割に徹する。いかにも徳川家における家臣渡辺半蔵守綱を象徴しているような桜である。渡辺半蔵は家康と同年の生まれで、家康の駿府人質時代からの主従、ほとんどの主要な戦に参加して猛勇をふるい、三河八幡の戦いの功により「槍の半蔵」の名をもらっている。（もう一人の半蔵は伊賀忍者支配で知られた服部半蔵で、こちらは「鬼の半蔵」と呼ばれた。）関ヶ原の戦の折に南蛮鎧を拝領するほどの軍功を立てたが、尾張徳川家の初代義直の付家老として成瀬家、竹腰家と共に三家老の一つとなった。知行としては尾張藩の家老で一万四千石。それでいて徳川家の危急存亡の折には実に頼もしき働きをする武者であった。こんな話がある。

関ヶ原の戦の前に家康が滋賀県石部の宿に泊まった時のこと。水口城主長束正家が翌朝の朝食の提供を申し出て帰ったが、実はその時正家は家康を討ちとる手はずを整えていた。深夜に至って、訴人があってその計画を報らされた家康は「ふとんを蹴って起き上がり、衣類をつけながら玄関へ行き」すぐさま出立を命じた。ところが深夜のことで皆寝ていて、供揃えが間に合わない。イラ立つ家康に、駕籠かきさえいない状況の中で、渡辺半蔵、この時側近の警護役を努めていたが、自ら駕籠の片棒をかついで走り出した。緊急の際なのに、半蔵の身支度があまりに整っていることに感心した家康がわけを尋ねると、半蔵、何故とは情けない。幼少のころから家康に仕えて、その程度のことは見越して覚悟の上、今夜も駕籠を枕に武者ワラジをはいて寝ていたと答えたそうである。半蔵の気転によって家康は危急を脱し、関ヶ原戦に勝利して天下人となることができた。この半蔵が守綱であるか、その子の重綱であるかは両方の説があるらしいが、いずれにせよ、この守綱寺の墓所に眠っているのは確かである。両人の墓の上にエドヒガンの花が散りかかるのである。

豊田市にはこの他、奥矢作《やはぎ》の稲武地区に「瑞龍寺のシダレ桜」樹令350年の古木がある。

ずっと南下して渥美半島の入り口豊橋市では。野依八幡社の庭に「野依八幡社のシダレ桜」樹令300年が見事である。

渥美半島の中ほど、田原市では、国道42号線沿いに「六連町のシダレ桜」樹令100年や、「白山比咩神社のヤマザクラ」樹令150年などがある。

瑞龍寺のシダレ桜

六連町のシダレ桜

野依八幡社のシダレ桜

長福寺の桜

雨池のヤマザクラ

白山比咩神社のヤマザクラ

名古屋市内には、緑区桶狭間の「長福寺の桜」。樹自体はさほどの樹令は持たないが、永禄三年（1560）桶狭間の戦いで敗れた今川義元を供養した寺である。それから守山区大森に「雨池のヤマザクラ」樹令300年が道路脇に残っている。名古屋城周辺は、戦災で焼かれたので古木はほとんど残っていないが、お濠端などにわずかに自生のヤマザクラ「三の丸土塁のヤマザクラ」などが命をつないでいる。本丸周辺には戦後植えられたソメイヨシノが城内外にあふれるように咲く。

名古屋城から北、犬山市には木曽川沿いに国宝の犬山城がある。10年ほど前までは日本で唯一個人所有の城として有名であった。尾張藩の付家老三家の一つ成瀬家が代々の城主として続いていた。その城下町犬山には古木の桜としては「円明寺のシダレ桜」樹令300年や「笑面寺のシダレ桜」樹令250年などがある。

その他には一宮市の「長誓寺の桜」樹令250年や、江南市の「曼陀羅寺の彼岸桜」樹令300年も健在であるが、同じく江南市の「吉乃桜」樹令400年は、NHKの大河ドラマで生駒の方（吉乃）役を演じた女優の高木美保さんが命名したことで、ひところ話題となった。

桜の名称	所在地	品種	樹齢	見頃時期
雨池の山桜	名古屋市守山区弁天が丘1861	山桜	000年	
三の丸土塁の山桜	名古屋市中区三の丸3丁目	山桜		
長福寺の桜	名古屋市緑区桶狭間427			4月上旬
円明寺のしだれ桜	犬山市東古券	枝垂桜	300年	3月下旬
笑面寺のしだれ桜	犬山市羽黒寺浦	枝垂桜	250年	3月下旬
長誓寺のしだれ桜	一宮市浅井町東浅井	枝垂桜	250年	3月下旬
曼荼羅寺のヒガンザクラ	江南市前飛保町	エドヒガンザクラ	300年	3月下旬
吉乃桜	江南市田代町西の丸	エドヒガンザクラ	400年	3月下旬
守綱寺のエドヒガン	豊田市寺部町2—27	エドヒガンザクラ	200年	3月下旬
高月院のしだれ桜	豊田市松平町寒ケ入44	枝垂桜	160年	3月下旬
端龍寺のしだれ桜	豊田市稲武	枝垂桜	360年	4月上旬～下旬
奥山田のしだれ桜	岡崎市奥山田町	枝垂桜	1300年	3月下旬
大樹寺のしだれ桜	岡崎市鴨田町字広元5—1	枝垂桜		3月下旬
野依八幡社のしだれ桜	豊橋市野依町八幡1	枝垂桜	300年	3月下旬
六連町のしだれ桜	田原市六連町六郎次91	枝垂桜	100年	4月上旬
白山ヒメ神社の山桜	田原市越戸町大山956—1	山桜	150年	4月中旬

円明寺のシダレ桜

名古屋城

笑面寺のシダレ桜

長誓寺の桜

吉乃桜

曼陀羅寺の彼岸桜

桜の旅――愛知県編

「奥山田のシダレ桜」・「大樹寺のシダレ桜」・「高月院のシダレ桜」・「守綱寺のエドヒガン」・「端龍寺のシダレ桜」への桜旅は

○宿泊ホテル「蒲郡クラシックホテル」

破風屋根の重厚な造りのホテル。目の前に竹島が見える。メインダイニングはクラシックホテルらしい落ち着きと格調の高さ。エレベータがレトロな雰囲気をかもし出している。庭園の中に和風別館もある。一風変わっているのがステーキレストランの「六角堂」。荘厳な建物の中で鉄板焼が供される。

〒四四三-〇〇三一　愛知県蒲郡市竹島町一五-一
電話：〇五三三-六八-一一一一

○食事処「八千代」

岡崎城郭内にあり、八丁味噌を使った「味噌田楽」などが名物。

〒四四四-〇〇五二　愛知県岡崎市康生町五六一-一
電話：〇五六四-二二-〇二六七

○八丁味噌の郷「角久」

八丁味噌の醸造元。店内に売店と小さい食事処がある。時間に余裕のある人向き。

〒四四四-〇九二三
愛知県岡崎市八帖町字往還通六九
電話：〇五六四-二一-〇三五五

蒲郡クラシックホテル

八千代

角久（カクキュー）

桜へのアプローチ

※二〇一六年一月現在の施設のため、予め営業を確認されてからのご利用をおすすめします。

○公共の宿「サンヒルズ三河湾」

三河湾の眺望を一人占めできる温泉展望風呂を備えた和洋室がある。

〒四四三-〇〇二一
愛知県蒲郡市三谷町南山一-七六
電話：〇五三三-六八-四六九六

○ホテルの中国料理レストラン「ホテルトヨタ キャッスル」

豊田市駅に近くて交通便利。上海料理の「桃園」の他にも洋食、鉄板焼のレストランがある。

〒四七一-〇〇二七
愛知県豊田市喜多町二丁目一六〇番地
コモ・スクエア ウェスト
電話：〇五六五-三一-二二一一

○イタリアンレストラン「ラ・フォンテ」

かつての豪農屋敷をレストランに改造。長屋門を潜って庭へ入ると母屋がダイニングルームとなっている。座敷だったところの襖を取り払い、椅子テーブルを置く。立派な床の間や欄間も残されている。勉強熱心なスタッフにも好感が持てる。

〒四四八-〇〇四三　愛知県刈谷市小山町一-三〇六
電話：〇五六六-二八-三九〇三

サンヒルズ三河湾

豊田キャッスルホテル

ラ・フォンテ

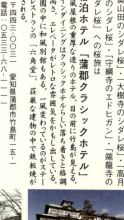

「野依八幡社のシダレ桜」・「六連町のシダレ桜」・「白山比咩神社のヤマザクラ」への桜旅は

○ホテル「伊良湖ビューホテル」

渥美半島の先端、伊良湖岬にあり、伊勢湾、三河湾、太平洋と雄大な絶景が広がる。恋路ヶ浜も真下に望める。スタッフの気分のいい対応に、くつろいだ気分で夕陽を見送り、朝陽を迎えることができる。

〒四四一－三六二三
愛知県田原市日出町骨山一四六〇－三六
電話：〇五三一－三五－六一一一

伊良湖ビューホテル

「長福寺の桜」・「雨池のヤマザクラ」・「名古屋城の三の丸土塁の山桜」・「円明寺のシダレ桜」・「笑面寺のシダレ桜」・「妙蔵寺のヒガン桜」への桜旅は

○そば処「松寿庵」

生粉打ちのそばも、さらしなそばも良いが、変わりそばのゆず切りは香りがいい。天ぷらがおいしい店。ミニ天丼もおすすめ。

〒四六四－〇〇七六
愛知県名古屋市千種区豊年町四－一三
中京レンガビル一F
電話：〇五二－七二一－〇二一二

松寿庵

○ホテル「ウェスティン ナゴヤキャッスル」

名古屋城のお濠を隔てて天守閣が目の前に見えるホテル。「金のシャチホコ」も真正面。

〒四五一－八五五一
愛知県名古屋市西区樋の口町三番一九号
電話：〇五二－五二一－二一二一

ホテルからの眺め

○ホテル「名鉄犬山ホテル」

犬山城と木曽川の流れを見渡せる。ホテルの敷地内に「有楽苑」という茶庭と茶室がある。織田有楽斎の茶室「如庵」もここ。ゆっくり一服の茶を喫したいものである。

〒四八四－〇〇八二
愛知県犬山市犬山北古券一〇七－一
電話：〇五六八－六一－二二一一

名鉄犬山ホテル　有楽苑

○中華レストラン
「ホテルオークラレストラン名古屋」

名古屋芸文センターの少し先のビルの最上階にある。中華料理と鉄板焼のレストラン。今では珍しくなったクレープシュゼットのワゴンサービスもオーダーできる。

〒四六一－〇〇〇五
愛知県名古屋市東区東桜一－一四－二五　テレピア
電話：〇五二－二〇一－三二〇一

オークラレストラン名古屋

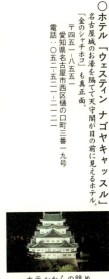

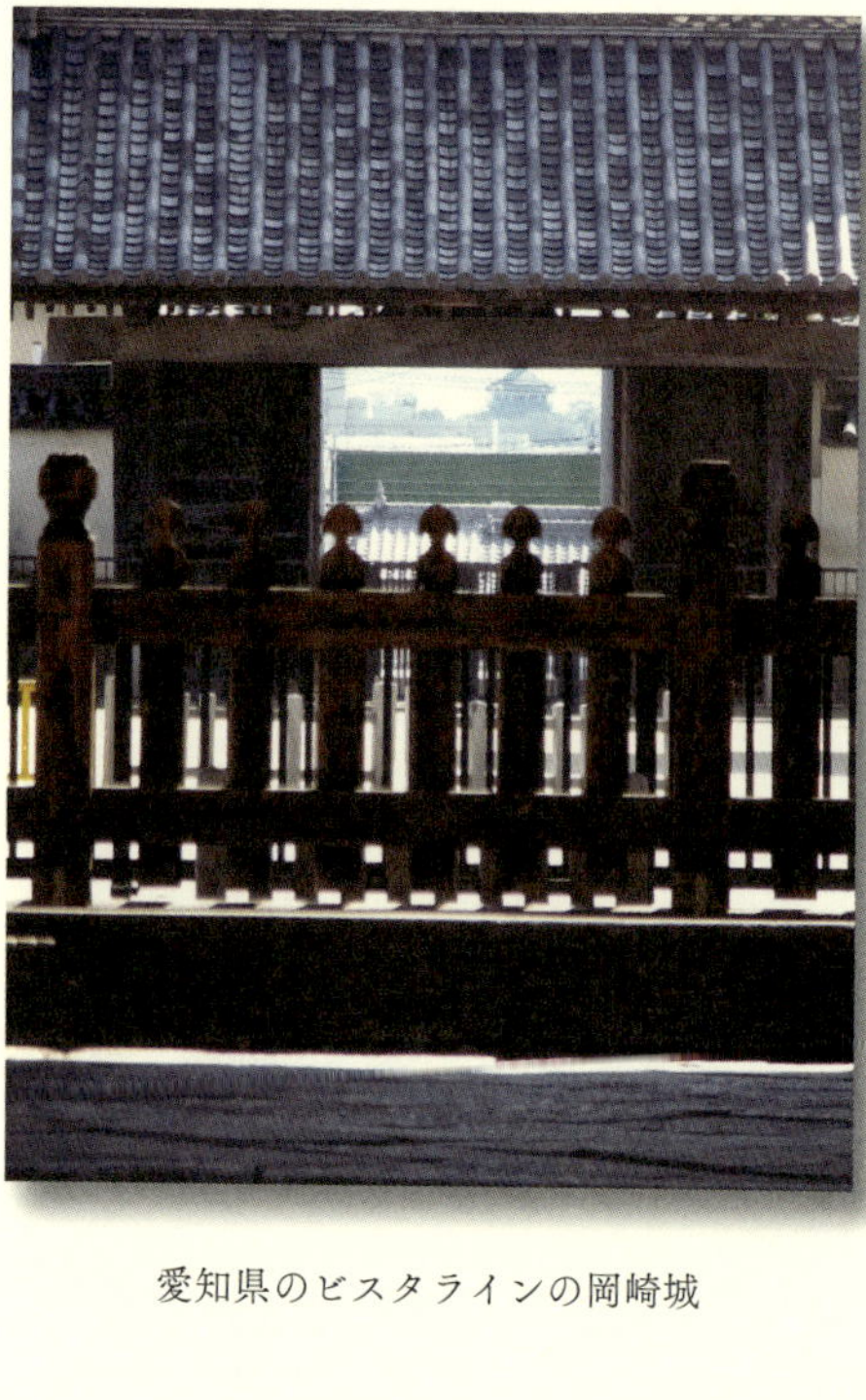

愛知県のビスタラインの岡崎城

静岡県の桜たち

狩宿の下馬桜

東名高速の御殿場ＩＣを出て間もなく、秩父宮記念公園の門が見えて来る。入り口から広大な敷地の中を奥へと進むと、記念館となっている母屋の脇にしだれ桜がある。秩父宮妃殿下の遺言で御殿場市に遺贈されたこの記念館は、一時期両殿下が実際に住まわれていたものという。母屋は江戸時代の庄屋の屋敷だった部分を移築して、３００年近い歴史を持つそうであるが、しだれ桜は樹令１３０年。これだけ広大な庭園の中ではあまり目立たないが、母屋を囲んで何本かある桜は実はかなりの高さの樹が揃っている。もしあまり人の多くない夕景の中で見たら、満開のしだれ桜たちは、さぞかし妖艶な感じがすることだろう。

三島市玉沢には妙法華寺という日蓮宗の古刹がある。忠霊殿の前にある樹令３５０年の大山桜は立ち姿の立派

秩父宮記念公園のしだれ桜
（益田孝氏撮影）

さが印象的な桜である。また本堂の前には「お万の方お手植桜」がある。徳川家康の側室だったお万の方、法名養珠院は戦乱によって難を避けていた寺の再興に力を尽くし、本堂の前に一本の桜を手向けたものと思われる。これまでに何度となく倒木しながらも、その都度根元から新しい芽を出して命脈をつないで来たという生命力の強い桜である。

伊豆の国市伊豆長岡の温泉街から、西琳寺の裏手を山の方へ登って行く。坂道の途中に弥勒堂があって、その手前にあるのが「美女桜」と呼ばれる山桜である。平安時代末期に源頼政の妻あやめ御前が庵を結んで、亡き夫の菩提を弔った跡という。あやめ御前は、伊豆へ配流された都の公達とこの地の女性との間に生まれたが、父が帰京することになって一緒に京へと上った。そして「鵺《ぬえ》退治」で有名な武将源三位頼政に見初められ、その妻となった。ところが源頼政は平家との戦いにおいて敗死してしまう。あやめ御前は単身この地へもどり、尼となって生涯を終えた。亡き夫への思慕から、都の「墨染桜」の故事を思い出し、植えたのがこの樹であるという。平安時代に上野岑雄《みねお》という歌人が、友であった藤原基経の死を悼んで、

「深草の　野辺の桜し　心あらば
　今年ばかりは　墨染めに咲け」

つまり墨染め色――→喪の色なので、桜も喪に服してみせてほしいと歌ったところ、本当に桜が墨染色に咲いたという故事による。美女桜も墨染色に咲いて、別名を「墨染桜」とも呼ばれるようになったという。元の樹からは何代か経て、現在は六代目と伝えられる。

伊豆の国市から天城を越えて河津町へ抜けると、町の中心部に河津桜の原木が残されている。河津桜は一月下旬から三月上旬まで咲く、花期の長い早咲きの桜で、伊豆半島に早い春を告げる。昭和三十年ごろに発見されたというまだ新しい品種の桜であるが、早咲きなこと、花を長く楽しめること、ピンク

の濃い色の華やかさなどが人気を呼んで、今や伊豆半島の早春の観光の目玉となっている。

熱海市の町なかでも早咲きの桜たちが早めの春を謳歌する。「坂町の寺桜」樹令140年はやはり花期が割合長いので、見る機会としては恵まれた桜である。ただし「坂町」というだけあって、駐車するスペースもないような、カーブのきつい坂道に咲くので、車で訪れる人にとっては少々難儀な桜である。

富士宮市の白糸の滝に近いあたりに、一軒の大きな長屋門のある屋敷が見える。その庭に「狩宿の下馬桜」樹令800年がある。ヤマザクラとしては日本でも最古級と言われ、日本五大桜の一つでもある。五大桜とは、

山梨県「山高神代桜」　樹令2000年
岐阜県「根尾谷の淡墨桜」　樹令1500年
福島県「三春の滝桜」　樹令1000年
埼玉県「石戸の蒲桜」　樹令800年

妙法華寺の大山桜

お万の方お手植桜

美女桜

河津桜の原木

坂町の寺桜

狩宿の下馬桜

静岡県「狩宿の下馬桜」　樹令800年

を言い、大正11年に国の天然記念物に指定された五本の桜のことである。

源頼朝は1192年に征夷大将軍となり、鎌倉に幕府をひらいた。そして翌年1193年、建久四年五月に富士のすそ野で大規模な巻狩りを催した。その際に本陣となったのがこの井手家である。頼朝が馬を降りてつないだのがこの桜であるとも伝えられ、別名を「駒止めの桜」とも呼ばれている。1922年の段階では幹囲8・5m、枝張り東西21・8m、南北16・3mという記録がある堂々たる大樹であったが、台風や落雷によってかなりの損傷を受け、現在見られる姿となっている。一時樹勢の衰えを心配されたが、治療によって回復し、また花をつけるようになったそうである。

ところでこの日、狩り装束の頼朝を迎えた井手家では遅くまでにぎやかな酒宴が続いたのであるが、夜半になって、大事件が勃発する。曽我兄弟の仇討ち、と言っても今どきの若い人たちには縁のない話かも知れないが、私たちより上の世代ならたいてい誰でも知っている。五郎十郎が親の仇を討ちにやって来たのである。日本三大仇討ち（あとは赤穂浪士の吉良邸討入りと荒木又右衛門鍵屋の辻の決闘）にも数えられるこの話は、父を討たれた幼い兄弟が、後年憎き仇を討とうと苦心惨たん、ようやく機会をつかんだのがこの場所だったわけである。

時は建久四年五月。富士のすそ野の大巻狩り。源頼朝の家来の中にめざす相手は工藤祐経《すけつね》。夜陰に紛れ、寝所へ忍び込み、見事に父河津祐泰《すけやす》の仇を討ったのは曽我十郎祐成《すけなり》と弟五郎時致《ときむね》の兄弟。（兄弟と父の姓がちがうのは、母御前が再婚して二人は連れ子だったためである）めでたく討ち果たしたすぐ後に、兄十郎は工藤祐経の家来に斬られ、弟五郎は将軍頼朝の本陣へ（つまりこの井手家）押し入ったところを包み込まれ、あえなくも取り押さえられてしまった。（別に頼朝にまで手出ししなくても良さそうなところを、それは黒幕に北条時政――正室政子の父――がいて、ついでに頼朝暗殺を狙ったという説がある）結局弟も成敗されて、二人の墓は今でもこの狩宿の下馬桜の近くにある。当夜の一部始終を、この下馬桜に聞けば、あるいは教えてくれたかも知れない。曽我五郎時致が桜の木陰からじっと内部の様子をうかがっていたことや、五郎にささやきかける黒い影の正体などを…。ともかくも頼朝は無事に井手家を出立し、あとには巨大な桜が見送る中を、雨がしとしとと降っていた。この陰暦五月二十八日（曽我兄弟討ち入りの日）に降る雨を、昔の人は「虎が雨」と呼んだ。兄十郎の死を悲しみ、恋人の虎御前が流す涙なのだそうで…。哀れにも風流な話である。

畠山重忠の駒止桜

　富士宮市は他にも古い桜、伝承を持つ桜が多い。下馬桜のそばにも「畠山重忠の駒止桜」という頼朝家臣の伝承を持つ桜があるし、「上条のサクラ」という樹令300年の桜は、花の時季に水田に映る影が美しい。富士山本宮浅間大社には武田信玄のお手植えと伝わる「信玄桜」があり、朱塗りの神社の建物にしだれ桜がよく似合う。

上条のサクラ

　島田市のSLで有名な大井川鉄道に沿って川根方面へ上って行くと、茶畑の中に一本のエドヒガンの姿が見える。「牛代のみずめ（水目）桜」、樹令は300年。茶畑の緑のじゅうたんを敷きつめたような中に、白い花の樹高20mの桜がスックと立つ姿は、颯爽としてみずみずしい。

信玄桜

　静岡県の桜の最後は、ちょっと気の毒な伝説を持つ桜の紹介をしよう。浜松市の三ケ日町国道362号線を豊川の方へ向かって行くと、途中で階段の上の高いところから桜がこちらを見下ろしている。神社の名は橘逸勢《はやなり》神社。桜の名を「逸勢桜」という。橘逸勢は平安初期に、空海・嵯峨天皇と共に三筆といわれたほどの能書家であった。若いころは最澄、空海と一緒に遣唐使の一員に選ばれるほどの秀才であった。ただし語学の才能はなかったとみえ、中国語が苦手なため、唐において学問の成果をあげることはできなかった。その代わり、言葉とは関係ない琴と書の分野に力を入れて、帰国後はそちら方面の大家として名をなした。病を得て致仕。老後の身を静かに養っていたところ、突如として謀反の疑いで捕えられ、拷問を受け、そして姓まで取り上げられて（非人の扱いである）伊豆へ流されることとなった。罪人としての護送の途中、三ケ日町のこの辺りまで来た時、俄かに病が重くなり、亡くなってしまった。橘逸勢の無実を信じ（およそこの手の話の罪人は無実!?）父のあとを追って来た娘は、この地に父を埋葬し、自らは尼となって近くに庵を結び、菩提を弔ったという。九州の平景清息女といい、この息女といい、昔は孝行娘が多かった…？

牛代のみずめ桜

逸勢桜

桜の名称	所在地	品種	樹齢	見頃時期
狩宿の下馬桜	富士宮市狩宿98―1	赤芽白花山桜	800年	4月中旬
上条のヤマザクラ	富士宮市上条923	ヤマザクラ	700年	4月上旬
浅間神社の信玄桜	富士宮市宮町1―1	枝垂桜	不明	3月下旬
畠山重忠の駒止桜	富士宮市猪之頭	ヤマザクラ	不明	4月中旬
秩父宮記念公園のシダレザクラ	御殿場市東田中1507―7	枝垂桜	130年	4月中旬
タマザワオオヤマザクラ	三島市玉沢	ヤマザクラ	150年	4月上旬
お万の桜	三島市玉沢1	不明	300年	4月中旬
美女桜	伊豆の国市古奈 源氏山公園弥勒堂	ヤマザクラ	100年	3月下旬
坂町の寺桜	熱海市	不明	140年	2月上旬
河津桜原木	賀茂郡河津町田中	河津桜	50年	2月下旬
逸勢桜	浜松市北区三ケ日町本坂 橘逸勢神社	エドヒガンザクラ		3月下旬
牛代の水目桜	島田市川根町家山牛代	エドヒガンザクラ	300年	3月下旬～4月上旬

桜の旅―― 静岡県編

※二〇一六年一月現在の施設のため、予め営業を確認されてからのご利用をおすすめします。

「秩父宮記念公園のしだれ桜」・「妙法華寺の大山桜」・「お万の方お手植桜」「美女桜」「坂町の寺桜」

○旅館「三養荘」

岩崎久彌が伊豆箱根を借景として京都東山に見たてた庭に、数寄屋建築を配し別邸とした。その本館に村野藤吾の新館を増築したのが現在の形。平安貴族の寝殿造りを意図したと思われ、新館の各部屋は「源氏物語」の巻の名をつけられている。昭和の数寄屋建築の粋が集められている。しつらえも時に驚くような価値のあるものがさりげなく置いてある。

〒四一〇-二二〇四
静岡県伊豆の国市ままの上二七〇
電話：〇五五-九四七-一一一一

○公共の宿「KKRホテル熱海」

様々なタイプの客室がある。コテージは温泉露天風呂付。夕食も中華料理のチョイスも可。小皿料理が面白い。

〒四一三-〇〇〇五　静岡県熱海市春日町七-三九
電話：〇五五七-八五-二〇〇〇

「河津桜の原木」への桜旅は

○「湯ヶ島ゴルフ倶楽部&ホテル董苑」

ホテル全客室に温泉給湯というのはごく稀なことである。最上階には本格的な茶庭と茶室が備えられ、茶事もできそう。好天だと、山の重なりの彼方に富士山が夢のように浮かんで見える。

〒四一〇-三二〇六
静岡県伊豆市湯ケ島二五七一-一〇
電話：〇五五八-八五-二一〇〇

三養荘

KKRホテル熱海

湯ヶ島ホテル　菫苑

桜へのアプローチ

「狩宿の下馬桜」・「畠山重忠の駒止桜」・「浅山神社の信玄桜」への桜旅は

○ホテル「日本平ホテル」

ロビーへ足を踏み入れると、大概の人が感嘆の声を洩らす。ロビーからの富士山と駿河湾のながめは抜群。

〒四二四-八七一九
静岡県静岡市清水区馬走一五〇〇-二
電話：〇五四-三三五-一一三一

○中華レストラン「盛旺」

日変りのおすすめメニューが黒板にたくさん書かれている。創作的な中華料理。「マグロの尾の身の黒酢あんかけ」が秀逸、とてもマグロと思えない食感。

〒四二四-〇〇三七
静岡県静岡市清水区袖師町一〇九八
電話：〇五四-三六六-六〇九六

○寿司店「末広鮨」

マグロを知り尽くした親方のミナミマグロへこだわり。カウンターでも、個室でも様々な部位のとびきりのマグロが堪能できる。

〒四二四-〇八一五
静岡県静岡市清水区江尻東二-五-二八
電話：〇五四-三六六-六〇八三

日本平ホテル

盛旺

末広鮨

「みずめ桜」への桜旅は

○旅館「石上」

江戸時代難所で知られた大崩海岸にある。マグロを中心としたメニュー。古民家風の館内に、女将さんの活花のセンスが光っている。

〒四二五-〇〇一一　静岡県焼津市小浜一〇四七
電話：〇五四-六二七-一六三六

「逸勢桜」への桜旅は

○オーベルジュ「キャトルセゾン」

浜名湖を見下ろす高台のオーベルジュ。湖面の波打ち際の風景がダイニングの正面に見える。テラスでの朝食もさわやか。

〒四三一-〇四〇一　静岡県湖西市横山三一七-九三
電話：〇五三-五七八-一〇〇〇

石上

キャトルセゾン

水目桜

こぼれ話

新東名高速道路駿河湾上りSAの2Fの女性化粧室の豪華さは、高級ホテルにも負けない。男性はムリでも、女性はぜひ一度お試しアレ！

新東名高速道路駿河湾上りSA

2F女子トイレ

逸勢桜

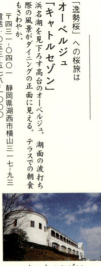

岐阜県の桜たち……

梶尾谷淡墨桜

岐阜県は長野県のように一本桜の本数が多いわけではないが、国の天然記念物に指定されている桜の名所・名木が多い県である。

根尾谷の淡墨桜
霞間ヶ渓
揖斐の二度桜
中将姫誓願桜
臥龍桜

この五カ所が指定されている。

A. 先ずは淡墨桜のある東濃地方

樽見鉄道の終着駅「樽見駅」から川を隔てた対岸の高台に「根尾谷の淡墨桜」がある。山梨県の山高神代桜の樹令に次ぐ日本第二の老樹として知られている。樹令は1500年。樹高17・2m、幹囲9・2m、枝張り26mの巨樹である。たくさんの支柱に助けられながら、毎年根尾の里に春を告げる。この老樹は今まで幾度となく危機を乗り越えて来たが、ことに昭和二十三年にはほとんど枯死寸前だったのを関係者の努力によって238本の根接ぎという大手術が成功して、現在も見事に花を咲かせるようになった。淡墨桜という名は、花が蕾のうちは薄いピンク、満開時は白、そして散り際になると薄墨色を帯びるところから付けられたという。この桜には豪族だった根尾氏の墓標説と、継体《けいたい》天皇のお手植え説があり、継体天皇の伝説の方がよく知られている。第二十六代の継体天皇は、前天皇の武烈帝の死去によって急遽越前の国から迎えられ、即位したと一般的に言われているが、ここ岐阜県の根尾谷にもよく似た伝説が存在している。二十一代雄略天皇のころ、直系以外で、次期帝位を継ぐ可能性のある皇子たちは次々と迫害され、各地へ逃亡した。東海地方にも何人かの皇子が隠れ住んだが、その一人に彦主人王という名の男大迹王（後の継体天皇）の父親に当たる宮があった。男大迹王《おおどのおおきみ》は生まれて間もなく岐阜の山奥に預けられることとなり、乳母のおなみ夫婦の手で育てられた。そして皇位継承の順位が巡り、男大迹王が皇太子として都へ迎えられることとなった。別れを惜しむ村人に皇子が手植えして残したのが淡墨桜であったという話である。淡墨桜のある本巣市に近い山県市に、乳母のおなみが住んだとされる場所があり、そこにも「おなみ桜」というエドヒガンの桜がある。こちらも樹令は1500年と伝えられている。根尾谷の辺りを地図で見ると、越前地方とは能郷白山《のうごうはくさん》を隔てて近い距離にある。そして岐阜県側に「根尾谷の淡墨桜」（本巣市）、「おなみ桜」（山県市）、福井県側では「粟田部の薄墨桜」（越前市）、「上河内の薄墨桜」（鯖江市）、「女形谷《おながたに》の桜」（坂井市）と継体天皇の伝承を持つ桜たちがこの一帯に点在していることは興味深い事実である。遠い昔、奈良朝の交通事情がどうであったかは知る由もないが、これらの桜がある土地を基盤として、継体天皇の皇位継承を支持した勢力が存在していたとも考えられよう。継体天皇とゆかりの桜たちに関しては今後の研究の成果を俟つこととして、史実はさておき、古代のロマンとして見るならば、岐阜県、福井県の県境にそびえる能郷白山の麓の辺りに、かつて心優しく（能「花筐」の皇子のように）桜を愛した皇子が住んでいたことはどうも信じても良さそうである。

根尾からの帰り途に池田町付近を通るならば、毘沙門院にある「雲上の桜」樹令500年にも足を向けたい。淡墨桜とは咲く時期が微妙にずれるが、もしタイミングが合って双方の花が見られればラッキーである。西濃地方の豊かな土地で、のんびりと咲いて来たしだれ桜であるが、当節は人家が樹の近くまで迫って、ちょっと狭苦しい印象もぬぐえない。かつてのように広大な野にあったころは、このしだれ桜も雲か霞と見えて、桜の花の雲の上に乗ったなら、さぞかし桃源境が、と思われたことであろう。

またその眼を山の方へ向けると、山麓一帯が薄桃色の霞がかかったように見えるかも知れない。池田山の麓、「霞間ケ渓《かまがたに》」はヤマザクラの自生地として昔から名高いところで、ここも国の名勝及び天然記念物に指定されている。

大野町には三つ目の国の天然記念物「揖斐の二度桜」がある。これは一本桜ではなく、現在は三代目

おなみ桜

雲上の桜

霞間ケ渓

揖斐の二度桜川

が畑の中に何本かあり、支え木に守られて育ってい
る。山桜の変種だそうで、花の中にもう一段花が咲
いて二段咲きとなるのでこの名があるという。
揖斐川、長良川と大きな川を二つ渡ると、岐阜市
へ入る。大洞というところに四カ所目の国指定記念
物「中将姫の誓願桜」がある。願成寺の寺伝によれ
ば、この中将姫というのは奈良の當麻寺の中将姫と
同じ女性で、継母に迫害されてこの寺まで逃げて来
た時、重い婦人病にかかっていた。観音様の功徳に
よって完治した後、お礼にと當麻寺《たいまでら》と同じ蓮糸の曼
荼羅を織り上げて残して行ったとされる。この桜は
八重で、可憐な白色の花をつけるが、山桜の中でも
とても珍しい種類の桜だそうで、株分けもできず、
子孫も全くなく、この世にただ一本だけで咲き続け
る桜である。
岐阜市でも長良川の川畔に出ると、護国神社で「鵜
飼桜」というエドヒガンの桜を見ることができる。
樹令は100年と若いが、この花のつき具合によっ
て、その年の鵜飼、鮎の豊漁を占ったそうである。

B．「郡上踊り」で知られる郡上市と、「高山祭り」の高山市の桜を訪ねて

郡上市八幡町の愛宕公園に「墨染めの桜」がある。
慶長五年（1600――関ヶ原の戦の年）八幡城の
戦いの際、和議の成立記念に遠藤慶隆がお手植えし
たとされる桜である。散り際に花弁のまわりが墨を
刷いたように黒く見えることから墨染めの桜と呼ば
れるらしい。近年、傷みが激しく、枝折れもして勢
いがなくなったので、町の人々が運動を起こして樹
勢回復に向けて様々な試みが行われている。
郡上市は白鳥町にも古い桜が二本残っている。「藤
路の桜」というエドヒガンの樹令400年の桜は別
名を「武蔵桜」、又は「番所桜」ともいう。慶長年
間に白山参詣の途中、この地に立ち寄った剣豪宮本
武蔵が、宿を借りた民家へお礼の印として一本の桜
の苗を植えたと伝えられる。また、この桜の立って

いる場所は、江戸時代の向小駄良《むかいこだら》番所跡で、ここから先へ登って行くと、越前地方と美濃地方を結ぶ美濃街道の難所油坂峠となる。難所越えの前後の旅人たちを見送ったり、迎えたりした桜だったかとも思われるのである。もう一本の「善勝寺の桜」は同じく樹令400年で、織豊時代に郡上地方の領主だった遠藤氏によって各寺院に植樹されたものの一つと言われる。花見にやって来た領主が、その見事さに振り返ったとか、白尾山へ参詣する人々がみな見返ったとも言われ、「見返り桜」の別名も持っている。

高山市の桜は、市街地よりもその周辺に多くの名木が存在している。

東海北陸道を荘川ＩＣで降りて、白川街道を行くと、「荘川ザクラ」と呼ばれる二本の桜が、御母衣《みぼろ》ダムの湖畔に並んでいる。両方ともエドヒガンの樹令５００年。この桜はもとからここにあったわけではなく、今はダム湖の底に沈んでいる光輪寺と照蓮寺の境内にあったも

墨染めの桜

善勝寺の桜

中将姫の誓願桜

鵜飼桜

藤路の桜

のである。昭和35年に御母衣ダムが建設された時、湖底に沈むはずだった二本の桜を、桜博士笹部新太郎の依頼を受けた当時の電源開発初代総裁高碕達之助の指示により、湖底から60m引き上げられ、現在の地に植えられた。重さは40トンあったという。枝を払われて、丸坊主になった異様な姿で移植された時、果たして根付くかどうか随分危惧されたらしい。桜は二本とも再生を果たし、五月初めに元気に花をつけた姿を披露している。

もう一カ所旧清見村の谷あい、大谷地区の「西光寺のシダレ桜」を訪ねたい。樹令800年のシダレ桜は、樹高は9・2m、幹周り4・25mの老大木で、地面に届くほど長く枝が垂れ下がっている。西光寺の縁側に座って見上げると、満開時には視線の先の天上から地面まで花が降るように見える。800年という時を、この厳寒の地で耐えぬき、けんめいに花をつけて来た桜の姿は、観光などとはほど遠い、地に根付いた里人の暮らしそのものの風格を感じさせる。華やかな中にも懐かしさと安心感と、妙に心を慰撫してくれるなにものかがあって、いつまでもそばで眺めていたくなる桜である。

高山市は合併によって市域が大きく広がり、旧朝日村だったところを含まれるようになった。「宝蓮寺の桜」樹令400年など、朝日地区にもたくさんのしだれ桜が残っている。数が多いので、時間をかけて、余裕をもって回ることをおすすめしたい。

高山市街からの帰途、国道41号線を通るにしても、JR高山線に乗ったとしても、旧宮村の一之宮で「臥龍の桜」が見送ってくれる。国指定天然記念物の岐阜県の最後、五カ所目の桜である。JRなら一ノ宮駅が臥龍公園の横にあり、線路も桜の正面を見ながら走っている。私の知る限り、JRの車窓から間近く見ることのできる名桜二本のうちの一本である。（もう一本は山梨県の中央線小淵沢駅近くの「神田の大糸桜」）臥龍桜の樹令は1100年、高さは17m、幹回り7・3m、枝張りが30mにも及ぶ大樹である。

西光寺のしだれ桜

荘川桜

宝蓮寺の桜

臥龍桜

枝ぶりが龍が伏したようにも見えることから「臥龍桜」と名付けられたと聞く。この桜も幾度かの枯死の危機を乗り越えて、ここまで来た。こうした桜たちを訪ねると、その強靭な生命力に勇気づけられ、元気をもらって帰ることが多い。

C．温泉で有名な下呂から東濃の恵那へ

下呂市の和佐地区に近ごろ評判の高い桜「苗代桜」がある。樹令400年の二本のエドヒガンが水田に水鏡のように映る姿に人気が集まっている。私たちが訪れた時、水田のこちら側にズラリと並んだカメラの列には本当におどろいた。

下呂市もやはり合併によって、萩原町や小坂町など、その内に古木を多く残している地域が市域に含まれることになった。旧金山町の「嶽見桜」樹令300年もそうした中の一本である。この桜は袋坂峠というところにあって、晴れた日には御嶽山を遠望されるのでこの名がある。訪れた時は、花にはまだ

早かったが、この樹の傍らに立ってみると、たしかに山と山の間から御嶽山の姿が見えて、ひどく感動したことを覚えている。神の御嶽を遥拝する清々しい感じの桜であった。

恵那市の旧明智町は、古い町並みが残されていて「日本大正村」として観光客を呼び込んでいるが、明智川に枝を張り出した形で「遠山桜」が咲く。別名を「八斗蒔《はっとまき》のエドヒガン」と言って樹令は400年。ここは元旗本の遠山家の屋敷跡である。そう、あの桜吹雪の入れ墨で有名な名奉行「遠山の金さん」の故郷なのである。遠山左衛門尉景元の背に彫られた桜は、もしかすると、この桜がモデルだったかも知れない。

岐阜県の桜の最後は、恵那市上矢作町にある「新田の桜」を紹介しよう。民家の横に堂々と、本当に堂々と立っている。樹高24m、幹周り4・4m、樹令450年のエドヒガンである。何者にも負けず、恐れず、スックと立ち、この家を守ってみせる、そんな気概を感じさせて、しかもさわやかに美しい桜であった。こんな桜に守られたその家の人たちに、幸あれと祈りたい。

桜の名称	所在地	品種	樹齢	見頃時期
中将姫の誓願桜	岐阜市大洞1―21―4	誓願桜	500年	4月上旬
護国神社の鵜飼桜	岐阜市御手洗	エドヒガン	100年	3月下旬
おなみ桜	山県市長葛原乳児の森	エドヒガン	150年	4月中旬
根尾谷の淡墨桜	本巣市根尾板所上段995 淡墨公園	薄墨桜	1500年	4月中旬
霞間ケ渓桜	揖斐郡池田町藤代鎌ケ谷	ヤマザクラ	不明	4月上旬
雲上の桜	揖斐郡池田町池野112 毘沙門院	枝垂桜	500年	3月下旬
揖斐二度ザクラ	揖斐郡大野町南方176	山桜の変種	90年	4月中旬
嶽見桜	下呂市金山町菅田袋坂峠	エドヒガン	300年	4月中旬
和佐の苗代ザクラ	下呂市和佐561	エドヒガン	400年	4月中旬
荘川桜	高山市荘川町中野	エドヒガン	500年	4月下旬～5月上旬
臥龍桜	高山市一之宮町226―2	エドヒガン	1100年	4月下旬
西光寺の枝垂桜	高山市清見町大谷415	枝垂桜	800年	5月上旬
宝蓮寺の阿弥陀桜	高山市朝日町立岩前山	枝垂桜	400年	4月下旬
墨染めの桜	郡上市八幡町愛宕町 愛宕神社	山桜	400年	4月中旬
藤路の桜	郡上市白鳥町向小駄良	エドヒガン	600年	4月中旬
善勝寺の桜	郡上市白鳥町六ノ里	エドヒガン	400年	4月中旬
新田の桜	恵那市上矢作町2858	エドヒガン	450年	4月中旬
遠山桜	恵那市明智町常磐町2	エドヒガン	200年	4月上旬

遠山桜

苗代桜

新田の桜

嶽見桜

桜の旅――岐阜県編

桜へのアプローチ

※二〇一六年一月現在の施設のため、予め営業を確認されてからのご利用をおすすめします。

「根尾谷淡墨桜」・「雲上の桜」・「霞間ヶ渓」・「揖斐の二度桜」・「中将姫の誓願桜」・「鵜飼桜」への桜旅は

○旅館「遊季の里」

養老公園の中、孝子で名高い「養老の滝」の流れがすぐそこに。麓から車でけっこう登ったところにあるが、山狭の宿からはるかに望む濃尾平野の広がりは疲れなどどこかに吹き飛ぶほどに快い。ウグイスが鳴き、ロビーの前はしだれ桜、室内や露天風呂からは山桜がながめられる。天上に住み、下界を見下ろす。俗塵を離れ、仙人にでもなったような気分で。

〒五〇三―一二五四　岐阜県養老町養老公園
電話：〇五八四―三二―一三二一㈹

○中華レストラン「開化亭」

岐阜市の繁華街の裏手にあり、一見するとカフェのような造り。オリジナルなメニューの数々。

〒五〇〇―八八二二　岐阜県岐阜市鷹見町二五―一
電話：〇五八―二六四―五八二一

遊季の里

開花亭

○レストラン「ももちどり」

郡上市大和町の「古今伝授の里」にある。大きくとったガラス面を透かして外部の緑が映る。地元素材を使って、正統派でしかも軽やかなコース料理。なお、古今伝授というのは平安朝以来、「古今集」の和歌の解釈は公家の間に秘伝とされ、師から弟子へ口伝されて来たもののことを言う。室町時代の郡上地方の領主だった東常縁《とうのつねより》は、二条家の秘伝を受け継いで、当代一といわれた和歌の権威であった。都から郡上へ訪ねて来た連歌師の宗祇に、常縁が妙見宮において古今伝授を行い、これ以後相伝されて行った。古今伝授が絶えることは、当時の上流階級にとって、重要な教養である和歌のテキストたる「古今和歌集」の理解ができなくなることを意味し、貴族文化が根底からゆすぶられるほどの損失であった。そのため慶長五年に当時唯一の古今伝授を受けていた細川幽斎が城攻めを受けた時、後陽成天皇が幽斎の死によって古今伝授の絶えるのを恐れ、戦を嫌って開城させた歴史がある。レストラン名の「ももちどり」は古今伝授に登場する「三鳥」のうちの一つの名であるという。

〒五〇一―四六〇八　岐阜県郡上市大和町牧九二二―一
電話：〇二二〇―八〇一―〇八八八（一七時まで）

ももちどり

○旅館「八ッ三館」

飛騨古川にある明治からの老舗旅館。玄関で明治書生風の袴姿のスタッフの出迎えを受ける。明治から変わらぬたたずまいの建物には野麦峠を越えて岡谷へ働きに行った女工たちの歴史も刻まれている。飛騨の伝統的な料理を伝統的な器で。食事の前には恒例の「ご主人のあいさつ」。この名調子が聞きたくて泊まりに行く人もあるほどで、（実は私もその一人）気分が一気にほぐれて陽気になる。温泉も部屋の種類も多種多様。リピーターも多い。

〒五〇九―四二四一　岐阜県飛騨市古川町向町一―八―一七
電話：〇五七七―七三―二一二一

八ッ三館

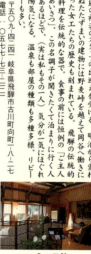

○料亭「萬代」「萬代角店」
高山でも老舗の料亭。玄関への細い露地を歩く時から独特の雰囲気。昔風の飛騨の商家らしい建物と料理と器。目を丸くしたのはここのお手洗い。数寄屋造りの茶室風と言おうか……。まずはご自分でお試しあれ。料亭へ行く時間がないという人には、この本店の斜め前に「角店」の気軽なお食事処がある。飛騨牛の朴葉味噌焼などが名物。
〒五〇六-〇〇一五　岐阜県高山市花川町一八
電話：〇五七七-三二-〇二三〇

萬代

「和佐の苗代桜」・「嶽見桜」・「遠山桜」・「新田の桜」への桜旅は

○旅館「湯之島館」
下呂の町を一望する高台にある。千鳥破風屋根の玄関から、すでに重厚さが漂う。五万坪の敷地だそうで、木立ちの樹々を縫うように建てられた昭和初期の様々な部屋、施設、新館も、迷宮を探検するような娯しさでワクワクする。圧巻はやはり「春慶荘」。欄間、障子の桟など飛騨の春慶塗りで統一されている。端正で格調高く気品がある。日本人に生まれて良かったと思う宿。
〒五〇九-二二〇七　岐阜県下呂市湯之島六四五番地
電話：〇五七六-二五-四一二六

湯之島館

○ホテル「恵那峡グランドホテル」
恵那峡に面して、湖と峡谷のパノラマを一望する。山桜が点々と咲く風景を室内からも展望風呂からも食事処からもながめられる。
〒五〇九-七二〇一　岐阜県恵那市大井町二七〇九-七七
電話：〇五七三-二五-五三七五

恵那峡グランドホテル

○旅館「了山」
鬼岩温泉というにふさわしい大岩がゴロゴロした浴場も。テラスの露天風呂の横に桜の太い幹が床から天井まで突き抜けていたりする部屋がある。面白かったのは本館から別館への渡り廊下の下を川が流れているが、「郡境」となっていて、瑞浪市と御嵩町に分かれている。同じ旅館で二つの市と町。
〒五〇五-〇一二一　岐阜県可児郡御嵩町次月三四二〇-七
電話：〇五七四-六七-〇二八八㈹

了山

○公共の宿「花更紗」
中津川市にあり、隣のクアハウスも利用できる。島崎藤村で有名な「馬籠宿」が近い。木曽路の観光にも便利。
〒五〇八-〇〇〇七　岐阜県中津川市神坂二八〇番地
電話：〇五七三-六九-五二一一

花更紗

湯之島館

了山

甲信越地区

新潟県
長野県
山梨県

上：新潟県　風巻神代桜
下：長野県　義仲桜

新潟県の桜たち

風巻神代桜

何だかとても分かりにくい場所なのだそうである。山の中だから何の目印もないし、とても他県の人がいきなり行って分かるような所ではありませんと言われてしまった。どなたか地元の桜に詳しい方に案内をお願いできないだろうかと聞いても、そんな人はないとの返事。ずっと前から気になっているのに、何故かすんなりそこへ行く道筋も方法もつかめない、そんな桜がたしかにある。「風巻神代桜」もその一つであった。神代と名がつくからには相当な古桜であろうし、「風巻」と聞けば俵屋宗達の「風神雷神図屏風」などが頭に浮かび、この桜への興味をいよいよそそる。ともかくも風巻神社にあるという桜なのだから、神社まで行ってみよう。よく見かける無人の荒廃した神社で、広くてどこにあるか見当がつかないにしても、何か立て札なり、道しるべになるものが見つかるかも知れない。と、けっこう悲壮な決意で行ったのに、あにはからんや!? 着いたところは想像を越えた由緒のありそうな神社で、社務所も、宮司さんのお住まいも揃った格式ありげな御社であった。場所を聞くため「ごめん下さい。」と呼びかけると、出て来られたのは何と当の宮司さん。桜へ行きたいのですがと言った途端に、じゃあ案内しますからついて来て下さい、といとも簡単におっしゃる。目をぱちくりしながら、宮司さんの車のあとについて走る。広大な神域の中を、ややあって、先導の車が停まり、神職姿の宮司さんが降りて来られた。坂道を指して、ここから少し登って行くとありますと教えられ、お礼を言うと、気さくな宮司さんはすぐとんぼ帰りである。お偉い方なのだろうに、何とありがたいことと言わねばならない。今までの経過、悩みがウソのようで、まだ今だに信じられぬような面持ちで山道を登って行った。うっそうとした林を抜けると、少し広場のようになっているところがあり、奥の方に花の色が浮き上がってそこだけ明るく見えている。樹令３００年、一説には８００年のエドヒガン「風巻神代桜」である。近づいて見ると幹が何本か合わさったような形で、隆々とうねって古格を感じさせる。淡く紅を刷いたような花が匂うようで、周囲の高い樹々が作る薄くらがりの中に婉然とほほ笑んでいる。ひっそりと咲きながらも、にじみ出るような神々しさと、荘厳さを感じさせる桜でもある。この桜は、今まさに盛りと思われるのに（しかも今日は日曜日だというのに）樹の下には私たちを入れて三組の花見客のみ。地域外の人にはほとんどその存在を知られていないようで、「孤高に咲く林間の名桜」というにふさわしい気品の桜であった。あとで風巻神社の由緒を調べていたら、数百年前まではこの桜の立っている場所に拝殿があったのだそうで、戦国時代には上杉謙信の祈願所だったという。謙信は戦の前には必ずここへ立ち寄り、祈願の後に戦場へ赴いたらしい。上杉家の後は悲運の武将松平忠輝（家康の六男にして謀叛の疑いをかけられ、越後高田の城主の座を追われ生涯幽閉の身となった）の庇護を受け、江戸期には高田藩の榊原家の崇敬が厚かったという。風巻という名は、大和の龍田神宮から風害を防ぐ神として迎えられたことに由るそうで、この地方で盛んであったという鉄器づくりに欠かせない「タタラ」の火力を司る「風」の神としての信仰を集めたようでもある。

「風巻神代桜」の近くにはもう一本の古桜がある。「所山田の大桜」樹令300年の大桜である。五十君《いきみ》神社の奥、畑の横に立ち、「大賀桜」とも呼ばれる。五十君神社の祭神の臣下で大賀氏の屋敷跡の桜と伝えられ、かつては根本に祠があったらしい。この辺りは地すべりの多い地帯で、この桜も昔はもっと高いところに在ったらしいが、段々と谷の方へ滑り落ちて、現在の場所で咲くようになったそうである。この樹の傍らからは、はるかに上越の美田が広がる彼方に海の色を認めることができる。

上越の上杉謙信の居城だった春日山城跡の下をトンネルでくぐり、糸魚川へと海岸沿いに走る。この

風巻神代桜

浄法寺の乳母桜

善正寺のしだれ桜

所山田の大桜

所山田の大桜

辺りは豪雪地帯で、冬場は２～３ｍの積雪を見るという。妙高山から火打山、焼山へとつながる峰の麓にも、二本のしだれ桜が残雪の中に花をつける。東塚地区の「浄法寺の乳母桜」は聖徳太子の乳母伝説を持つしだれ桜であるが、現在の樹は２００年ぐらいという。また砂場集落にある「善正寺のしだれ桜」は、かつては善正寺という寺の境内に立っていたが、平成になって善正寺が山の下の地域へ移転してしまったので、ここに取り残された恰好になった。私たちが訪ねた時は五月の初めであったが、旧境内の何もない原っぱに根雪が残っていて、それなのに桜は半ば以上散った状態であった。寒々とした荒涼の地の中で、去り行ける人を追うことも知らず、ただ黙って花をつけ、散って行く姿がいじらしくも見えたことであった。浄法寺の乳母桜にしてもこの善正寺のしだれ桜にしても、樹高は15mほどで、その高さに比すると枝張りは狭く、スリムな形をしている。やはり豪雪の影響によるものかと思われるが、その代わり、下へは思うまま伸びられるようで、長く伸びた枝は地面にも届けと根雪の上に花びらを落としていた。

　その他新潟県は中越地方では、

長岡市「香林寺のしだれ桜」　樹令４００年
上杉謙信の母の死を弔うために仙台から運はれて植えられたという桜。かなり枝折れした姿が痛々しい。

加茂市「石沢家のエドヒガン」　樹令２００年
民家の裏にあり、蔵の横から丈高く幹を伸ばしている。

五泉市「小山田ヒガンザクラ樹林」
山中にエドヒガンの古木の林がある。通称「花見山」と呼ばれる蟹沢山に樹令２００年という古木が２５０本ほど残っている。昔は１０００本ほどあったらしく、花の時季には山に霞がかかったように見え、江戸時代頼三樹三郎《らいみきさぶろう》が訪れた時、吉野にも匹敵すると絶賛したという。

　北部では、

関川村「小見の桜」　樹令４００年

戦国時代までは上杉家中だった武士の邸にあった山桜。

新発田市「城東窟の桜」　樹令380年

定光寺は新発田藩主溝口家の菩提寺であるが、ここにあるシダレ桜、三代将軍徳川家光の寄進と伝えられる。

阿賀野市「梅護寺珠数掛桜」　樹令700年

旧京ヶ瀬小島というところにある。親鸞上人が手にした数珠を傍らの桜の杖にかけて仏法を説いたところ、数珠状の花が咲くようになったという伝説の桜。七代目。

善正寺のしだれ桜

阿賀町「野中桜」

極楽寺に咲き、濃紅色の大輪の花が美しいがこちらも三代目という。

胎内市の乙宝寺《おっぽうじ》には「今昔物語集」にも登場する猿の伝説がある。二匹の猿が和尚さんに木の皮に写経をしてくれとせがむので、書いて与えると、お礼にと山芋だの木の実だのをせっせと運んでくるよう

石沢家のエドヒガン

香林寺のしだれ桜

小見の桜

小山田ヒガンザクラ樹林

城東窟の桜

になった。急に姿を見せなくなったので心配して探しに行くと、二匹とも山崩れに遭い、自分が山芋を掘った穴にはまって死んでいた。多分寺に届けようとしていたのだろうと哀れに思った和尚さんは手厚く葬ってやったという話。ここに「乙宝寺のきのとざくら」という珍しい種類の大輪の花を咲かせる木がある。親木は昭和50年ごろに枯れたが、今境内で何本かの若木が育っている。

桜の名称	所在地	品種	樹齢	見頃時期
浄法寺の乳母桜	糸魚川市東塚890	枝垂桜	200年	4月下旬
旧善正寺跡のしだれ桜	糸魚川市砂場4157	枝垂桜	200年	4月下旬
風巻神代桜	上越市三和区岡田	エドヒガンザクラ	400年、300年、800年	4月中旬
所山田の大桜	上越市三和区所山田	エドヒガンザクラ	300年	4月中旬
香林寺のしだれ桜	長岡市雲出町1527	枝垂桜	400年	4月中旬
石沢家のエドヒガン	加茂市天ヶ沢	エドヒガンザクラ	200年	4月中旬
乙宝寺のきのとざくら	胎内市乙1112			4月下旬～5月上旬
小見の桜	岩船郡関川村小見	山桜	400年	4月下旬
梅願寺の数珠掛桜	阿賀野市小島377	サトザクラ	700年、4代目	4月上旬
極楽寺の野中桜	東蒲原郡阿賀町両郷	紅山桜	100年	4月中旬
小山田ヒガンザクラ樹林	五泉市小山田蟹沢	エドヒガンの樹林	200年	4月中旬
城東窟の桜	新発田市諏訪町2—4—17 宝光寺	枝垂桜	380年	4月中旬

梅護寺珠数掛桜

乙宝寺のきのとざくら

野中桜

桜の旅――新潟県編

「風巻神代桜」・「所山田の桜」・「浄法寺の乳母桜」・「善正寺のしだれ桜」への桜旅は

○ホテル「赤倉観光ホテル」

妙高山の中腹にある高原リゾートの草分け的ホテル。標高1000mの露天風呂はさえ切るもののない眺望。野尻湖も見える。時期によって雲海が出現。

〒九四九-二一〇二　新潟県妙高市田切二一六

電話：〇二五五-八七-二五〇一

○公共の宿「米本陣」

高田平野と妙高連山のパノラマ。米と酒のテーマパークにあり、お米のおいしさはさすが。

〒九四三-〇三一八　新潟県上越市三和区宮崎新田一二二四-一

電話：〇二五-五三二-四一一五

「石沢家のエドヒガン」・「香林寺のしだれ桜」・「小山田ヒガンザクラ樹林」への桜旅は

○ホテルの中国料理レストラン「ホテルオークラ新潟」

信濃川に面して建つ。重要文化財の萬代橋の六連アーチがよく見える。定評のある中国料理レストラン「桃花林」。

〒九五一-八〇五三　新潟県新潟市中央区川端町六-五三

電話：〇二五-二二四-六一一一

赤倉観光ホテル

米本陣からの眺め

ホテルオークラ新潟からの眺め

桜へのアプローチ

※二〇一六年一月現在の施設のため、予め営業を確認されてからのご利用をおすすめします。

○旅館「寺泊　北新館」

山の裏側に位置するので海は見えないが、食膳には海から上がった魚たちが並ぶ。朝食も豪気。客室の縁側のむこうは山麓の自然。

〒九四〇-二五〇二　新潟県長岡市寺泊年友一〇三九

電話：〇二五八-七五-二一七二

○旅館「かわら崎湯元館」

大人を童心に返らせる宿。昭和の香りと遊び心がタップリ。庭の部屋付露天風呂の横ではブランコが揺れる。

〒九四九-六六八〇　新潟県南魚沼市六日町二七二

電話：〇二五-七七二-二四三八

「城東窟の桜」・「小見の桜」への桜旅は

○旅館「越の里」

米どころ越後の壮大な水田風景が窓外に広がる。重厚な造りの客室と料理。

〒九五九-二三九五　新潟県新発田市月岡温泉一三四

電話：〇二五四-三二-三〇三〇㈹

寺泊　北新館

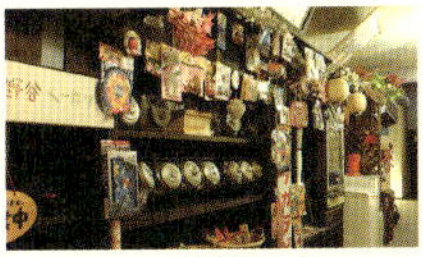

かわら崎湯元館

越の里

○旅館「喜久屋」

荒川沿いに、つり橋を渡って宿に到着。室内に二つの露天風呂を持つ離れの客室もある。

〒九五九-三二〇〇
新潟県岩船郡関川村鷹ノ巣一〇七六-一
電話：〇二五四-六四-二三九三

○旅館公共の宿「瀬波はまなす荘」

日本海に面し、夕陽が美しい。温泉露天風呂付の部屋もある。

〒九五八-〇〇三七
新潟県村上市瀬波温泉一丁目二-一七
電話：〇二五四-五二-五二九一

○宿「ロイヤル胎内パークホテル」

胎内川のほとりにヨーロッパの古城のようなたたずまい。広い和洋室からの眺めと、大浴場の星の輝きが印象的。

〒九五九-二八二二
新潟県胎内市夏井一一九一番地三
電話：〇二五四-四八-二二一一

ロイヤル胎内パークホテル

せなみ　はまなす荘からの眺め

喜久屋

越の里

風巻神代桜

米本陣

赤倉観光ホテル

長野県の桜たち

素桜神社の神代桜

長野県の一本桜は日本一数が多い。次に多いのが福島県で、今現在私のリストには、長野県の桜は660本、福島県は602本が入っている。まだこれからも増えることと思われるが、日本全国でおよそ3700本が登録されているので、大まかに言えばこの両県で日本中の一本桜の約半分弱を占めることになる。長野県のたくさんの桜を、地域で三カ所に区切って訪ねてみることにしたい。

A．長野県北部の桜たち
——スサノオ伝説や静御前の伝説——

この方面で一番古いと言われる桜は、長野市の泉平にある「素桜神社の神代桜」である。樹令1200年、目通り幹周11・3m、根周り9mという巨大な桜で、素戔嗚尊《スサノオノミコト》の伝説がある。昔むかしスサノオはこの地へたどり着いた時、大層のどが乾いていた。村人から泉の水をもらったので、そのお礼にと手にしていた杖を地面に突きさしたところ、芽吹いて桜の大木となった。素戔嗚尊が植えた桜であり、この樹が日本中の桜のもととなったので「素桜」と呼ばれるようになったとされる。また別の伝説では、神代の昔に桜の苗を、日本中に一本ずつ各国ごとに育てるようにと、神から分け与えられたが、他の国ではことごとく枯れてしまい、この地にだけ人々の努力で根付いていた。ここを訪れたスサノオがそれを見て感心し、水不足がちなこの土地へ諏訪湖の水を移して泉を作ってくれた。それ以来桜の根元には水が湧くようになった。神から初めて与えられた桜だからということで「素桜」と呼ばれるようになったという。「素桜神社の神代桜」は昭和十一年に国の天然記念物に指定された。

長野市には「塩生のエドヒガン」という樹令700年の古木もある。かつて巡礼たちが戸隠方面へたどった古道の途中にあるので、「巡礼桜」という別名も持っている。

古さで言えば、大町市の「静の桜」と山ノ内町の「宇木の千歳桜」はともに樹令800年と伝えられている。

「静の桜」の方は、ピンクや白の華やかな花が咲くわけではなく、イヌザクラという種類なので、よく見ないと分からないほどの淡黄緑色の小さな花が固まって咲く。この樹には平安末期の源義経の愛妾静御前の伝説がある。静御前は白拍子として、京の都では名高い舞いの名手であった。義経の京の館で共に暮らしていたが、義経は兄頼朝からの追手を逃れて奥州の藤原秀衡のもとへ旅立ってしまう。残された静御前は義経のあとを追うが、行先の陸奥の「奥州」を信濃の「大塩」と聞きちがえてしまった。この桜のある大塩の地までやって来てまちがいに気付いたが、力尽き病を得てここで亡くなったというのである。薄幸な女人の生涯を、この決して派手からぬイヌザクラの花になぞらえて伝えられた話かも知れない。

「宇木の千歳桜」は、かつては「見返り桜」、または「月見桜」とも呼ばれ、この辺りの領主たち、高梨城主が遊猟に来た時その美しさに見返ったとか、元禄のころの丸山城主がここで月見をしたとか、そうした話が伝わっている。昭和三年に昭和天皇の即位記念として「宇内万邦歓喜」の文字から、地名の宇木にちなんで「宇喜の千才桜」と改名され、現在に至っているという。

長野県北部にはこの他に、

飯綱町「黒川桜林の江戸彼岸」　樹令３５０年
信濃町「原の閑貞桜」　樹令４００年
木島平村「御魂山の神代桜」　樹令４００年
白馬村「貞麟寺のしだれ桜」　樹令３００年
高山村「水中のしだれ桜」　樹令２５０年
高山村「黒部の江戸彼岸」　樹令５００年

静の桜

静の桜

塩生の江戸彼岸

宇木の千歳桜

原の閑貞桜

御魂山の神代桜

貞麟寺のしだれ桜

水中のしだれ桜

黒川桜林の江戸彼岸

などの桜たちが、いずれも周囲の山々の中でさわやかに、あるいは華やかに咲いて、里の人々に春の訪れを告げる。

ところで、この地方の桜を訪ねていて忘れられない経験談を一つ。小川村には「立屋の桜」だの「上野のお流れ桜」という地すべりで流されて来た桜だのという訪ね甲斐のある桜たちが多いが、その中の「日の御子桜」を探していた時のことである。資料には戸隠信仰遺跡と書かれていたが、現地へ行ってみると、その地点から徒歩で15分ほどまだ奥地にあると記されている。遺跡自体がかなり山奥に位置していて、ほとんど車の往来もないような場所である。せっかくここまで来て引き返すのはいかにも残念なので、とにかくそこまで行ってみようと決心はしたものの、そう言えばさっき「クマ出没注意！」の立札を見かけたばかりである。夫の方を見ると、せっせと次の桜のありかをナビに入れている。私たちはいつも夫婦分業で、夫が運転とナビ検索役、私が資料収集と写真係の担当で、全国の桜をまわっているのである。もしもここで二人して車を離れて奥地へ入り、「クマ」に襲われたら、一体誰が「おそわれた〜〜!!」と報せに行くのだろう。報せる人がいなければ、気付く人は誰もいないから、私たち夫婦はクマのエジキになったまま永久に「行方不明」になってしまうではないか。で、これはやっぱり自分一人で行くべきだと、断固決心し、夫に「もし往復45分以上経っても私が帰って来なかったら、役場へ走って『妻がクマに襲われました!!』と報せてネ！」と言うと、夫はナビ

黒部の江戸彼岸

立屋の桜

上野のお流れ桜

義仲桜

を見たまま、生返事で「うん。」「それじゃサヨナラ元気でね！」と言った途端、ハッと気が付いたらしくはじかれたように顔を上げて「ボ、ボクも行くよ！」「でも二人とも行ってしまったら、何かあった時報せる人がいないじゃないの。」と言うと、「いい！　死ぬ時は一緒ダッ！」とえらくカッコつけた（?!）ことを叫んで、決死の形相で奥への道を歩き始めた。が、やはり内心は不安でたまらない。一歩一歩進むにつれて恐怖心はいや増すばかり。あろうことか、右の奥の方から「ガサゴソ」という音が…。先を行く夫の歩みは速くなるばかり。そう言えばクマ除けに鈴が効果ありと聞いたっけと、おサイフに付いているミニ鈴をちりちり鳴らしながら歩いたが、15分以上経ってもお目当ての桜は見つからない。花の時期なら目立つから分かるかも知れないが、夏山で、薄暗い緑の木立の中では他の木との区別もつかない。とうとう恐怖感の方が勝って、二人で引き返すことになった。帰る道すがらも、またさっきとは異なった方向から妙な気配が感じられ、しまいには二人で転げ込むように走って車までたどり着いたというおソマツ。で、まあ今もこうして無事に生きているのだからいいようなものの、あれから私はしっかり「クマ鈴」を二個買い込んで来た。

B．長野県中部の桜たち
――木曽義仲伝説。諏訪の桜――

上田市にある「岩屋堂の江戸彼岸」は別名「義仲桜」とも言い、木曽義仲の伝承を持っている。樹令８００年という随分と丈の高い桜である。資料では樹高40ｍと書かれているが、実際はそこまではないかも知れない。平安末期、木曽にいた源義仲は、平家追討の挙兵に当たり、甲信地方の豪族たちに協力を仰いでこの寺において戦勝祈願を行った。そして自ら一本の苗を植えたのがこの桜であったという。私たちが訪れた時は、満開を過ぎて落花もしきりのころで、観音堂へと登る階段にはピンクの花びらが散り敷いていた。風が吹くたびに、義仲桜から盛大な花吹雪が湧き起こって、境内を余す所なく染め上げて行った。

佐久市の旧浅科村五郎兵衛記念館の庭内には「関所破りの桜」というちょっと変わった名のしだれ桜がある。樹令は300年。昔ある村人が桜の苗を取りに群馬県の南牧村まで行った。途中に関所があるのを、うっかりして通行手形を忘れてしまった。困ってわけを話すと、役人も桜のことだからと許可してくれて、無事に通行することができたというエピソードに由っている。物騒な名をもらっているが、残念(?)ながら大罪人(花)ではなく、逆に役人の「粋なはからい」が村人たちの賞賛を呼び、大切に育てられた桜である。浅間山を背景に、今も美しい立ち姿を披露する。

ゴールデンウィークのころに軽井沢を訪ねて、表通りは観光客があふれていても、その雑踏をよそに、ちょっと裏通りへ入ってみてほしい。神宮寺の境内ではまだしだれ桜が咲いているかも知れないので。樹令400年の古木が、一時勢いが衰えたものの、再び元気に花をつけるようになったという。都会ではもうとっくに花の時期が終わり、人々はその記憶すら忘れかけている頃なのに。そんな時観光地の中で、密やかに咲く桜を見て、思いがけず、昔の知人に会ったような想いがしないだろうか。軽井沢の桜たちは、四月下旬から五月上旬が花ごよみの旬なのである。

松本市のはずれ、安養寺へは野麦街道を乗鞍方面へ向かう。この寺を四月中旬に訪ねた人は、境内一杯にしだれ桜の競演がくりひろげられた様子を見るだろう。一番樹令の古いものは500年の当時の住職の手によるものとされ、その後代々の住職が植え増して、豪勢なしだれ桜の園となった。花に埋もれるような花見の好きな人にとっては別天地である。

さて、四月中旬に中央自動車道の諏訪湖付近を走っていると、湖の側に小さいながら一山全部が桜の帽子をかぶったように見える箇所がある。西山公園といって、ソメイヨシノがたくさん植えられた所であるが、その近くで、やはり湖の側のフェンスの上から、寺域を越えて一本のしだれ桜が、高速道路をのぞき込むような形で枝を広げているのが見える。短い時間なので、注意して見ていなくてはならないが、運転席からでも十分見える距離である。諏訪市湖南の「南真志野　善光寺」のしだれ桜という。この寺にはエドヒガンの古木もあり、こちらは高いところから諏訪市と諏訪の湖面をながめている。

　長野県中部の桜のラストは、諏訪市の町なかに貞松院を訪ねよう。樹令400年のしだれ桜が境内に立っている。この寺は高島藩の藩主の母の菩提寺であるが、実はこの寺にはもう一人の歴史に埋もれた人物も眠っている。松平忠輝。徳川家康の六男で、家康の息子として生まれながら、数奇な運命をたどった人物である。武将としての素質には恵まれていたものの、生まれた時が遅すぎたと言うべきか、彼が成人したころには戦国時代は終わっていて、江戸幕府の創設期に入っていた。戦国華やかなりしころであれば、家康の片腕となってどれほど戦場で活躍したかと思われるような猛気も、家康から兄秀忠、そして甥の家光へと続く治世の中では、将軍家への謀反の元凶となりかねないと危惧されるような対象であった。元和二年（1616）、越前七十五万石

関所破りの桜

神宮寺のしだれ桜

安養寺のしだれ桜

西山公園

諏訪善光寺の桜

諏訪善光寺の桜

の大守の身を、突然改易され、伊勢朝熊に幽閉された。その後飛騨高山、そして諏訪の高島城へ流罪。この地で亡くなった。九十二才という当時としては驚異的な長寿であったという。希望なき身にこの年月の長さはいかばかりであったかと、庭の大しだれ桜からさえ遠慮して隠れるように建つ、墓所のたたずまいを見ても思うのである。忠輝の日々をなぐさめたと思われるたった一つの遺品——名笛「野風」、織田信長から豊臣秀吉、そして徳川家康と渡った名品で、臨終の床で家康が我が子忠輝に残した唯一の、父としての愛情を示す形見の品——は、今この貞松院に松平忠輝遺愛の品として納められているという。

この他の古い桜たち、

茅野市「下管沢の桜」　樹令300年

安曇野市「北小倉のしだれ桜」　樹令400年

岡谷市「昌福寺のしだれ桜」　樹令300年

C. 長野県南部の桜たち
——高遠城址と一本桜の町、飯田——

伊那地方の高遠城は、武田信玄の家臣山本勘助が縄張り（設計）して兜山城と呼ばれていたが、明治四年の廃藩置県によって取り壊された。城内の樹木も売り払われ荒地となっていた城跡を、旧藩士たちは見るに忍びず、明治九年になってから、かつての馬場にあった桜を城址に移植し公園として整備した。これが現在の城址公園である。植えられたコヒガンザクラは1500本以上で、四月中旬には高遠城址公園全体をピンクに染める。このコヒガンザクラは、この地方にしか咲かない種類の桜で、現在高遠城址公園以外での群生は見られないという。もし外にあったとしても、高遠から贈られたり、移植された桜に限られることになるらしい。また、公園内には樹令130年を越えるような桜の古木もあるが、この種類は樹高は大きく育たず、5mほどが多いという。普通よりちょっと小ぶりの花が、吹きこぼれるように咲くあの情景は、伊奈地方だけのものであるらしい。

この高遠城址から近いところに「絵島囲み屋敷」がそのままの形で残されている。江戸時代の大奥で起こった「絵島生島事件」の中心人物として流罪になり、亡くなるまでの二十年間を高遠の地で、監禁の生活を送った絵島の屋敷である。大奥の高級女中絵島と、当時の人気役者生島との密会事件というのは、ロマンとしてはよくできているが、実際は江戸城における権力闘争に巻き込まれ、犠牲となったというのが真相らしい。無実の罪に問われながらも絵島は、長年の幽閉の身を精進一途で送ったと伝えられる。

高遠城址公園の人混みを抜けて、中央高速道を下る。実は伊那地方には群生の桜ではなく、一本桜のメッカとも言うべき町がある。町の至るところに樹令300年ほどの桜の競演が見えるという。知る人ぞ知る「桜のまち」それが飯田市である。南アルプスと木曽山脈に囲まれ、河岸段丘という地形の中に、星が降ったように家々が散らばり、中心地には旧飯田城跡を中心に小京都と呼ばれる古い街並みを残す。昔からの飯田の城下町を核として上飯田はじめ近隣の町や村が合併して、人口十万ほどの飯田市ができ上がったが、この一つの市の中に、現在私の手もとのリストの中だけで1

貞松院のしだれ桜

昌福寺のしだれ桜

北小倉のしだれ桜

下管沢の桜

高遠城址公園の桜

高遠城址公園の桜

06本の一本桜の名が挙がっている。この数字がどれほどのものかと言うと、例えば岐阜県全域で147本、京都府で66本、山形県が107本、ざっとこんな具合である。しかもそれらの多くが300年ほどの樹令であることが、飯田市の一本桜の特徴である。これに匹敵するのは福島県の三春町ぐらいのもので、こちらも100本ほどの桜が数えられる。両方に共通しているのは、内陸部であること、古くしかもあまり規模の大きくない城下町であること、戦災にあっていないこと、などである。たくさんの飯田市の桜を効率良く見て回るために、飯田市には「桜守（桜案内人）と巡るツアー」が用意されていて、それを利用するとその時季に一番良く咲いている桜をたくさん回ることができる。

ちなみに主な桜を少しあげて見ると、

「愛宕神社の清秀桜」　樹令750年
「長姫の安富桜」　樹令450年
「桜丸御殿の夫婦桜」　樹令400年
「黄梅院の紅しだれ桜」　樹令400年
「舞台桜」　樹令400年
「くよとの桜」　樹令350年

この中で個人的に好きな桜をあげるように言われたら、やはり「長姫の安富桜」を推したい。かつての家老屋敷跡に建ち、青空に清々しく咲く姿は、老木なのに若やぎがありさわやかである。

桜は人間が守り育てて行かなければ長く生きて行くことが難しい樹なので、これだけの数の一本桜が一つの市域内に存在するということ自体が希有なことであり、そこには一本一本を長い年月に渡り代々の家の人々が手をかけて守って来た歴史がある。おそらく江戸時代の飯田藩の中に、桜を大切にする藩風があったということなのだろう。いずれリニア新幹線が通り、飯田市に新しい駅もできると聞くが、そうであれば外国では考えられないこの一本桜のまちは、外国人にとって目を見張る存在となるにちがいない。単に一本桜が多いということのみならず、その樹一本一本を何世紀にも渡って守り育てて来た人々の文化と共に、それこそ世界遺産にも登録して、今後も永く守り残して行くべき日本の貴重な財産であろうとも思うのである。

　その他、この地方には飯田市の周辺はじめ、数多くの一本桜がある。項目で分けると、

㋑．古木の桜

箕輪町「中曽根の権現桜」　樹令1000年
松川町「原田の桜」　樹令500年
大桑町「上郷の江戸彼岸」　樹令800年
木祖村「管の十王堂の江戸彼岸」　樹令500年

㋺．歴史上の人物、事跡に関わりのある桜

朝日村「朝日将軍手植えの桜」（木曽義仲）
山形村「清水寺の行基桜」（僧、行基）
木曽町「興善寺の時雨桜」（木曽義仲）
阿智村「駒つなぎの桜」（源義経）
〃「御所桜」（後醍醐天皇の皇子）
〃「新御所桜」（後醍醐天皇の皇子）
中川村「中西の桜」（安倍晴明）

安富桜

清秀桜

桜丸御殿の夫婦桜

舞台桜

黄梅院の紅しだれ桜

中曽根の権現桜

くよとの桜

駒ヶ根市「光前寺のしだれ桜」（霊犬早太郎伝説）

㋩・形の良い、ロケーションの良い桜

豊丘村「笹見平の桜」

高森町「新田原の桜」

南箕輪町「上ノ平城跡の桜」

などをあげることができる。

長野県は県域が広く、地形も起伏に富んでいる。それだけに桜の時季も三月末から五月末、どうかすると六月に入っても県内のどこかしらで桜を楽しむことのできる「桜の国」である。長野県の大勢の桜たちがこれからも長生きしてくれて、桜の長寿大国になることを切に祈って止まない。

原田の桜

朝日将軍手植えの桜

管の十王堂の江戸彼岸桜

上郷の江戸彼岸

駒つなぎの桜

興善寺の時雨桜

清水寺の行基桜

中西の桜

新御所桜

御所桜

桜の名称	所在地	品種	樹齢	見頃時期
●長野県北部				
素桜神社の神代桜	長野市泉平 素桜神社	エドヒガンザクラ	1200年	4月下旬
塩生のエドヒガン	長野市塩生	エドヒガンザクラ	700年	4月下旬
宇木の千歳桜	下高井郡山ノ内町夜間瀬宇木	エドヒガンザクラ	800年	4月20日頃
水中のしだれ桜	上高井郡高山村水中	枝垂桜	250年	4月下旬
黒部のエドヒガン	上高井郡高山村黒部	エドヒガンザクラ	500年	4月下旬
大塩のイヌザクラ	大町市美麻大塩薬師堂	イヌザクラ	800年	5月下旬〜6月上旬
貞麟寺のしだれ桜	北安曇郡白馬村神城沢渡	枝垂桜	300年	5月上旬〜中旬
立屋の桜	上水内郡小川村小根山8134	エドヒガンザクラ	300年	4月下旬
上野のお流れの桜	上水内郡小川村上野	山桜	300年	4月下旬
黒川の桜林の大桜	上水内郡飯綱町黒川2254	エドヒガンザクラ	350年	4月下旬
原の閑貞桜	上水内郡信濃町平岡	枝垂桜	250年	4月下旬
御魂山の神代桜	下高井郡木島平村住郷原大沢	エドヒガンザクラ	400年	4月下旬
●長野県中部				
北小倉のしだれ桜	安曇野市三郷小倉	枝垂桜	400年	4月中旬
安養寺のしだれ桜	松本市波田三溝1660	枝垂桜	500年	4月中旬
貞松院のしだれ桜	諏訪市諏訪	枝垂桜	350年	4月中旬
善光寺のしだれ桜	諏訪市湖南南真志野	枝垂桜		
善光寺のエドヒガン	諏訪市湖南南真志野	エドヒガン		
下管沢の桜	茅野市豊平	枝垂桜	350年	4月中旬
昌福寺のしだれ桜	岡谷市川岸東4―16―5	枝垂桜	300年	4月下旬
岩谷堂エドヒガン	上田市御嶽堂84岩谷堂	エドヒガン	800年	4月中旬
関所破りの桜	佐久市甲14五郎兵衛記念館	枝垂桜	300年	4月20日頃
神宮寺のしだれ桜	北佐久郡軽井沢町646	枝垂桜	350年	4月下旬

●長野県南部				
中西の桜	上伊那郡中川村片桐中西	エドヒガン	800年	4月上旬
笹見平のしだれ桜	下伊那郡豊丘村河野5240 阿弥陀堂址	枝垂桜	300年	4月中旬
新田原の桜	下伊那郡高森町山吹	エドヒガン	300年	4月中旬
高遠城址公園の小彼岸桜	伊那市高遠町	コヒガンザクラ	140年	4月中旬
光前寺のしだれ桜	駒ヶ根市北割	枝垂桜	不明	4月中旬
原田の桜	下伊那郡松川町元大島原田	エドヒガン	500年	4月中旬
中曽根のエドヒガン	上伊那郡箕輪町中曽根	エドヒガン	1000年	4月下旬
駒つなぎの桜	下伊那郡阿智村智里3557	エドヒガン	500年	4月下旬
御所桜	下伊那郡阿智村浪合上半掘御所平	エドヒガン	350年	4月下旬
新御所桜	下伊那郡阿智村浪合上半掘御所平	エドヒガン	250年	4月下旬
愛宕神社の清秀桜	飯田市愛宕町2781	エドヒガン	750年	4月上旬
長姫の安富桜	飯田市追手町飯田美術館	エドヒガン	350年	4月中旬
桜丸御殿の夫婦桜（夫婦桜）	飯田市主税町合同庁舎裏	ヒガンザクラと枝垂れ桜	400年	4月中旬
黄梅院の枝垂桜	飯田市江戸町3―251	枝垂桜	400年	4月中旬
麻績の里 舞台桜	飯田市座光寺2535	枝垂桜	300年	4月中旬
毛賀のくよとの桜	飯田市毛賀	枝垂桜	300年	4月中旬
上郷のエドヒガン	木曽郡大桑村須原	エドヒガン	800年	4月中旬
興禅寺のしだれ桜	木曽郡木曽町福島5659	枝垂桜	2代目80年	4月中旬
十王堂のヒガンザクラ	木曽郡木祖村菅	エドヒガンザクラ	500年	4月下旬
朝日将軍木曽義仲公手植え桜	東筑摩郡朝日村西洗馬 光輪寺薬師堂	エドヒガン	100年	4月下旬
清水寺のしだれ桜	東筑摩郡山形村7764 清水寺	枝垂桜		5月上旬
上ノ平城跡の桜	上伊那郡南箕輪村南小河内	コヒガンザクラ		4月下旬

桜の旅――長野県編

長野県北部の桜旅には

○ホテル「白馬 東急ホテル」

重厚でクラシカルな雰囲気の建物から大きな窓ごしに見える白馬の自然、森の樹々が美しい。山の残雪が形造る「雪形」を探すのも楽しい。

〒三九九―九三〇一
長野県北安曇郡白馬村「八方和田野の森」
電話：〇二六一―七二―三〇〇一

○ホテルの中華レストラン「犀北館ホテル中華レストラン『寒山拾得』」

グルメなホテルの定評ある老舗ホテル。和洋もいいが、中華料理が個性的なメニューを揃えている。

〒三八〇―〇八三八 長野県長野市県町五二八―一
電話：〇二六―二三五―三三三三(代)

○ホテル「文化北竜館」

学園の施設が北竜湖のほとりに立ち、センスの良さが際立っている。窓から北信五岳をのぞむ温泉付特別室もある。

〒三八九―二三二二 長野県飯山市大字瑞穂七三三二―一
電話：〇二六九―六五―三一一一

○ホテルの和食レストラン「くろよんロイヤルホテル『吉兆』」

大町から黒部ダムへの途中に建つ。大自然の中で都会的で繊細な懐石料理を。

〒三九八―〇〇〇一 長野県大町市日向山高原
電話：〇二六一―二二―一五三〇

白馬東急ホテル

犀北館

文化北竜館

くろよんロイヤルホテル

桜へのアプローチ

※二〇一六年一月現在の施設のため、予め営業を確認されてからのご利用をおすすめします。

長野県中部の桜旅には

○ホテル「王ヶ頭ホテル」

標高2000mの美ヶ原高原に建つ。文字通りの絶景。360度のパノラマ。天気が良いと日本百名山のうち半分を見ることができる。早朝の雲海も、刻々と変わる展望風呂からの景色もこのホテルならでは。

〒三九〇―〇二二一
長野県松本市入山辺「美ケ原高原王ケ頭」
電話：〇二六三―三一―二七五一

○旅館「萬屋」

松頼荘は銘木の建築と内風呂の温泉を楽しむことができる。大浴場の桃山風呂と庭園風呂の広さに驚かされる。

〒三八一―〇四〇一
長野県下高井郡山ノ内町大字平穏三一三七
電話：〇二六九―三三―二一一一

○ホテル「万平ホテル」

軽井沢の老舗ホテル。白樺の林の中に趣のあるたたずまい。あまり人出の多くない季節の方が軽井沢の雰囲気を満喫できる。クラシカルな本館もいいが、コテージものんびりできる。

〒三八九―〇一〇二
長野県北佐久郡軽井沢町軽井沢九二五
電話：〇二六七―四二―一二三四

王ヶ頭ホテル

萬屋

万平ホテル

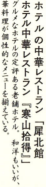

○**旅館「ぬのはん」**
江戸時代から諏訪湖畔にある老舗。大正浪漫あふれる部屋の造作。
〒三九二－〇〇二七　長野県諏訪市湖岸通り三－二－九
電話：〇二六六－五二－五五〇〇(代)

○**ホテルの中華レストラン「ブエナビスタ中華レストラン『聖紫花』」**
小ぢんまりとしたおしゃれなホテル。レストランも充実。ホテル名そのままの松本盆地から見える中央アルプスの山々の景観。
〒三九〇－〇八一四　長野県松本市本庄一－二－一
電話：〇二六三－三七－〇一一一

○**フレンチレストラン「ユカワタン」**
林の中にたたずむ軽井沢ブレストンコートのレストラン。軽妙でおしゃれな創作フレンチ。懐石料理風。
〒三八九－〇一九五　長野県北佐久郡軽井沢町星野
電話：〇二六七－四六－六二〇〇(代)

○**公共の宿「湖山荘」**
諏訪湖が窓外に広がり、間欠泉センターから時々温泉の湯気が立ち昇っているのが見える。温泉の質の良さは折紙つき。温泉療法に最適の宿。田舎の親戚の家へ来たような気分になる宿。
〒三九二－〇〇二七　長野県諏訪市湖岸通り二－四－二八
電話：〇二六六－五二－二一六三

ぬのはん

ブエナビスタ

ユカワタン

湖山荘

○**フレンチレストラン「かわら亭」**
諏訪湖畔の道路沿いにある。原田泰治美術館の向かい。品良くまとまったインテリアと、オーソドックスで好感の持てるメニュー。
〒三九二－〇〇一〇
長野県諏訪市渋崎一七九二－四一三
プレステージ諏訪湖一階
電話：〇二六六－五七－一一五〇

長野県南部の桜旅には

○**旅館「二人静」**
早太郎温泉にあり、窓からは駒ヶ岳が見える。近くの光前寺には早太郎伝説がある。山犬の早太郎が遠江のヒヒ退治をしたが、自らも傷を負い、帰りついて和尚さんの顔を見るなり一声ほえて息を引き取ったという話。
〒三九九－四一一七　長野県駒ヶ根市赤穂四－一六一
電話：〇二六五－八一－八一八一

○**懐石食事処「柚木元」**
飯田市の中心にあり、桜めぐりの前後に便利。昼膳はおすすめ。
〒三九五－〇〇八六　長野県飯田市東和町二
電話：〇二六五－二三－五二一〇

○**フレンチレストラン「川楽屋」**
川畑の広がる飯田の中に、一軒屋の古民家を改造したレストラン。
〒三九五－〇〇〇三
長野県飯田市上郷別府二九二－三二一
電話：〇二六五－二三－五〇三三

かわら亭

二人静

柚木元

川楽屋

○旅館「石苔亭いしだ」
広い館内の一角に能舞台を持ち、狂言や和太鼓など、日本の伝統芸能が上演される。各部屋の名前も狂言の演目からとられている。
〒三九五–〇三〇四
長野県下伊那郡阿智村智里三三三一–三
電話：〇二六五–四三–三三〇一

○宿「阿智の里ひるがみ」
広々とした和室と洋室に、温泉が給湯される特別室を持つ。近くには星空の有名なヘブンスそのはらもある。
〒三九五–〇三〇四
長野県下伊那郡阿智村智里五〇三–三七八
電話：〇二六五–四三–二二五五

○公共の宿「スカイランドきよみず」
山形村の清水高原にあり、松本平が一望できる。客室からもレストランからも見えるが、展望風呂からの夜景は一段と美しい。
〒三九〇–一三〇一
長野県東筑摩郡山形村清水高原七五九八–九七
電話：〇二六三–九八–二三〇〇

石苔亭いしだ

阿智の里ひるがみ

スカイランドきよみず

笹見平の桜

光前寺のしだれ桜

新田原の桜

上ノ平城跡の桜

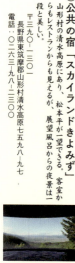

山梨県の桜たち……

山高神代桜

細い山道を幅すれすれの感じで登って行く。片方は切り立った山の崖。もう一方は落ちれば真っ逆さまの崖際の道。「落石注意」と言われても、上から落ちて来るものをどう注意したらいいのだろう。ところどころにその「落石」らしきものも転がっている。これはつまり転がっている落石を気をつけて通りなさいという意味だったのか、と、うなずく間もなくまた急カーブ。樹々の切れ目からのぞく展望はすばらしいが、見る毎に高度も急上昇。一応の舗装はしてあるものの、つい先日まで残っていた雪のせいなのか、あちこち舗装も欠けている。「サクラみち（サクラを訪ねる時の難路）」は、いつもながらにやはり険しいのである。冷や汗ものでやっと終点に到着。ところが獣除けなのか、頑丈で高い柵が張りめぐらされて門も閉まっている。ここまで来たのに…と、力のぬける思いで降りてみると、人間ならば簡単に開く仕掛けのカギで、「通ったあとはまた元通りにしめて下さい」の注意書き。やれやれとそこから更に登ったところにめざす桜があった。「学定寺の糸桜」、樹令300年のシダレ桜、南アルプスの峰々が連なる中の一つの山の上に咲く桜である。平地でも300年以上咲き続けるというのは容易ではないというのに、この山中。おそらく修業の人以外はほとんど登っても来ないような険しい道の果てに、よくぞ桜が生き残って来たものだと思う。さぞかし深い雪の重みにも耐え、風にも、嵐にもその激しさと勇敢に戦って忍んで生きて来た桜なのだろう。この樹がここにあることによって、学定寺の人々にとってはどれほどの慰藉となったか分からないとも思う。ただ、見たところこの桜は崖の上に位置し、太い幹は斜めに伸びているようである。この地形では支柱を立てることもむずかしいことだろうし、あとは桜が自力でいのちの限りをせいいっぱい生きて、保ち続けてくれるしかない。人間の力ではどうにもならない桜であるのかも知れない。私の生命のあるうちに、この樹が花をつけた姿を見たいとも思うけれど、簡単に登って来られるところではないだけに、ただひたすら、この桜安かれと願うしかない私たちなのであった。

　のっけから訪ねる人もないような秘境の桜を書いてしまったが、山梨県には、人々が列をなし、群れをなして桜詣でをする一本の大樹がある。北杜市の「山高神代桜」、樹令2000年という日本で一番古いとされる桜である。このエドヒガンはキリストが生まれたころから咲き続け、聖徳太子の時代にはもはや600年ほどの古木であったことになる。紫式部のころはすでに1000年の桜であったと言われても、何だか信じがたいような話であるが、現実にこの桜の幹の太さを見れば信じないわけにも行かなくなる。桜というとソメイヨシノのことばかりと思っている人たちは、よく桜の寿命は100年ぐらいと言うが、一度この桜を見てからの話にしてほしいものである。山高神代桜は日本武尊《ヤマトタケルノミコト》の伝承を持っている。日本武尊が東国遠征の帰りにこの場所へ立ち寄って、記念にと植樹したものと言われているのである。試みに日本武尊の東征図を地図で確かめると、たしかに「古事記」でも「日本書紀」の記述でもこの地点は通過している。また樹木医の診断によると、台風で折れた太い枝の年輪でも1000年以上が数えられるので、この樹の樹令2000年というのは誇張ではないとのこと。鎌倉時代に日蓮上人がここを訪れ、樹が衰弱しているのを見て回復祈願を行ったところ、奇跡的に元気を取りもどしたというので、「妙法桜」とも呼ばれたという伝承を持っている。大正十一年十月十二日に他の四本（石戸蒲桜、三春の滝桜、狩宿の下馬桜、根尾谷の淡墨桜）と共に国の天然記念物第一号に指定された。（このうち山高神代桜（2000年）、根尾谷の淡墨桜（1500年）、三春の滝桜（1000年）を日本三大桜と呼ぶこともある。）

山高神代桜は、指定を受けた時点では樹高13・6m、幹回り13・5m、枝張り南北31m、東西27mもあったことが記録されている。その後一時樹勢が衰えて

山高神代桜

学定寺のイトザクラ

木村の関の桜

神田の大糸桜

王仁塚の桜

いたが、樹木医の治療によって、近年再び勢いをもり返して来て、見事に花をつけるようになっている。この桜の前に立つ人は皆、さすがに花見酒に浮かれるような気分にはならないと見え、「生命」というもののたくましさ、崇高さに打たれ、感動して帰るというのがほとんどのように思われる。ソメイヨシノの群生に酔うのも良いが、日本人なら一度はこの桜に逢ってみるのもいいのではないだろうか。まちがいなく、日本が世界に誇れるものの一つであるのだから。

北杜市は他にもたくさんの名桜が存在するが、山高神代桜の近くに「神田の大糸桜」という樹令350年のしだれ桜がある。これはJR中央線がすぐそばを通っているので、花のころには車窓から見える桜として有名である。広々とした畑の中に一本だけ立っているのでよく目立ち、ピンクの花をたくさんつけた枝がしなやかに垂れ下がって優美な姿を見せてくれる。

韮崎市には国道から見えるところに「わに（王仁）塚の桜」がある。田畑の広がる中に、少しこんもりとした盛り土の塚があり、その上に一本の桜が凛々しく咲く。前方後円墳の形をした墳墓で、日本武尊の皇子、武田王のものとも言われる。樹令は300年と伝えられるが、南アルプス、八ヶ岳など周囲のまだ雪の残る峰々の中央にあって、何者にもおもねることなく、ひとり咲く姿は気高く映る。

その他にも山梨県には姿の美しい桜たちが多く見られるが、古木でいうと、

北杜市	「木村の関の桜」	樹令200年
身延町	「久遠寺のしだれ桜」	樹令400年
南部町	「原間の糸桜」	樹令400年
〃	「本郷の千年桜」	樹令600年
富士川町	「柳川寺のしだれ桜」	樹令430年
甲州市	「雲峰寺の桜」	樹令700年
〃	「慈雲寺の糸桜」	樹令300年
都留市	「阿夫利神社の桜」	樹令400年

〃　「桂林寺の彼岸桜」　樹令400年
などがある。

また、甲府市の「金桜神社のウコン桜」を訪ねると、途中に昇仙峡を通るので、思いがけず観光地の景勝をながめることができる。

鳴沢村の「鳴沢桜」は、まだ樹令は若いが村の人々が大切にしているので、これからの生長が楽しみな桜である。

山梨県の最後に、高名な桜でもなく、皇子や貴人の伝承も持たないけれど、山間にひっそりとしなやかに咲くしだれ桜を遠望したい。山梨市の「乙ヶ妻《おっかづま》のしだれ桜」樹令200年の桜である。小高い丘の上に咲き、そばへ寄ってみるよりも、遠くからそっと見る方が風情がある桜。ある雨上がりの夕方、近くを通った時、霧のむこうに煙るように立って見えたことがあった。その姿が密やかでやさしく、でも心に訴えかける何かを感じて、忘れられない桜となった。

久遠寺のしだれ桜

原間の千年桜

本郷の千年桜

柳川寺のしだれ桜

雲峰寺の桜

慈雲寺の糸桜

乙ヶ妻のしだれ桜

金桜神社のウコン桜

鳴沢桜

桂林寺の彼岸桜

阿夫利神社の桜

桜の名称	所在地	品種	樹齢	見頃時期
阿夫利神社のヒガンザクラ	都留市玉川570	エドヒガンザクラ	400年	4月上旬
桂林寺のヒガンザクラ	都留市金井397	エドヒガンザクラ	400年	4月上旬
鳴沢桜	南都留郡鳴沢村	大山桜	100年	4月中旬
金桜神社の鬱金の桜	甲府市御岳町2347	ウコンザクラ	400年	5月上旬
乙ヶ妻のしだれ桜	山梨市牧丘町室伏	枝垂桜	200年	4月中旬
雲峰寺のエドヒガン	甲州市塩山上萩原2678	エドヒガンザクラ	700年	4月中旬
慈雲寺の糸桜	甲州市塩山中萩原352	枝垂桜	300年	4月中旬
山高神代桜	北杜市武川町山高2763	エドヒガンザクラ	2000年	4月上旬
神田の大糸桜	北杜市小淵沢町松向1904−2	エドヒガン枝垂桜	400年	4月中旬〜下旬
木村の関の桜	北杜市白州町横手2696	エドヒガンザクラ		4月中旬
王仁塚の桜	韮崎市神山町北宮地柳田624	エドヒガン	300年	4月上旬
学定寺の糸桜	南巨摩郡早川町夏秋	枝垂桜	300年	4月中旬
柳川寺のしだれ桜	南巨摩郡富士川町柳川1354	枝垂桜	400年	4月上旬
久遠寺のしだれ桜	南巨摩郡身延町身延3567	枝垂桜	400年	4月上旬
原間の糸桜	南巨摩郡南部町本郷1547	枝垂桜	400年	4月上旬
本郷の千年桜	南巨摩郡南部町本郷3230 旧妙善寺	エドヒガンザクラ	600年	4月上旬

桜の旅――山梨県編

「学定寺の糸桜」・「柳川寺のシダレ桜」・「原間の糸桜」・「本郷の千年桜」・「久遠寺のシダレ桜」への桜旅は

○旅館「慶雲館」

南アルプス山麓の谷間にあり、室内からも早川の渓流が見える。全館かけ流しの温泉給湯。
〒四〇九―二七〇二 山梨県南巨摩郡早川町西山温泉
電話：〇五五六―四八―二一一一㈹

「山高の神代桜」・「神田の大糸桜」・「わに（王仁）塚の桜」・「乙ヶ妻のしだれ桜」・「雲峰寺の桜」・「慈雲寺の糸桜」・「金桜神社のウコン桜」への桜旅は

○旅館「常磐ホテル」

ロビーのむこうに見える広々とした庭のながめが美しい。露天風呂付きの離れも良いが、かつて昭和天皇の来遊時に建てられたという貴松亭の建築が素晴らしい。
〒四〇〇―〇〇七三 山梨県甲府市湯村二―五―二
電話：〇五五―二五四―三一一一

○フレンチレストラン「キュイエット」

北に八ヶ岳、西に南アルプス、そして東南には富士山と、秀麗な峰々に囲まれたぶどう畑の中のレストラン。窓からは遠くまで広がるぶどう畑が見える。
〒四〇七―〇一七四 山梨県韮崎市穂坂町三ツ沢1129
電話：〇五五一―二三―一六五〇

慶雲館

常盤ホテル

キュイエット

桜へのアプローチ

※二〇一六年一月現在の施設のため、予め営業を確認されてからのご利用をおすすめします。

○ホテルの中華レストラン「古名屋ホテル『蘭園』」

オリエンタルな雰囲気の中華レストラン。客室は洋室の他にホテルなのに露天風呂のついた和室もある。
〒四〇〇―〇〇三一 山梨県甲府市中央二丁目七―一五
電話：〇五五―二三五―一二二一

○宿「八ヶ岳ホテル風か」

小淵沢の林間にある。様々なタイプの客室、温泉風呂を備えた和洋室も。館内至る所で楽しんでもらおうとのメッセージが感じられる。レストランやバーはフリードリンク。
〒四〇八―〇〇四四
山梨県北杜市小淵沢町上の原三九八九―一
電話：〇五五一―三六―六四一四

「桂林寺の彼岸桜」・「阿夫利神社の桜」・「鳴沢桜」への桜旅は

○ホテル「サニーデ リゾート」

島津家の別邸跡地に建つ。この場所からの河口湖越しに眺める富士山が、鹿児島市内から見る桜島の風景に似通っていたらしい。コテージもあるが、千一景なら部屋附露天風呂から天気が良ければ絶景の富士山が見える。
〒四〇一―〇三〇五
山梨県南都留郡富士河口湖町大石二五四九―一
電話：〇五五五―七六―六〇〇四

古名屋ホテル

八ヶ岳ホテル 風か

サニーデ リゾートからの眺め

北陸地区

福井県
石川県
富山県

上：石川県　天狗平の御所桜
下：富山県　月訪の桜

上河内の薄墨桜

福井県の桜たち

福井県のうち、かつて越前国であった地方は、桜に関して岐阜の美濃国と関わりが深い。ともに継体天皇に関わる伝承が残っているのである。

福井県側の、

栗田部の薄墨桜（継体天皇の形見）

上河内の薄墨桜（継体天皇お手植え桜）

女形谷の桜（継体天皇一族住居跡）

岐阜県側では、

根尾谷の淡墨桜（継体天皇お手植え桜）

おなみ桜（継体天皇乳母住居跡）

などの伝承がある。これらの伝承の地域を地図上で見ると比較的近いところに固まっているので、民俗学的に古代の伝承や事実関係を両県で実証研究する機会もあろうと思うので、今後の研究の成果に期待することとして、ここでは福井県の桜の伝承だけに照準をあててみたい。

越前市の味真野《あじまの》は能「花筐《はながたみ》」の舞台となった里として知られている。照日《てるひ》の前《まえ》と共に味真野で静かに暮らしていた男大迹《おおどの》（大迹）皇子は、前帝武烈帝の急死によって、急遽皇位を継ぐ身となり、都へ上ることとなった。あまりに慌しい出立に、照日の前に別離の言葉をかけることすらできず、痛恨の極みではあったが、朝廷からの使者が急がせるまま、形見の品にと文と花筐（花籠）を残して去った。皇子が継体天皇となったのを知って、照日の前は皇子の跡を追い花筐を携えて都へ上るが、思慕の余りいつしか狂女となってしまう。帝の行列に行き逢っても、供奉の廷臣は照日の前の正体を怪しんで花筐を打ち落とし、帝に会わせないようにするが、花筐に見覚えのあった帝は、狂女が照日の前であることに気付き、めでたく一緒に宮中へもどった。というのが能「花筐」のあらすじである。越前市には「花筐公園」があり、そこはかつて味真野栗田部と呼ばれたところで、公園から山中へ入って行くと継体天皇の形見と言われる「栗田部の薄墨桜」がある。樹令は600年で、昔は平地にあったものを、室町後期、戦国の戦災を恐れたためか、山深いところへ移し植えられたという。その近くには栗田部の薄墨桜の「孫桜」と呼ばれる桜もあり、そちらは朝倉義景の重臣だった朝倉景盛が植えたとされる樹令420年の桜である。これらの桜が薄墨桜と呼ばれるのは、継体天皇が都へ去る際に照日の前に自分の形見として、桜を残して行ったが、その花の色が次第にあせて薄墨色になってしまった。人々はそれを見て、天皇の寵が薄れて行った証と噂したという故事によっている。そしてその桜は「薄墨桜」と呼ばれるようになった。

この他継体天皇、及び花筐にゆかりの桜をあげてみると、越前市では、味真野の児桜という場所に「謡曲『花筐』の桜」なる樹があり、城福寺の境内にも「花筐桜」と呼ばれるエドヒガンザクラがある。また鯖江市上河内の山奥にも継体天皇お手植えという伝承の「上河内の薄墨桜」が谷底に残されていて、土地の人々に大切に守られている。更に坂井市の女《おな》形谷《がだに》というところは、かつては「御名谷」と表記されていたところだそうで、男大迹皇子の一族が住んでいたといわれている。ここの神社には「女形谷の桜」樹令400年がある。「栗田部の薄墨桜」や「上河内の薄墨桜」は相当な山中にあるので、足弱な人にはなかなか見ることのむずかしい桜であるが、「女形谷の桜」は北陸自動車道の「女形谷PA」の近くにあるので、花の時期なら高速道路上からでもその僅かに頭だけ出している桜樹の在りかを探すことができる。

また継体天皇とは直接関係ないが、越前市の味真野にある味真野小学校庭に「味真野の桜」と呼ばれる樹令140年のエドヒガンが立っている。

謡曲『花筐』の桜

城福寺の花筐桜

継体天皇の伝承以外では、福井市の足羽山上に足羽神社があり、その境内に樹令360年といわれるシダレ桜が咲く。傘を広げたような半球状の長い枝ぶりが見事である。

女形谷の桜

上河内の薄墨桜

味真野の桜

一乗谷の朝倉遺跡では旧唐門に沿うような形で一本の桜がある。これも薄墨桜と呼ばれる。織田信長に焼き打ちされて以来、長年荒廃したまま埋もれて来た一乗谷も、近年は発掘が進んで、ほぼ当時の復元がなされるまでになっている。

池田町の山裾には「小白山神社のアサマキザクラ」という樹高が30mもある丈高い桜がある。この桜が咲くころに麻の種を蒔き始めたことからその名があるという。この辺りはイノシシ除けなのか、周囲の畑全部に電線が張り巡らされ、電流も走っているらしく注意書きがある。桜までたどり着けるか不安だったが、さすがに参詣する人もあると見えて、この神社周辺だけは通行可能となっていた。

若狭町の福乗寺は「楊貴妃桜」という名のつややかな八重の桜が本堂の前に咲く。一時樹勢が弱っていたのを、京都の佐野藤右衛門氏に依頼したところ、再び勢いをとりもどしたという。楊貴妃を思わせるような紅桃色の花は、落日の中で妖艶な色を見せていた。

福井県のおしまいは、一本桜ではないが、海に向かって咲く山桜群を紹介したい。若狭湾の常神《ねがみ》半島は、付け根の三方五湖が有名であるが、そこからもう少し先へ行くと、神子という地区へ出る。海沿いの道から視線を山の方へ移して見ると、三月下旬から四月初めであれば、山頂から海へ向かってなだれ落ちるような山桜の群れが見えるはずである。東西1㎞、南北200mに渡る桜の帯、「神子の山桜」という。藩政時代に山の境界木として植えられたものだそうで、その後自然に増え、今では約300本が一斉に咲くという。実は船に乗って海から眺めるのが「通」の見方であるとも聞いた。海の青さに山桜はさぞかし映えよう。私たちが訪れた時には花は終わっていたが、桜若葉が少し前までの花の隊列の形を残していた。山の境界の争いなどという殺伐な話も、桜が「割って入って」くれる。昔の役人は味な裁きをしたものである。

楊貴妃桜

一乗谷朝倉遺跡の薄墨桜

神子の山桜

足羽神社のシダレ桜

小白山神社のアサマキザクラ

桜の名称	所在地	品種	樹齢	見頃時期
楊貴妃桜	三方上中郡若狭町関 福乗寺	サトザクラ	200年	4月中旬
神子の山桜	三方上中郡三方町神子	山桜	250年	4月上旬～下旬
上河内の薄墨桜	鯖江市上河内町83	エドヒガンザクラ	300年	4月中旬
小白山神社跡の麻蒔きザクラ	今立郡池田町月ヶ瀬	エドヒガンザクラ		4月中旬
味真野小学校の桜	越前市池泉町9－1	エドヒガンザクラ	140年	4月上旬
栗田部の淡墨桜	越前市粟田部皇谷	エドヒガンザクラ	600年	4月上旬～中旬
謡曲「花筺」の桜	越前市			
城福寺の花筺桜	越前市五分市町	エドヒガンザクラ		3月下旬～4月上旬
足羽神社のしだれ桜	福井市足羽上町108 足羽山公園	枝垂桜	360年	4月上旬
唐門の淡墨桜	福井市城戸ノ内町 一乗谷朝倉遺跡	エドヒガンザクラ		4月上旬
女形谷の桜	坂井市丸岡町女形谷 白山神社境内	エドヒガンザクラ	400年	4月上旬

桜の旅――福井県編

「栗田部の薄墨桜」・「上河内の薄墨桜」・「小白山神社のアサマキザクラ」・「味真野のサクラ」・「能『花筐』の桜」・「城福寺の花筐桜」への桜旅は

○旅館「こばせ」

越前海岸の料理旅館。すぐ裏側が岩場で荒い波が打ち寄せるのが見える。作家開高健の常宿だったことで知られ、カニの季節にはメスのせいこガニを使った「開高丼」が名物。

〒九一六-〇三一一
福井県丹生郡越前町梅浦五八-八
電話：〇一二〇-三七-〇〇一八

○ホテルのイタリアンレストラン「鯖江シティホテル」

最上階のレストランからは窓の正面に西山公園が見える。花の時季は公園全体がピンクに染まる。

〒九一六-〇〇二七　福井県鯖江市桜町三-三-三
電話：〇七七八-五三-一一二二(代)

○公共の宿「しきぶ温泉 湯楽里」

平安時代に紫式部が父の赴任先であった越前に滞在。その邸跡とされる紫式部公園の近くにある。温泉棟へは専用のミニケーブルカーで上る。専用庭に露天風呂を備えた部屋もある。

〒九一五-〇八七六　福井県越前市白崎町六八-八
電話：〇七七八-二五-七八〇〇

こばせ

鯖江シティホテル

しきぶ温泉　湯楽里

桜へのアプローチ

※二〇一六年一月現在の施設のため、予め営業を確認されてからのご利用をおすすめします。

「女形谷の桜」・「足羽神社のシダレ桜」・「一乗谷朝倉遺跡唐門の薄墨桜」への桜旅は

○旅館「望洋楼」

東尋坊にも近く、海に臨んで建つ料理旅館。露天風呂の目の前に潮流と波と岩礁が見える。幕末の藩主松平春嶽公にも愛された眺めという。

〒九一三-〇〇五七
福井県三国町米ヶ脇四-三-三八
電話：〇七七六-八二-〇〇六七

○旅館「灰屋」

あわら温泉に古くからの格式を持つ宿で、各部屋が庭に面して、レトロな雰囲気が漂っている。かつての良き時代の日本建築の妙を楽しむことができる。

〒九一〇-四一〇四　福井県あわら市温泉二-二〇五
電話：〇七七六-七八-五五五五

○ホテルの中華レストラン「ホテルフジタ福井『チャイナテーブル』」

個室がたくさん並んでいるので、家族連れにも便利。

〒九一〇-〇〇〇五
福井県福井市大手三-一二-二〇
電話：〇七七六-二七-八八一一

望洋楼

灰屋

チャイナテーブル

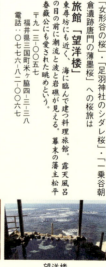

○旅館「あわら八木」

永平寺御用達だとのことで、典座料理というジャンルもある。精進料理を基礎として工夫された八寸など。源泉の露天風呂を備えた部屋もある。

〒九一〇-四一〇四　福井県あわら市温泉四-四一八
電話：〇七七六-七八-五〇〇〇

「楊貴妃桜」・「神子の山桜」への桜旅は

○懐石料理「かどの」

一見したところでは通り過ぎてしまうような住宅地の中にある隠れた名店。風雅な建物と本格的な懐石料理。

〒九一四-〇八一四　福井県敦賀市木崎三八-一五-一
電話：〇七七〇-二五-〇六六六

○公共の宿「水月花」

若狭町営の旅館で、三方五湖の中、水月湖畔にある。モーニングクルーズで朝の湾内一周もできる。専用の船つき桟橋がある。

〒九一九-一四六一　福井県三方上中郡若狭町海山五一-一三
電話：〇七七〇-四七-一二三四㈹

あわら八木

かどの

水月花からの眺め

花筐公園

女形谷の桜

上河内の薄墨桜

小白山神社のアサマキザクラ

福井県の楊貴妃桜

石川県の桜たち

松月寺の大桜

金沢市の寺町を車で走っていると、お寺の塀を突き破って桜の枝がにょっきり飛び出しているのに驚かされる。「松月寺の大桜」またの名を「御殿桜」とも言う。山桜の巨木で、塀の内側にある幹はすでに枯れているが、根元から生えた枝が新たに何本も伸びて、歩道から車道にまで達している。またその枝から下りた根によって本幹の腐朽した部分が支えられた恰好になっている。この桜は、慶安元年（1648）に前田利常から松月寺の二代目住職に下賜されたものという。前田利常は前田家第三代藩主であったが、このころはすでに隠居して、小松城に身をおいていた。そして小松城に咲いていた桜、当時すでに大桜として名高かったというこの桜を金沢まで運ばせ、松月寺に植樹させたというから、樹令は400年ぐらいということになろう。加賀藩では代々この桜を手厚く保護し、藩主の行列でもこの樹下を通る時は桜に敬意を表し、槍を伏せて通行したと伝えられる。江戸中期の儒者室鳩巣《むろきゅうそう》は、この桜を漢詩に詠んで讃えている。

「遊松月寺看桜花

古寺尋春春已残

白桜開尽倚欄干

珠林当昼雲長生

香閣引風雪不寒

樹下人誇冠玉美

仏前僧作雨花看

晩来遊客未帰去

猶夕陽照繍鞍」

兼六園のほぼ中央、千歳橋の付近では「兼六園菊桜」を見ることができる。この樹自体は若いが、親樹は加賀前田家が京都御所から下賜されたものだったそうで、昭和の初めには国の天然記念物に指定されているが、昭和45年に枯死した。枯死してしまう前に接木して種を残そうとした佐野藤右衛門氏の努力の甲斐あって、ここまで成長したのが現在の若樹ということになる。300枚を越える花弁が菊の花のように重なり合って咲くので、菊桜と呼ばれている。

金沢から離れて、「のと里山海道」を一気に北上する。能登町の北河内地区の高台から道を見下ろすような恰好で「天狗平の御所桜」が咲く。樹令は400年とも500年とも言われる。かつてこの辺りには「能登の天狗椀」と呼ばれる古代椀を作っていた木地師の集団があった。彼ら木地師たちは、木地師の祖とあがめる惟喬《これたか》親王の旧居があった近江へ参拝するという風習があり、この桜はそこから苗を持ち帰ったものとされている。惟喬親王といえば、平安初期の文徳天皇の第一皇子で、在原業平の「伊勢物語」にも登場する宮である。第一皇子でありながら、生母が藤原氏でなく紀氏出身であったために、皇位継承に関して不遇の身をかこつことになった。在原業平も父が親王でありながら、妻が紀氏(「伊勢物語」の筒井筒の和歌で知られる)出身であることなどから、藤原氏全盛の世では互いに似たような境遇の下にあったため、交遊を深めて行ったものと思われる。「伊勢物語」八十二段において、惟喬の皇子が桜の季節に山崎の水無瀬を訪れて酒宴を催したことが書かれているが、その時詠んだのが「世の中にたえて桜のなかりせば　はるの心はのどけからまし」という業平の有名な和歌である。また八十三段では、髪をおろして僧体となった皇子を、業平が小野の里まで訪ねて行き、「わすれてはゆめかとぞ思ふおもひきや
　ゆきふみわけて君を見むとは」とも詠んでいる。小野の里において、宮と里人の交流の逸話はたくさん残

天狗平の御所桜

松月寺の大桜

善正寺の菊桜

兼六園菊桜

天狗平の御所桜

されているので、そこから皇子の人柄や、その皇子を悲運の貴人としてあがめ、更にその宮を自分たちにとっても近しい存在として、親しみと共にたてまつった集団があったことが容易に想像される。近江の周辺は古来木地師の里として名高いが、当時大陸から渡来したロクロの技術は、「官製」のものとして宮中に秘され続けていた。惟喬親王が隠栖の日々の中で、つれづれに民へその技術を伝承されたという「伝説」が生まれ、近江の君が畑には惟喬親王をまつる神社まで建てられるようになった。近江の木地師たちにとっては自分たちの業《なりわい》の根源に関わる「神」そのものである。農地を持たず、したがって農耕とは無縁で、農耕社会の支配者階級とは無縁のところで生きる特権を持った「山の民人」によって広く伝播され、全国に「惟喬親王は木地師の祖」という伝説が存在するようになって行ったものと考えられる。能登の木地師たちにも同じようにして、その信仰から、年に一度、親王のまつられている近江君が畑へ詣でる習慣が根付いた。そしてその帰途に「御所」から桜の苗を持ち帰り、長い年月を大切に育てて来たものがこの御所桜であったということになる。惟喬親王という、貴種ながら、世にある時は悲運の皇子であった人の名が、桜によって後世までこの能登の地に残って行くというのも、歴史の皮肉の一つであろうか。

その他石川県の古桜、一本桜は、

宝達志水町「善正寺の菊桜」　樹令500年
穴水町「来迎寺の菊桜」　樹令300年
輪島市「本誓寺の阿岸小菊桜」

などの菊桜が能登地方に多く見られ、

加賀市「分校の大山桜」　樹令300年
能登町「上河内のエドヒガン」　樹令100年

毎年律気に花をつけて里人に北国の春を報せる。

桜の名称	所在地	品種	樹齢	見頃時期
善正寺菊桜	羽咋郡宝達志水町所司原テ—30	菊桜	500年	4月下旬
天狗平御所桜	鳳珠郡能登町北河内	エドヒガンザクラ	500年	4月20日ごろ
上河内のエドヒガン	鳳珠郡能登町北河内	エドヒガンザクラ	100年	4月20日ごろ
本誓寺のアギシコギクザクラ	輪島市門前町南カ26乙	アギシコキクサクラ		4月下旬
分校の大山桜	加賀市分校町	大山桜	300年	4月上旬
松月寺の桜	金沢市寺町5—5—52	山桜	400年	4月上旬
兼六園菊桜	金沢市兼六町1—6	菊桜		
来迎寺の菊桜	鳳至郡穴水町大町ヨの109	菊桜	600年	4月下旬

来迎寺の菊桜

本誓寺の阿岸小菊桜

分校の大山桜

上河内のエドヒガン

桜の旅――石川県編

桜へのアプローチ

※二〇一六年一月現在の施設のため、予め営業を確認されてからのご利用をおすすめします。

「松月寺の大桜」・「兼六園菊桜」への桜旅は

○料亭「つば甚」

寺町の通りに面し、松月寺の大桜を真正面に見る。創業宝暦二年と、金沢で最も歴史のある料亭。前身は前田藩のお抱え鍔師とのこと。顧客は芭蕉、伊藤博文、山下清など、古今の名士賓客が並ぶ。伝統の数寄屋建築、座敷のしつらえ、料理、器、客あしらいに至るまで金沢文化を堪能できる。こうした料亭では料理の味だけを楽しむのではその奥深い魅力の何分の一ぐらいしか享受できないことになってしまう。日本料理が世界遺産となった今日、もっともっとその本物の価値を知って自らも楽しみ、かつ海外の人にも知らせてあげるべきと思うがいかがだろうか。

〒九二一-八〇三三　石川県金沢市寺町五丁目一-八
電話：〇七六-二四一-二一八一

○旅館「由屋るる犀々」

犀川のほとり、寺町の段状地にある。大名壁など加賀の伝統的な建築の部屋もあり、窓からは川を隔てて金沢の城下町らしい屋根が広がる。川の上を飛んでいて、時々スイと登って、くるりと回って去って行くとんびの舞も一興。町屋のたたずまいを身近に、金沢の人々の息遣いを感じることのできる宿。

〒九二一-八〇三二　石川県金沢市清川町七-一
電話：〇七六-二八〇-五三三三

○中華レストラン「招龍亭」

和風中華とのことで、建物も部屋の調度も金沢風と言うべきか、和風の雰囲気の中で味わう中華料理。

〒九二〇-〇〇二四　石川県金沢市西念三-五-三五
電話：〇七六-二三三-一五六三

つば甚

由屋るる犀々

招龍亭

○フレンチレストラン「シェ・ヌウ」

高台から金沢の遠景が見える。窓の下が公園でちょうど桜が満開で花の雲に乗ったよう。

〒九二〇-〇九四六　石川県金沢市大桑町カ三九二
電話：〇七六-二二九-四八一一

「天狗平の御所桜」・「善正寺の菊桜」・「来迎寺の菊桜」・「本誓寺の阿岸小菊桜」・「上河内のエドヒガン」への桜旅は

○旅館「百楽荘」

九十九湾に面して建つ。岩をくりぬいて造ったという洞窟風呂があったり、釣りのできるテラスがあったり、様々な楽しみ方ができる。

〒九二七-〇五五二
石川県鳳珠郡能登町越坂一一-三四
電話：〇七六八-七四-一一一五

○公共の宿「のとじ荘」

すぐ前の海に見附け島が見え、ベランダに出ると潮騒と潮風。能登の多種多様な海の幸。かけ流しの温泉や露天風呂を備えた部屋もある。

〒九二七-一二二二
石川県珠洲市宝立町鵜飼一-三〇-一
電話：〇七六八-八四-一六二一

シェ・ヌウ

百楽荘

のとじ荘

○公共の宿「のときんぷら」

正式名は「能登勤労者プラザ」というらしい。かつて皇族も宿泊されたという部屋からは、庭のむこうに九十九湾も見える。

〒九二七—〇五五二　石川県鳳珠郡能登町越坂一一—五一

電話：〇七六八—七四—〇〇五一

○フレンチレストラン「ラトリエ・ド・ノト」

輪島の朝市通りからほど近いところにある。古民家を改造したレストラン。能登の地の食材を使ったやさしく美しいフレンチ。

〒九二八—〇〇〇一　石川県輪島市河井町四—一四二

電話：〇七六八—二三—四四八八

○旅館「多田屋」

七尾湾に臨む広い窓の下も、部屋付露天風呂のすぐ横もひたひた波を間近に見る。茶道具を全て揃えた茶室を持つ客室もある。

〒九二六—〇一七四　石川県七尾市奥原町三—二九

電話：〇七六七—六二—三四三四

のときんぷら

ラトリエ・ド・ノト

多田屋

「分校の大山桜」への桜旅には

○旅館「胡蝶」

山中温泉の館内に私設の美術館を持つ。湯上がりのほてった体でも系統立った九谷焼の歴史が学べる。大浴場の露天風呂に流れて来る山中節の哀調を帯びた声と三味線に耳を傾けていたら、すっかり長湯をしてしまった。

〒九二二—〇一二六　石川県加賀市山中温泉河鹿町ホの一番地

電話：〇七六一—七八—四五〇〇

○旅館「べにや無何有」

山代温泉の薬師山の山中に建ち、周囲は深い緑。客室の窓からも木々が見え、静か。紙と木の壁の他、室内に多くが配されず、侘びた感覚の造り。全客室に露天風呂が備わっている。

〒九二二—〇二四二　石川県加賀市山代温泉五五—一—三

電話：〇七六一—七七—一三四〇

胡蝶

べにや無何有

石川県のシェ・ヌウ

富山県の桜たち

月訪の桜

奈良時代の「万葉集」の編纂で名高い大伴家持は、天平十八年（746）二十九才の時越中守に任ぜられて、今の富山県高岡市にある国府の館へ赴任した。富山県において今日に至るまで伝えられている大伴家持の事跡、足跡は、五年間という在任期間を考えると決して少なくはない。当時の国司は慣習として年一回国中を視察して、民意を聞いたり、税務関係をこなしたりすることになっていた。家持も例外ではなかったが、ただ家持の場合、訪ねた先々で作られた歌が旅日記のようにして「万葉集」に組み込まれて行った。それが記録となり、越中の国に明らかな伝承として残って行ったと考えられる。桜に関しても、少なくとも二カ所に家持の伝承が残されている。黒部市の「月訪《つきとい》の桜」、そして氷見市の「駒つなぎの桜」の二本である。

「月訪の桜」は黒部市宇奈月町の鶏野神社の境内にある。大伴家持のお手植えといわれ、かつては樹高も20m、幹回り7mもあるエドヒガンの大木だっ

たが、昭和七年九月の台風で倒木してしまった。現在の樹はその古株から芽を出したひこばえであるという。樹のそばに、

「鶏の音も聞こえぬ里に夜もすがら
　月よりほかに訪ふ人もなし」

という歌碑が建てられて、その歌の由来を記した石碑も一緒に並んでいる。それによると、大伴家持が巡行の途中この辺りまで来ると日が暮れたので、一夜の宿を求めて神社にこの歌を奉納したのだという。翌朝鶏の声がしたので、この地を「鶏野」と呼ぶようになったとも記されている。ひこばえとは言え、現在の樹も幹囲は4mもあるので、「月訪の桜」の名に恥じぬ風格を持つ桜である。

氷見市の「駒つなぎの桜」の方は栗原地区の民家の裏手、こんもりとした土が盛られた場所に咲く。樹令は450年といわれ、樹のそばに満開時の写真入りの説明板がある。かつてこの辺りは潟湖であった。国司としての能登巡行（その当時は能登も越中に含まれていた）のため、馬に乗ってやって来た家持は、ここからは陸路でなく海路をとった。そのために乗って来た馬をこの樹につないでおき、また帰りにここから馬で国府へもどったと言われている。何度か枯れそうになりながらも、その都度治療によって樹勢が回復したという。ただ残念なことにこの駒つなぎの桜も、その周囲に若木が植えられて、それが成長し、事情を知らない人だと若木の華やかな方を駒つなぎの桜とカン違いしてしまうとも聞いた。古木ではあるが（古木であるだけに）あまり見ばえがしないような桜の場合、けっこうあちこちでこうした悲喜劇が見受けられる。

足かけ六年の在任期間を終えて、大伴家持は天平勝宝三年（751）に少納言となって越中を去った。この間に作られた歌は223首。実は家持の「万葉集」における全歌の数473首の約半数が越中時代に作られたことになる。都にあれば大伴氏の一族の長として、天平時代の政争の嵐の中を泳がねばなら

なかった家持にとって、越中は都から見れば片田舎とは言え、政争を避け、詩境に浸るには恵まれた地であったのかも知れない。家持の生涯を大きく見ても、この時代が一番官人としても歌人としても輝ける時であって、都へ帰り様々な雑事の隙間に、ふとあの氷見の海岸から見晴らした立山風景が家持の心を占めたような気がするのであるが…。

この他、富山県の古い桜たちを見ると、

氷見市の「余川古寺の桜」樹令300年、中世の古寺院の跡とされる。

黒部市の「明日の大桜」は樹令600年とも言われている。宇奈月町の法福寺境内にあり、この桜が

月訪の桜

駒つなぎの桜

余川古寺の桜

向野の桜

明日の大桜

咲くころには奉納殿で無形文化財にも指定されている稚児舞が奉納される習わしになっている。遠い昔から嘉例として、さぞかし絵になる風景と思われる。

絵になる桜といえば南砺市の「向野の桜」があげられる。旧城端町の山田川の土手に立ち、川面へ身を乗り出すようにして花をつける。樹令は１５０年、淡紅のやわらかな花の色に残雪の山が背景をなす。見る人の胸に清々しさをもたらしてくれる桜である。

見晴らしの良いのは朝日町の「清水寺《セイスイジ》のエドヒガン」。樹令３００年の桜で、清水寺は京都の「清水《きよみず》寺《でら》」と同系統で大同年間の創建とも伝えられる古刹である。戦国時代に上杉の戦火で焼かれた後、江戸時代に再建されたという。高台にあるので、眼の下に富山平野が広がり、富山の海が霞んで見える。

南砺市の山の斜面に木々に囲まれて咲く「院瀬見のエドヒガン」。この桜の花のつき具合でその年の稲の豊凶を占ったとされる。樹令３００年。

富山市の山すそにある「鎌倉八幡宮の大桜」。参道の階段脇にスックと立つ姿が凛々しい桜。この桜も樹令３００年。

今はこちらも合併して富山市となったが、八尾町の「聞名寺の老桜」。聞名寺はかつては毎年風の盆の晴れ舞台として、本堂で各町内の踊り手が披露したものであった。境内から町筋の通りの方まで枝を伸ばしている。太い幹を見ると、暗闇のむこうで、風の盆のあの哀愁を帯びた三味線の音色がかすかに聞こえるような気がする。

桜の名称	所在地	品種	樹齢	見頃時期
明日の大桜	黒部市宇奈月町明日８３６ 法福寺	エドヒガンザクラ	６００年	４月中旬
月訪の桜	黒部市宇奈月町浦山１９５０ 鶏野神社	エドヒガンザクラ		４月上旬
清水寺のエドヒガン	下新川郡朝日町南保４７４０	エドヒガンザクラ	３００年	４月上旬
聞名寺の老桜	富山市八尾市今町１６６２			４月上旬
鎌倉八幡宮の大ザクラ	富山市山田鎌倉字宮ノ下	エドヒガンザクラ	３００年	４月上旬
向野の桜	南砺市野口	エドヒガンザクラ	１００年	４月中旬
院瀬見のエドヒガン	南砺市院瀬見	エドヒガンザクラ	３００年	４月中旬
駒つなぎ桜	氷見市栗原湊１０００	エドヒガンザクラ	４５０年	４月上旬
余川古寺の桜	氷見市余川７３２６	エドヒガンザクラ	３００年	４月上旬

向野の桜

清水寺からのながめ

清水寺の桜

鎌倉八幡宮の大桜

聞名寺の老桜

院瀬見のエドヒガン

桜の旅——富山県編

桜へのアプローチ

※二〇一六年一月現在の施設のため、予め営業を確認されてからのご利用をおすすめします。

「明日の大桜」・「月訪の桜」・「清水寺のエドヒガン」への桜旅は

○旅館「延楽」

黒部川の瀬音と共に入る露天風呂。目の前は黒部渓谷に連なる切り立った山肌。山桜もところどころに見える。

〒九三八−〇二八二　富山県黒部市宇奈月温泉三四七−一
電話：〇七六五−六二−一二一一㈹

「聞名寺の老桜」・「鎌倉八幡宮の大桜」・「駒つなぎの桜」・「余川古寺の桜」への桜旅は

○ホテルの中華レストラン「富山第一ホテル『白楽天』」

富山城跡公園のすぐ前にあり、川畔の桜もお城の桜も室内に居ながらにして眺めることができる。

〒九三〇−〇〇八二　富山県富山市桜木町一〇−一〇
電話：〇七六−四四二−四四一一

○旅館「うみあかり」

富山湾をへだてて霊山の立山連峰が夕陽に輝いて見える。名高い氷見の「きときと」の魚たち。最上階の客室では室内に露地も待合も設けられていて、茶会もできそう。

〒九三五−〇四二二　富山県氷見市宇波一〇−一
電話：〇七六六−七四−二二一一

延楽

富山第一ホテル　白楽天

うみあかりからの立山

○公共の宿「ひみのはな」

富山湾に臨む。名高い富山の欄間彫刻なども館内で見ることができる。

〒九三五−〇四一一　富山県氷見市姿四〇〇
電話：〇七六六−七九−一三二四

「向野の桜」・「院瀬見のエドヒガン」への桜旅は

○ホテル「桜ヶ池クアガーデンホテル」

登山をする人たちのために、ホテルに隣接する敷地内にクライミングセンターがあり、山岳登山訓練用のクライミングウォールがある。砺波平野の雄大な眺め。東海北陸道のSAにつながっているので、往き帰りに寄ることができて便利。クアハウスも附属。

〒九三九−一八三五　富山県南砺市立野原東一五一四
電話：〇七六三−六二−八一八一

○オーベルジュ「薪の音」

南砺市は広大な水田地帯の中に屋敷林を備えた伝統的な家屋敷が点在する。典型的な「散居村」で、田に水が入った時は、まるでどの屋敷も海に浮かんだように見える。延々と水面が広がる中に瓦屋根、白壁、石垣、漆黒に塗られた板壁、土蔵などが続く、そんな風景の中に、古民家を改造したオーベルジュ。昔のままの里の自然が目にやさしい。

〒九三九−一八四四　富山県南砺市野口一四〇
電話：〇七六三−六二−三二五五

ひみのはな

桜ヶ池クアガーデンホテル

薪の音

関東地区

神奈川県
東京都
千葉県
埼玉県
群馬県
栃木県
茨城県

上：群馬県　行人塚の芋うえ桜
下：栃木県　親鸞上人お手植桜

神奈川県の桜たち

長興山紹太寺のしだれ桜

もう二十年ほど前のことになろうか。小田原からタクシーを飛ばして紹太寺《しょうたいじ》の裏山へ上って行くと、畑の中のやや広くなった所にその桜が立っていた。「長興山紹太寺のしだれ桜」樹令300年。平日の夕方のことで見物する人はほとんどいない。夕陽の中に、ややピンクがかった花が妖しく長く枝垂れている。一本の桜の樹というより、何だか美しい生き物がそこにいて、一瞬目を放したとたん、あでやかな衣装をつけたまま天空の中へふわりと飛び去って行ってしまいそうな、そんな魔性を感じさせる魅力にあふれていた。その後数年経って同じ場所を再訪してみたが、タクシーは乗り入れ禁止。桜の周囲は公園化されてしまい、にぎやかではあるが、もうあの妖しい輝きに満ちた姿は見えなくなっていた。この桜、江戸時代に第二代の小田原藩主であった稲葉正則が、一族の菩提寺として長興山紹太寺をこの地へ移転させた時に植えられたものという。稲葉正則は春日局の孫に当たり、寛文九年（１６６９）父母と祖母春日局を弔うために宏大な寺域の中に一本のしだれ桜を植えたと伝えられる。あれ以来、私自身は紹太寺の桜にはずっと御無沙汰を続けている。現実の姿を見に行くよりも、昔の夕陽の中で見たあの時の印象を、大切にしまっておきたい気がするからである。

小田原から南足柄市の山の方へ入り、矢倉沢という所まで行くと「金太郎の生家」がある。金太郎はおとぎ話と思われていることが多いが、レッキとした実在の人物である。平安時代後期の坂田金時という武士。源頼光の四天王の一人として活躍したといわれている。源頼光といえば能「土蜘蛛」にも登場するが、大江山の酒呑童子の征伐などの鬼退治で名高い武将である。その四天王の一人であれば、幼時から怪童として知られた坂田金時は、大江山でも随分とその怪力を披露したことであったろう。ちなみに四天王とは他に渡辺綱――源融《みなもととおる》の子孫で美男で名高かった――と卜部季武《すえたけ》、碓井貞光をいう。この他に四天王と同格の武士として藤原保昌――和泉式部の夫として有名、自らも歌人だった――があり、源頼光は強い家来をたくさん抱えていたようである。

その金太郎の生家の近くに「矢倉沢の桜」という樹令160年のヤマザクラがある。現在はその樹の近くまで行くことは困難となっているらしいが、花の時期には遠くからもそれと認められると聞いた。五月人形の金太郎さんを思い浮かべながら、金太郎生家を訪ねるついでに、桜の影を探してみるのはいかが。

そこから北上して、山北町の鎌倉時代の古い街道の跡を訪ねると、山中へかなり入ったところに源頼朝の伝承を持つ桜がある。「都夫良野の頼朝桜」と呼ばれ、樹の傍らの説明板には、源頼朝がこの街道を通った時杖にしていた桜の木を地中に突きさすと、根付いて大木になったと書かれている。明治十四年の台風によって元木が倒れた後に、そのひこばえが成長して現在見られる樹になったことも書かれていた。
箱根町には、丈はあまり高くないが、樹令100年ほどの「箱根園の大島桜」が、芦ノ湖畔の箱根園の中に白い花を咲かせる。

横須賀市の乗誓寺では、本堂前に二本のしだれ桜が並び、まだ若い樹ながら、おのおのに「十郎桜」「五郎桜」と名前がつけられている。寺伝によるとこの寺の開基了源という人が曽我十郎祐成と大磯の虎女との間に生まれた子に当たるそうで、神奈川県には曽我兄弟にまつわる伝説が多い。兄弟が富士の裾野で仇討を果たした時、虎女は大磯に住んでいたわけであるが、当夜、五月二十八日は雷雨となった。大磯の虎が曽我十郎祐成を思って流した涙であると噂され、それ以来陰暦五月二十八日に大磯付近に降る雨は「虎が雨」と呼ばれるようになった。江戸時代歌川廣重の画くところの東海道五十三次「大磯」の場面でも雨の情景の題名として「虎が雨」と入っている。

横須賀市ではもう一本「常光寺のしだれ桜」樹令125年がある。たくさんの墓石を守るように枝を

矢倉沢の桜

都夫良野の頼朝桜

箱根園の大島桜

乗誓寺のしだれ桜

常光寺のしだれ桜

広げている。

葉山市の「鈴木家のしだれ桜」は、大正天皇が皇太子のころ、馬で何度かこの桜を見るために訪れたことから、別名を「御感の桜」とも呼ばれる。

三浦市にある「櫻の御所の桜」は現在の樹はまだ若いが、この寺のある場所に、かつて鎌倉時代には源頼朝の別荘があって、桜の樹がたくさんあったところから、こう呼ばれているという。

松田市の茶畑の広がる中、民家の庭に「土佐原のシダレ桜」が咲く。樹令は150年。私たちが訪れた時、近所の人たちが寄り合って、そろそろ花見が始まろうとしていた。私たちにも一緒にどうかと声をかけていただいたが、次の桜を日没までに訪ねたかったので、てい重におことわりした。地域の人たちに大切にされている桜は幸せそうに見えた。

秦野市の南小学校には、校庭の中に二本のソメイヨシノが仲良く並んで立っている。樹令110年といわれ、この小学校が開校した時に記念として植えられたものであるらしい。夕景の中に、二本の桜のむこうに富士山のシルエットが赤く染まって見えた。

南小学校から丹沢の山の方へ向かって行くと、白泉寺がある。境内に「白泉寺のしだれ桜」樹令150年が立っている。ここは標高300mの高台なので、天気の良い日には三浦半島、房総半島、相模湾が眺められるそうである。

桜の名称	所在地	品種	樹齢	見頃時期
長興山のしだれ桜	小田原市入生田303	枝垂桜	340年	3月下旬
箱根園の大島桜	足柄下郡箱根町元箱根 箱根園	大島桜	90年	4月下旬
櫻の御所の桜	三浦市三崎1		60年	
土佐原のしだれ桜	足柄上郡松田町寄	枝垂桜	150年	3月下旬
小学校の桜	秦野市今泉609 南小学校	ソメイヨシノ	120年	3月下旬
白泉寺のしだれ桜	秦野市横野397	枝垂桜	120年	3月下旬〜4月上旬
矢倉沢の桜	南足柄市矢倉沢2325	山桜	160年	3月下旬〜4月上旬
都夫良野の頼朝桜	足柄上郡山北町清水	山桜	90年	4月上旬
鈴木家のしだれ桜	三浦郡葉山町上山口1870	枝垂桜	150年	3月下旬
常光寺のしだれ桜	横須賀市長浦町2—86	枝垂桜	125年	
乗誓寺のしだれ桜	横須賀市東浦賀1—77	枝垂桜	50年	

土佐原のシダレ桜

南小学校の桜

鈴木家のしだれ桜

白泉寺のしだれ桜

櫻の御所の桜

桜の旅― 神奈川県編

桜へのアプローチ

※二〇一六年一月現在の施設のため、予め営業を確認されてからのご利用をおすすめします。

「長興山のしだれ桜」・「矢倉沢の桜」・「都夫良野の頼朝桜」・「箱根園の大島桜」への桜旅は

○広東料理レストラン「KONOMA（樹麻）」

小田原城の一角、二宮尊徳を祠る「報徳二宮神社」内にある。窓外にあふれる杜の緑と、一見すると中華レストランらしくないインテリアにちょっと戸惑うほどであるが、本格的、かつ現代的な中華料理を楽しめる。

〒二五〇-〇〇一四　神奈川県小田原市城内八-一〇
電話：〇四六五-二四-三九九〇

○ホテル「宮ノ下富士屋ホテル」

建物のほとんどが登録有形文化財。明治期に建てられた重厚で優美なクラシックホテル。客室には全て温泉がひかれている。

〒二五〇-〇四〇四
神奈川県足柄下郡箱根町宮ノ下三五九
電話：〇四六〇-八二-二二一一

○オーベルジュ「オー・ミラドー」

六本木にあった「ビストロ・ド・ラ・シテ」の勝又登氏が箱根へ移った日本のオーベルジュの草分け。

〒二五〇-〇五二二
神奈川県足柄下郡箱根町元箱根一五九-一五
電話：〇四六〇-八四-七二二九

KONOMA（樹麻）

宮ノ下富士屋ホテル

オー・ミラドー

○旅館「石葉」

奥湯河原の山の手に位置し、窓からは箱根の山の稜線が見える。館内至る所に見られる洗練された花器・花・調度品、紛れもない「茶の精神」が透けて見える。京都の料亭の系譜が感じられる料理とこの土地ならではの素材。

〒二五九-〇三一四
神奈川県足柄下郡湯河原町宮上七四九
電話：〇四六五-六二-三八〇八

○フレンチレストラン「エルルカン・ビス」

大きな窓のむこう、見えるのは竹林のゆらめき。竹の葉の擦れる音。竹の風につわての動きに目を遊ばせながら、ゆっくり楽しむフレンチ。

〒二五九-〇三一四
神奈川県足柄下郡湯河原町宮上七四四-四九
（旧湯河原厚生年金病院）
電話：〇四六五-六二-三六三三

○公共の宿「星ヶ山」

浅い谷間にログハウスが点在。ベランダの露天風呂からは小川のせせらぎとみかん畑が見える。遠くに相模湾の海の色。敷地のすみにかつての「人車鉄道」が展示されている。

〒二五〇-〇〇二四　神奈川県小田原市根府川五九二
電話：〇四六五-二八-一一二二

石葉

エルルカン・ビス

星ヶ山

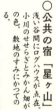

「土佐原のしだれ桜」・「南小学校の桜」・「白泉寺のしだれ桜」への桜旅は

○旅館「鶴巻温泉 元湯陣屋」

鎌倉時代の和田義盛別荘跡に建つ。広大な敷地の中に、かつて黒田藩が明治天皇を迎えるために造ったという「松風の間」を移築。

〒二五七-〇〇〇一
神奈川県秦野市鶴巻北二-八-二四
電話：〇四六三-七七-一三〇〇

○ホテル「大磯プリンスホテル」

相模湾の最奥。三浦半島、伊豆半島、伊豆大島の雄大なながめを、悠々と見渡せる位置にある。

〒二五九-〇一九三
神奈川県中郡大磯町国府本郷五四六
電話：〇四六三-六一-一一一一

鶴巻温泉 元湯陣屋

大磯プリンスホテル

「常光寺のしだれ桜」・「乗誓寺のしだれ桜」・「櫻の御所の桜」・「鈴木家のしだれ桜」への桜旅は

途中観音崎の近くに走水神社があり、日本武尊の東征の時、海が荒れて船が沈みそうになったのを、海神を静めるために后の弟橘媛命が入水したところ。おかげで日本武尊は無事に房総半島へ渡ることができた。東征からの帰途、后を偲び尊は「あづまはや（わが妻よ）」と歌った。そこで東国をあづまと呼び、その地を嬬恋《つまごい》と呼ぶようになったという。

星ヶ山

KONOMA（樹麻）

六義園のしだれ桜

東京都の桜たち

　東京の桜と聞けば、反射的に出てくるのはやはり上野の桜である。上野公園の桜と人の波。そして芭蕉の「花の雲鐘は上野か浅草か」の句がおもむろに浮かんで来る。今はヘリコプターで空中からお花見だってできる時代だから、上野と浅草の桜を同時に目にすることは不可能ではないが、はて芭蕉の時代に、上野と浅草の花を同時に見るとしたら、一体芭蕉はどこからその花の雲を見ていたのだろう。どこか高いところから両方の桜を眺めながら、鐘の音がどちらの方角から響いて来るのかと、小首をかしげているという。そんな長閑な情景を想像したものであった。ところが、どうもそういう話ではないのかも知れない。芭蕉は実はそのころ病に伏せっていて、この句は病中の作らしいのである。幻想湖中（水戸藩士、岡野重成）が記した「芭蕉翁略伝」の中に「病ることありて、庵に籠り給ひ」のすぐあとにこの句が登場している。また蝶夢という江戸中期の俳僧が編集した「芭蕉翁絵詩伝」に「貞享四、卯の年、春も弥生の空、長閑に、うち霞みたる夕暮ならし」という前書のある句なので、芭蕉が聞いた二つの鐘は夕方六時のものだったことになる。貞享《じょうきょう》四年（1687）、四十四才になっていた芭蕉は、江戸深川に居を移し、そのころには静かな隠遁生活を希っていたものの、八百屋お七の火事によって焼け出されたりしてからは、自分の生涯と句作を、旅の中に身を置くことで独自の世界を切り抜き、新しい芭風を確立して行こうとしていたところであった。前年に「野ざらし紀行」の旅からもどっていたが、次の自分のステップ、新境地の確立までにはまだ至らず、病の床の中で様々な不安や迷い、試練への旅へ出たい思いなどが交錯していた時期であったと思われる。そうした時に、障子越しに、夢うつつに聞こえて来た鐘の音。時あたかも桜の季節で、上野の山も浅草の寺も花に覆われて春爛漫の世界となっていることであろう。病で見ることのできない身であればこそ、その幻の花と花が層となって重なり合い、意識の裡に雲として広がって行ったものだろう。あざやかではかなげな幻の花は、やがて鐘の音の余韻と共に、春の夕暮れの情景に溶けるように消えて行った…。

文京区の二本の桜、「六義園《りくぎえん》のしだれ桜」と「小石川後楽園のしだれ桜」は、いずれも樹令は70年と60年でまだ若い桜樹ではあるが、特に六義園の方は花つきも良く、華麗な感じで見物客も多い。

それから品川区に二本の桜がある。「清岸寺の桜」は白金台に近く、大崎地区にある。桜は山門を入ってすぐ左側にあり、足もとに小さな石碑が建っている。それに由ると、この桜は祐天上人のお手植えとのこと。祐天上人は五代将軍綱吉や、その生母桂昌院の帰依を受けた高僧であり、増上寺の法主《ほっす》もつとめ、目黒の祐天寺の地名の因《もと》ともなっている。あまり背の高い桜ではないが、幹囲の方は3mを越して風格がある。樹令250年の、都内では珍しい古木で、この近辺の寺では唯一戦災を免れたとされる。祐天上人は呪力の霊験あらたかで有名だったそうなので、戦火もその呪力で防いだのかも知れない。

同じく品川区西光寺は、江戸時代には桜の名所として知られたそうで、「醍醐桜」と呼ばれる老樹が境内にあったらしいが、明治の火災で焼けてしまったという。現在残っているのは「兒桜《ちござくら》」と呼ばれる一本だけである。樹令は100年。根元から何本かに分かれて幹が伸び、大きく枝が広がっている。満開時には境内にいっぱいの花で埋め尽くされるらしい。

さて、次に青梅まで足を伸ばせば古い一本桜で知られた金剛寺、梅岩寺の二カ寺がある。金剛寺は実は桜よりも、青梅の地名のもととなった「平将門の梅」で有名な寺なのであるが、境内にあるしだれ桜と、

小石川後楽園のしだれ桜

西光寺の兒桜

清岸寺の桜

金剛寺のしだれ桜

梅岩寺のしだれ桜

光厳寺の山桜

梅岩寺のしだれ桜は姉妹の桜と言われている。樹令はともに150年とされる。梅岩寺は金剛寺の末寺だそうで、境内には二本のしだれ桜があるが、山側にある方が人気が高いものの、青梅市の天然記念物に指定されているのは山門の近くにある方のしだれ桜なのだそうである。両寺はJRの青梅駅からも近く、花の時期には桜めぐりの人が引きもきらず訪れている。

青梅市から近いところにあるあきる野市と八王子市には、両市ともたくさんの寺院があるが、各境内に桜の姿を見ることが多い。

その中で古木の筆頭と目されるのは、あきる野市にある「光厳寺の山桜」である。秋川渓谷の方へ進んで行くと、急坂を登ったところに光厳寺があり、山の斜面に他の山を見下ろすような恰好で桜が立っている。400年の樹令にふさわしく、太い幹も横に広げた枝も堂々として威厳がある。都内のソメイヨシノが散ってから咲くこともあって、ここまでは花見の客もあまり登ってこないようである。

八王子市の心源院には樹令300年といわれるしだれ桜がある。昭和二十年の八王子大空襲で、この寺は七堂伽藍がすべて焼失したそうで、本堂の前にあったこの桜も焙るように戦火に焼かれたらしい。ところが、幹の内部は空洞になってしまっているのに、この桜は強い生命力で生き永らえ、春にはまた見事に再生した花が境内でほほ笑む。この寺はまた、戦国末期に武田信玄の娘松姫が出家した寺としても知られている。松姫は永禄四年（1561）生まれ、信玄の六女で、母は側室の油川氏であった。同じ母からの兄弟姉妹も多く、仁科盛信、葛山信貞、真理姫、菊姫（上杉景勝正室）がある。七歳の時、政略結婚のため、織田信長の嫡男織田信忠（11才）と婚約する。ところが元亀三年（1572）に三方ヶ原の戦いが起こり、武田家と織田家は敵対関係となり、婚約も解消されてしまった。信玄が亡くなって、異母兄の勝頼が家督を継いだ後は、松姫は兄の仁科盛信を頼って高遠の地へ移ったが、天正十年（1582）織田勢との戦いに敗れて武田家は滅んでしまった。この時の織田方の総大将は皮肉なことに織田信忠であった。松姫は武田一族の残った幼い姫たちを連れて逃亡の旅の末、国境の峠を越えて八王子まで逃れた。八王子で心細い日々を送っていた松姫のもとへ、ある日織田信忠から使いが来る。松姫を忘れかねていた信忠（政略結婚には珍しく、文通などを経て相思相愛だったと伝えられる）は、現在の松姫の身を案じ、迎えを寄こして来たのである。生涯を信忠の心の妻として過ごすつもりであった松姫は喜び、信忠に会いに行こうとした。けれどもその旅の途中まで来た時に、六月二日本能寺の変が起こり、信忠は二条城で自刃してしまう。その年の秋、二十二才の松姫は心源院へ入り、出家して信松尼となった。八王子の町の中へ移り、寺子屋で近所の子供たちに教えたり、養蚕の収入などで、一緒に逃れて来た幼い姫たちを育てて行った。八王子在住の千人同心（徳川家康によって武田の遺臣たちを中心に取り立てられた甲州警備の地侍。この時から徳川家の恩

光厳寺の山桜

心源院のしだれ桜

平尾の桜

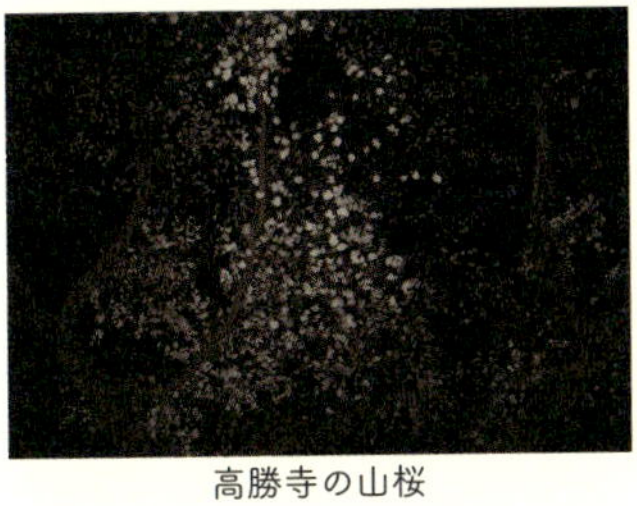
高勝寺の山桜

を奉じる心が代々厚く、この系譜から幕末の新撰組の近藤勇や土方歳三などが出た）からも松姫は心の支えとして慕われたという。江戸時代になって、かつての武田の家臣でもあった大久保長安が八王子代官になると、松姫たちに草庵を作ったりして支援するようになり、徳川家康も、信玄の姫が八王子にいて困窮の暮らしをしていると知ると、寺領を与え、折にふれて消息を送ったりしたという。なお、松姫は、二代将軍の隠し子で会津藩初代藩主となった保科正之（正室の於江の方に遠慮して正式には秀忠の子としては認められなかった）を誕生後にすぐ預かり、異母姉の見性院と共に姉妹で見事に養育したことも、有名な（？）歴史の裏話の一つである。

世田谷に近い稲城市にも古い桜がある。樹令は不明ながら、「平尾の桜」は農家の裏手、小高くなったところに小さな祠があり、その横に立つ。近くにまで寄ることがむずかしい場所にあるが、道路から眺めても、なかなか威風の感じられる桜である。

また同じ稲城市の「高勝寺の山桜」は樹令200年で、市の保存樹に指定されている。

桜の名称	所在地	品種	樹齢	見頃時期
梅岩寺のしだれ桜	青梅市仲町235	枝垂桜	150年	4月上旬
金剛寺のしだれ桜	青梅市青梅1032	枝垂桜	150年	4月上旬
光厳寺の山桜	あきる野市戸倉2102	山桜	400年	4月中旬
真城寺のしだれ桜	あきる野市上代継344	枝垂桜		3月下旬
宝清寺のしだれ桜	あきる野市小川101	枝垂桜		3月下旬
地蔵院のしだれ桜	あきる野市雨間1101	枝垂桜		3月下旬
平尾の桜	稲城市平尾1－2－1			3月下旬～4月上旬
高勝寺の山桜	稲城市坂浜551	山桜		3月下旬
正福寺の山桜	八王子市上川町377	山桜		4月中旬
心源院のしだれ桜	八王子市下恩方町1970	枝垂桜	300年	
浄福寺のしだれ桜	八王子市下恩方町3259	枝垂桜	150年	3月下旬
金南寺のしだれ桜	八王子市西浅川町139	枝垂桜		3月下旬
大光寺のしだれ桜	八王子市初沢町1352	枝垂桜	400年	3月下旬
大光寺のエドヒガン	八王子市初沢町1352	エドヒガンザクラ	200年	3月下旬
高楽寺のしだれ桜	八王子市狭間町1868	枝垂桜	200年	3月下旬
興福寺のしだれ桜	八王子市東浅川町754	枝垂桜	230年	3月下旬
廣園寺のしだれ桜	八王子市山田町1577	枝垂桜	200年	3月下旬
廣園寺の山桜	八王子市山田町1577	山桜	300年	4月上旬
圓通寺のしだれ桜	八王子市高月町1158	枝垂桜		3月下旬
清岸寺の桜	品川区上大崎1－5－15	サトザクラ	250年	3月下旬
西光寺のちご桜	品川区大井4－22－16		100年	3月下旬
六義園のしだれ桜	文京区本駒込6－16－3	枝垂桜	70年	3月下旬
小石川後楽園のしだれ桜	文京区後楽1－6－6	枝垂桜	60年	3月下旬

真城寺のしだれ桜

興福寺のしだれ桜

金南寺のしだれ桜

宝清寺のしだれ桜

廣園寺のしだれ桜

大光寺のしだれ桜

地蔵院のしだれ桜

正福寺のしだれ桜

廣園寺の山桜

大光寺のエドヒガン

圓通寺のしだれ桜

高楽寺のしだれ桜

浄福寺のしだれ桜

桜の旅——東京都編

桜へのアプローチ

※二〇一六年一月現在の施設のため、予め営業を確認されてからのご利用をおすすめします。

「金剛寺のしだれ桜」・「梅岩寺のしだれ桜」
あきる野市の桜たち八王子市の桜たちへの桜旅には

○懐石料理店「うかい竹亭」
八王子の高尾山の麓。離れ座敷が小川に添って点在する。
〒一九三-〇八四六　東京都八王子市南浅川町二八五〇
電話：〇四二-六六一-八四一九(代)

○ホテルの中華レストラン「フォレストイン昭和館　花林」
ロビーからもレストランからも森、花々、池が見える。
美しい緑の中で供される中華料理。
〒一九六-八六〇一　東京都昭島市昭和の森
電話：〇四二-五四二-一二三四(代)

○ホテル「おくたま路」
三方を多摩川のせせらぎに囲まれている。室内からも、大浴場からも、レストランからも清流が見える。
〒一九八-〇一七一　東京都青梅市二俣尾二-三七一
電話：〇四二八-七八-九七一一(代)

「平尾の梅」・「高勝寺の桜」への桜旅は

○フレンチレストラン「シェ　松尾　成城店」
小田急線成城駅の上にあり、交通が便利。
レストランの前にあるガーデン越しの眺めが美しい。
〒一五七-〇〇六六　東京都世田谷区成城六-五-三四
電話：〇三-五四二九-一一三一(代)

うかい竹亭

昭和館　花林

おくたま路

シェ　松尾　成城店

「六義園のしだれ桜」・「小石川後楽園」・「清岸寺の桜」・「西光寺の兒桜」への桜旅は

○ホテル「山ノ上ホテル」
ホテルの規模に比してレストランの数が多い。かつて文士たちが滞在した名残りもそこかしこに見える。ミニクラシックホテル。中でも四〇三号室の庭つきスイートの居心地が良い。
〒一〇一-〇〇六二　東京都千代田区神田駿河台一-一
電話：〇三-三二九三-二三一一(代)

○ホテル「目黒雅叙園ホテル」
同じ泊まるなら、冒険のできる発見にあふれたホテルも楽しい。百段階段を登るとたくさんの魅力がある。
〒一五三-〇〇六四　東京都目黒区下目黒一-八-一
電話：〇三-三四九一-四一一一(代)

○精進料理「醍醐」
精進料理の中でも洗練された懐石料理風の料理としつらえ
〒一〇五-〇〇〇二　東京都港区愛宕二-三-一
電話：〇三-三四三一-〇八一一(代)

山ノ上ホテル(提供)

目黒雅叙園ホテル

懐石料理　醍醐

千葉県の桜たち

吉高の大桜

印西《いんざい》市の印旛《いんば》沼《ぬま》近く、旧印旛村の畑地の中に、大きな大きな山桜が咲く。球を半分に割ったような形に大きく枝を広げて、淡いピンクの花をつけると、まるで白い小山のように見える。幹回り6・7m、枝張り25mの「吉高の大桜」、樹令は300年と伝えられる。花のころになると早朝から人が繰り出し、カメラマンが列を作る。この桜は見事な半球状の形の良さで有名であったが、近ごろは台風などで多少形が崩れて来ているらしい。とは言え、満開時の、こんもりとお椀を伏せたような形に咲きほこる壮麗さは、千葉県では随一、関東地方でもこれだけの大樹はなかなかお目にかかれない。ただしこの桜、花期が短いことでも有名で、咲いたかと思うとすぐ散ってしまう。なかなか満開に当たることがむずかしいという短い命の花であるが、やはり一度は会っておきたい桜である。

流山市では清龍院の中に樹令400年のしだれ桜が咲く。

市川市の「弘法寺のしだれ桜」もやはり樹令400年の古木である。地面に届くほどまで長く伸びた枝に、滝の水のようにたくさんの花がつき、こちらには「伏姫桜」という名が付けられている。滝沢馬琴の「南総里見八犬伝」にも登場する、里見氏の本拠が市川市付近であったため、その伏姫の名をとってつけられたものらしい。またこの寺は正式名称を「真間山弘法寺」という。この辺りは万葉の時代には真間の入り江と呼ばれた所で、弘法寺の参道を降りてすぐの所に真間の手児奈が祀られている。「万葉集」の中でも歌われ、後世の日本舞踊の題材となったり、和歌にも詠まれる「真間手児奈《ままのてこな》」とは、古代にこの辺りに住んでいた美しい娘の名である。その美しさの故に、たくさんの求婚者が現われて、男たちの間に争いが起こるまでになったのを悲しんで、入り江に身を投げて死んだとされる。その故事を知った僧行基によって、菩提を弔うために建立されたのが弘法寺であり、近くの橋には手児奈橋、通りには手児奈橋通りなどと付けられている。

四街道《よつかいどう》市の「福星寺のしだれ桜」樹令360年は、徳川家康の伝承を持った桜である。元和元年（1615）に家康がこの辺りまで鷹狩りに来た時、福星寺の親寺である金光院へ立ち寄ったことがあった。その寺の桜を珍しい樹だと賞めた家康が、長い時間を桜の幹に手をかけて見入っていたというので、その桜樹は「お手かけの桜」と呼ばれるようになった。金光院から株分けされて植えられたのが、現在の福星寺にあるシダレ桜であるという。

匝瑳《そうさ》市の「黄門桜」の方は水戸黄門として名高い徳川光圀の伝承を持つ。元禄十二年（1699）光圀が飯高を訪ねた時、佐原市から飯高寺までの街道沿いに桜を植えて、並木を作るようにと命じたそうである。中でもこの黄門桜は、その時に水戸光圀がお手植えしたものとされている。樹令は300年。かつては人の往き来の多い街道筋にあった桜であるが、今では畑の中に取り残された恰好になっている。

福星寺のしだれ桜

清龍院のしだれ桜

黄門桜

弘法寺の伏姫桜

それでも毎年元気に花をつけるという。
香取《かとり》市の「沢の大桜」は樹令300年。以前は街道の脇に咲いていた桜であるが、道路が拡張されたことによって、道の中央に残ってしまった。いわば桜の大木が中央分離帯の役割で、樹の両側は上下線に分かれている。本当は伐ってしまいたかったというのが、工事関係者の本音であろうが、何らかの事情で、伐られるところを助かった例と思われる。すぐ近くに道の駅があり、車の往来も多いところなので、今後排気ガスなどの影響がどうなるのか、ちょっと心配な桜である。
それから古いところでは、東金《とうがね》市に800年の樹令を持つエドヒガンがある。現在の樹は三代目だそうで、さほど古そうには見えないが、初代の樹には西行法師の伝説がある。平安末期、平重衡《しげひら》によって焼き打ちされ、炎上した奈良の東大寺と興福寺の再建のため、西行が奥州の藤原秀衡のところへ資金援助を依頼に行く途中、この地を通った。西行は千葉周辺の山辺赤人と小野小町の旧跡を訪ねようとしていたところであったが、地名を見ると山田村とある。自らの故郷と同じ地名であることに因縁を感じた西行は、背に負っていた貴船大明神を降ろし、ここに社を勧請した。そして、京を出る時から使って来た杖、それは深草の墨染桜の枝を杖に仕立てたものであったが、その杖を勧請した社の傍に立てて歌を詠んだ。

「深草の野辺の桜木　心あらば
　またこの里にすみぞめに咲け」

実はこの歌には本歌がある。「古今和歌集」に入っている上野岑雄《みねお》が友人の藤原基経の死を悼んで詠んだ歌で、

「深草の　野辺の桜し　心あらば
　今年ばかりは　墨染めに咲け」

それを踏まえてのことなので西行は「また」という表現を使ったわけである。そして、京の深草の墨染桜が、その年に本当に墨染め色に咲いたと同じように、西行の墨染桜も山田の里に根付き、大木となって今日に至っているということになる。墨染桜という名の由来については、最初は桃紅色のものが、次第に紅白色となり、そのうち散らずに墨を刷いたように黒く見えるようになるからと言われている。また、墨染め色が喪の色であるからということで、墨染桜が咲くのは、服喪の心の現われという意味にもなろう。この時の西行が、墨染桜を咲かせて哀悼の意を表わしたかったのは誰に（何に）向けてのことであったのか、その点は謎の残るところである。大仏再建の悲願の旅なのだから、焼けてしまった大仏や寺院へ対する心なのか、それともその時期に故郷で亡くなった人がいたということなのか、それとも……？　なお、この「山田の墨染桜」は千葉東金道路の東金ＩＣ料金所のすぐそばにあるので、花期には東金ＩＣを出入りする車からもあるいは見えるかも知れない。

東金市には墨染桜の他にも「本松寺のしだれ桜」

樹令100年があり、またかつては「願成就寺のしだれ桜」も華やかに春を彩っていた。今はもう折れてしまって、境内からその姿を消したらしいが、2006年に私たちが訪れた時はまだ元気で、境内いっぱいに枝を広げて咲いていた。これはその時の写真である。

その他、長南町の笠森観音堂の境内にも樹令800年の「金剛桜」というウワミズザクラがあり、君

山田の墨染桜

本松寺のしだれ桜

沢の大桜

願成就寺のしだれ桜

笠森観音堂

金剛桜

津市の成願寺には樹令100年のしだれ桜が咲く。

山武《さんむ》市の「妙宣寺のしだれ桜」と「長光寺のしだれ桜」はおのおの200年と300年の樹令を持つ。

最後に長柄町にある「秋元牧場の山桜」、樹令は150年。牧場の中にあるので、馬がのんびりと草を喰んでいる姿と一緒にながめられる。こちらも花期は短いらしく、やはり「幻の桜」と呼ばれているとか。

成願寺のしだれ桜

長光寺のしだれ桜

妙宣寺のしだれ桜

秋元牧場の山桜

桜の名称	所在地	品種	樹齢	見頃時期
吉高の大桜	印西市吉高930	山桜	200年	4月上旬
福星寺のしだれ桜	四街道市吉岡 福星寺	枝垂桜	360年	4月上旬
弘法寺の伏姫桜	市川市真間4―9―1	枝垂桜	400年	3月下旬
清龍院のしだれ桜	流山市名都借1024	枝垂桜	200年	3月下旬～4月上旬
山田墨染桜	東金市山田325	エドヒガンザクラ	800年	3月上旬
本松寺のしだれ桜	東金市松之郷1258―1	枝垂桜	100年	3月中旬～下旬
願成就寺のしだれ桜	東金市松之郷380	枝垂桜	130年、今はない	3月下旬
妙宣寺のしだれ桜	山武市埴谷	枝垂桜	200年	3月下旬
長光寺のしだれ桜	山武市埴谷	枝垂桜	300年	3月下旬
黄門桜	匝瑳市飯高	山桜	300年	4月上旬
沢の大ザクラ	香取市沢	山桜	300年	4月上旬
成願寺のしだれ桜	君津市中島1005	枝垂桜	100年	4月上旬
金剛桜	長生郡長南町笠森209―1	ウワミズザクラ	800年	4月下旬～5月上旬
秋元牧場の山桜	長生郡長柄町山根2012―133	山桜	150年	4月上旬

桜の旅―― 千葉県編

桜へのアプローチ

※二〇一六年一月現在の施設のため、予め営業を確認されてからのご利用をおすすめします。

「吉高の大桜」・「清龍院のしだれ桜」・「弘法寺の伏姫桜」・「福星寺のしだれ桜」への桜旅は

○ホテル

「ホテルニューオータニ幕張」

幕張海浜公園に面して建つ、テラスへ出ると幕張メッセの大屋根のむこうに東京湾が霞んで見える。交通も便利。レストランも充実。

〒二六一―〇〇二一　千葉県千葉市美浜区ひび野二―一二〇―三
電話：〇四三―二九七―七七七七(代)

ホテルニューオータニ幕張

「成願寺しだれ桜」・「金剛桜」・「秋元牧場の山桜」への桜旅は

○ホテルの中華レストラン

「オークラアカデミアパークホテル『桃花林』」

上総丘陵に建ち、大会議場に隣接したホテル。広東料理中心のコース料理。

〒二九二―〇八一八　千葉県木更津市かずさ鎌足二―三―九
電話：〇四三八―五二―〇一一一(代)

オークラアカデミアパークホテル

○フレンチレストラン「エボンヌ」

住宅街の中にある。手ぬきのない正統派のフレンチ。

〒二九九―〇一一一　千葉県市原市姉崎八七〇―二
電話：〇四三六―六一―五二六二

エボンヌ

○旅館「滝見苑」

奥房総の養老渓谷にある。山の中とは言え、そこは千葉県。海の幸と山の幸が両方楽しめる。

〒二九八―〇二七七　千葉県夷隅郡大多喜町粟又五
電話：〇四七〇―八五―〇一〇一

滝見苑

○ホテル「オーパヴィラージュ」

館山の海岸近くの南仏風リゾートホテル。貸切風呂がたくさんある。

〒二九四-〇二二六　千葉県館山市犬石一六八七
電話：〇四七〇-二八-一〇〇〇㈹

オーパヴィラージュ

「沢の大桜」・「黄門桜」・「妙宣寺のしだれ桜」・「長光寺のしだれ桜」・「山田の墨染桜」・「本松寺のしだれ桜」への桜旅は

○旅館「海と森」

かつての皇族の別邸跡地らしく、海浜情緒にあふれた景色。岬のむこうには犬吠埼灯台の白い姿が見え、夜になるとライトが見える。室内にいても海と森がながめられるが、露天風呂に入っていると、すぐそばに潮騒が聞こえる。九十九里浜の大はまぐりを始め、魚貝類中心の会席料理。

〒二八八-〇〇一二　千葉県銚子市犬吠埼一〇二九二-一
電話：〇四七九-二五-六〇〇〇

海と森

○宿「サンライズ九十九里」

全ての部屋が海に面して明るく、はるかに広がる九十九里の海岸をゆっくり散策できる。

〒二八三-〇一一四
千葉県山武郡九十九里町真亀四九〇八
電話：〇四七五-七六-四一五一

サンライズ九十九里

○旅館「宿中屋」

南房総小湊の海に面して建つ。部屋付の温泉に浸かって窓外に広がる海岸風景と潮風が爽快。ロビーコンサートも。

〒二九九-五五〇三　千葉県鴨川市天津三二八七
電話：〇四-七〇九四-一一一一

宿中屋

石戸の蒲桜

埼玉県の桜たち

埼玉県の北本《きたもと》市、東光寺の境内に「石戸の蒲桜」と呼ばれる樹令800年の古桜がある。カバザクラというエドヒガンとヤマザクラの自然交配による珍しい種類の桜といわれている。この樹には源頼朝の弟、源範頼《のりより》の伝説が残されている。三重県にも「石薬師の蒲桜」という同じように「蒲桜」の名を持つ古桜があるが、こちらも同様に範頼の伝説を持っている。源範頼は源義朝の六男で、頼朝には弟、義経には兄に当たる。静岡県に生まれ、成人するまでは「蒲御厨《かばのみくりや》」という所で育ったため「蒲冠者《かばのかじゃ》」、あるいは「蒲殿」などといった呼び方をされた。義経と同じように、頼朝が旗上げをすると鎌倉へ参陣し、二人で平家追討の大軍を指揮して平家を滅亡させた。義経が謀反の疑いをかけられて、衣川で戦死した後も、自らは鎌倉幕府の内に止まり、頼朝の忠実な家臣としての立場を守っていた。ところが曽我兄弟の討ち入り事件で混乱した際に、頼朝が死んだという誤報が入り、兄嫁政子に「後にはそれがしが控えております。」という言い方をしたばかりに、頼朝の嫌疑を受け、謀反の下心ありとして伊豆の修禅寺へ幽閉されてしまった。そして自害させられたことになっている。けれども石戸の蒲桜には別の伝承がある。幽閉先の修禅寺をひそかに脱出した範頼は、この石戸の地まで逃れて来た。そして突いていた杖を地面に挿すと、成長して大木になったのが蒲桜だというのである。その後範頼は長く石戸に隠れ住み、この地で亡くなったとされている。また別の説によると、範頼は曽我兄弟の事件の前に石戸に住んでいたことがあった。家族を持ち、穏やかに暮らしていたが、修禅寺に幽閉され、自害したことを悲しんで、妻子が範頼の菩提を弔うために植えたものとも言われているのである。更に、石戸に住んでいたころにこの地を訪ねた範頼が、馬を繋いだ桜として、「駒つなぎの桜」と呼ぶという異説もある。いずれの説にしても源範頼にゆかりの桜であることは一致している。この桜の存在については、江戸時代に平戸藩主が「甲子夜話《かっしやわ》」の中で触れているし、滝沢馬琴も「玄同放言」で言及するなど、古くから広く知れ渡っていたことが分かる。また渡辺崋山は蒲桜を写生して、当時の桜の詳細な絵を残した。それを見ると、江戸末期には蒲桜は幹を四本持ち、根回りは11mもあったらしい。大正十一年に「山高神代桜」「三春の滝桜」「狩宿の下馬桜」「根尾谷の淡墨桜」と共に国の天然記念物の指定を受けている。現在見られる樹は、その四本あった幹が一本だけ残り、朽ちた株から新たに伸びて来た枝が花をつけるようになったものである。

ところで、この地方には「石戸の蒲桜」ばかりでなく、源範頼に関する伝承を持つ桜が他にも存在している。同じ北本市の「阿弥陀堂の江戸彼岸桜」は範頼がその妻（あるいは娘）の亀御前が亡くなった時に植えたものと言われている（逆に亀御前が範頼の菩提を弔って植えたという説もある）し、桶川市の「普門院跡のシダレ桜」は、現在は廃寺となっている普門院に植えられていたものであったが、江戸時代にはこの普門院は範頼のドクロ（!!）を寺宝としていたという伝承がある。

以前三重県の「石薬師の蒲桜」のことを調べていた時にも感じたことであるが、源範頼にゆかりの寺院や神社には何故か桜の古木が多い。頼朝や義経と比べるとどうしても目立たない印象の範頼ではあるが、義経と同様に頼朝を助け、平家を滅ぼしたというのに、範頼も義経も結局はその兄に討たれるという悲劇を負っている。世の人は義経へは「判官びいき」の物語を多く流布させたが、範頼への追悼はそっと好きだった桜を植えることによって供養の印としたのかも知れない。最近になって、三重県の石薬師と、埼玉県の石戸のそれぞれの蒲桜が、範頼ゆかりの地へ移植、あるいは交換されるという動きがあるように聞く、ゆかりの桜たちが、それぞれの地で花をつけて、範頼の跡を弔ってくれるならば、たとえ地味な存在として「花よりほかに知る人もなし」であったとしても、いっそその方がこの桜を愛した武人への手向けとし

長勝院旗桜

普門院跡のシダレ桜

阿弥陀堂の江戸彼岸桜

北本の彼岸桜

清雲寺のしだれ桜

てふさわしいかも知れないとも思うのである。

さて、その他、埼玉県の古桜たちを見ると、北本市では自然観察公園内に樹令200年の「北本の彼岸桜」を見ることができる。

志木市の「長勝院旗桜」樹令400年は平成になってから新種と認められた珍しい種類の桜である。大きな花の中にあるおしべの一部があたかも「旗を立てている」ように変形しているのが特長だとして「ハタザクラ」と命名された。この桜にも古い伝承が残っている。平安時代にはこの場所に、藤原長勝という武将の柏城があった。長勝には「皐月の前」という美しい姫がいて、在原業平との悲恋が伝わっている。それを後世になって聞き伝えた高僧によって追善供養がとり行われた。その時に僧が自らの杖を地面に挿して、成長したのがこの「長勝院旗桜」であるという。

秩父市では「清雲寺のしだれ桜」が有名である。境内いっぱいにしだれ桜の古木が咲き、古いところでは樹令600年の樹もあるという。テレビでも毎年よく放映されているので、季節になると、境内は花に埋もれるが、人にも埋もれる。

秩父市には清雲寺の他にもたくさんのしだれ桜の咲く寺々がある。

「金仙寺のしだれ桜」　樹令600年
「野坂寺のしだれ桜」　樹令270年
「円通寺のしだれ桜」　樹令200年
「長泉院のしだれ桜」　樹令100年

などが妍を競う。

秩父から奥の下久保ダムにせき止められた神流湖の方へ行くと、湖を見下ろすように城峯山がある。この山頂には中世の古城跡が残っていて、中腹の窪地の中に一本の古桜が咲く。「古矢納城桜」樹令300年のエドヒガンである。窪地なので、遠くから目立つこともなく、いわば知る人ぞ知るといった風情の桜である。実はこの桜、私たちも今まで咲いたところを見たことがない。何度かトライしながら、早すぎたり、散ってしまったりで、なかなかタイミングが合わないでいる。その意味では私たちにとっても幻の桜の一つである。

その他、埼玉県には、

さいたま市「円乗院の千代桜」　樹令300年

川越市「中院のしだれ桜」　樹令300年

〃「喜多院のしだれ桜」

（徳川三代将軍家光のお手植え桜の伝承、二代目）

ふじみ野市「地蔵院のしだれ桜」　樹令350年

寄居町「鉢形城の江戸彼岸桜」　樹令150年

長瀞町「法善寺の与楽桜」　樹令90年

〃「法善寺の弥陀の桜」　樹令120年

清雲寺のしだれ桜

円通寺のしだれ桜

野坂寺のしだれ桜

金仙寺のしだれ桜

長泉院のしだれ桜

〃「大手の桜」　樹令200年

この他の古桜もたくさんあるが、未だ果たせないままでいる。

桜の名称	所在地	品種	樹齢	見頃時期
鉢形城の桜	大里郡寄居町2692	エドヒガンザクラ	150年	3月下旬
古矢納城桜	児玉郡神川町矢納1372	エドヒガンザクラ	300年	4月中旬
法善寺のしだれ桜	秩父郡長瀞町井戸	枝垂桜	150年	4月上旬
大手の桜	秩父郡長瀞町井戸	エドヒガンザクラ	200年	4月上旬
円乗院のしだれ桜	さいたま市本町西1―13―10	枝垂桜	300年	3月下旬
長勝院旗桜	志木市柏町3丁目	ハタザクラ	400年	4月上旬
中院のしだれ桜	川越市小仙波町5	枝垂桜	300年	4月上旬
喜多院のしだれ桜	川越市小仙波町1	枝垂桜	2代目	3月下旬
普門院のしだれ桜	桶川市川田谷6663	枝垂桜	180年	3月下旬～4月上旬
地蔵院のしだれ桜	ふじみ野市亀久保3	枝垂桜	350年	3月下旬
青雲寺のしだれ桜	秩父市荒川上田野690	枝垂桜	600年	3月下旬
円通寺のしだれ桜	秩父市荒川白久	枝垂桜	200年	4月上旬
長泉院のしだれ桜	秩父市荒川上田野557	枝垂桜	130年	4月上旬
金仙寺のしだれ桜	秩父市下影森6650	枝垂桜	600年	4月上旬
野坂寺のしだれ桜	秩父市	枝垂桜	270年	4月上旬
石戸の蒲桜	北本市石戸宿3 東光寺	カバザクラ	800年	4月上旬
阿弥陀堂のエドヒガンザクラ	北本市高尾6 高尾さくら公園付近	エドヒガンザクラ	200年	3月下旬
北本のエドヒガンザクラ	北本市荒井5―223	エドヒガンザクラ	200年	3月下旬

円乗院の千代桜

古矢納城桜

地蔵院のしだれ桜

中院のしだれ桜

喜多院のしだれ桜

鉢形城の江戸彼岸桜

法善寺の与楽桜

法善寺の弥陀の桜

大手の桜

桜の旅――埼玉県編

※二〇一六年一月現在の施設のため、予め営業を確認されてからのご利用をおすすめします。

桜へのアプローチ

「古矢納城桜」・「法善寺の桜（与楽桜・弥陀の桜）」・「大手の桜」・「鉢型城の江戸彼岸桜」・「清雲寺の桜」への桜旅は

○旅館「竹取物語」

奥秩父の竹林にある。竹がテーマになっていて、館内には「かぐや」という名の離れもある。

〒三六九―一八〇二　埼玉県秩父市荒川上田野五六
電話：〇四九四―五四―一一〇二

○旅館「名栗温泉大松閣」

見えるのは山と源流に近い川のせせらぎ。何故か気分が和んで落ち着ける宿。露天風呂入り口に中でも読めるようにと防水加工の本が置かれている。その心づかいがこの宿のやさしい心づかいを象徴している。

〒三五七―〇一一二　埼玉県飯能市大字下名栗九一七
電話：〇四二―九七九―〇五〇五

「石戸の蒲桜」・「阿弥陀堂の江戸彼岸桜」・「北本の江戸彼岸桜」・「普門院跡のしだれ桜」への桜旅は

○ホテル「ヘリテイジ」

駐車場が少し離れているからと、スタッフが玄関と駐車場の間をカートで送迎してくれる。窓からは広い敷地内のよく手入れされた芝生や木々の緑が明るく映る。

〒三六〇―〇一〇三　埼玉県熊谷市小江川二二二八
電話：〇四八―五三六―一二一二

竹取物語

大松閣

ヘリテイジ

「長勝院旗桜」・「中院のしだれ桜」・「喜多院のしだれ桜」・「地蔵院のしだれ桜」・「円乗院の千代桜」への桜旅は

○ホテルの中国料理レストラン「浦和ロイヤルパインズホテル『彩湖』」

ホテルの18Fから浦和の街を一望。安心感のある中国料理。

〒三三〇―〇〇六二
埼玉県さいたま市浦和区仲町二―五―一
電話：〇四八―八二七―一一一一

○フレンチレストラン「ボンヴィヴァン」

基本に忠実で手ぬきしないコース料理。

〒三五六―〇〇五五
埼玉県ふじみ野市旭一―一四―二六
電話：〇四九―二五六―〇六〇三

浦和ロイヤルパインズホテル　彩湖

ボンヴィヴァン

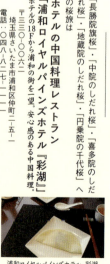

群馬県の桜たち

謙信の逆さ桜

天文二十一年（1552）上杉謙信（当時はまだ長尾景虎）は初の関東出兵に際し、出兵のきっかけとなった上杉家ゆかりの日枝神社に参拝した。手にしていた馬の鞭、春日山から持って来た桜の枝を逆さにして地面に突き挿し、この樹の根付くか否かでこの戦の吉凶を占うと、桜は芽を吹き根付いて行った。そして数年を経ずして花をつけた。「謙信の逆さ桜」というこの桜は、やがて花のつき具合によって農作物の作柄を占う指標の役割を果たして「豊年桜」とも呼ばれるようになった。みなかみ町を私たちが訪れた時、謙信の逆さ桜は湖畔にポツンとした感じで立っていた。この湖は近年になって利根川水系の赤谷川をせき止めてできた人造湖で、赤谷湖というらしい。長く新治村の谷間で静かに過ごしていた桜が、突如として風光明媚な公園の中に置かれたために、どうにも環境の変化について行けず、何だかとまどったような様子だったのがちょっと気がかりであった。あれからまた元気になってくれただろうか。

みなかみ町にはもう一本の古桜がある。「上津の姥桜」という樹令500年のエドヒガンである。この桜には室町時代の悲話が伝えられている。

沼田氏に如意という名の美しい姫があった。宮中へ上って小桜の内侍と呼ばれたが、帝の寵愛を受けると周囲のあまりに激しい嫉妬に耐えかね、とうとう沼田へ帰って来てしまった。翌年若宮が誕生したが、喜びも束の間、幼い皇子を病で亡くしてしまう。今二子塚と呼ばれているのが皇子を葬ったところである。如意姫は京を去る時桜の苗を持参した。村主《すぐろ》八幡神社の近くに住んで、その邸の庭に植えた桜が、現在の上津の姥桜であるという。

上津の姥桜

沼田市の沼田城址公園は、桜の名所としてにぎわうところであるが、この一角に「御殿桜」と呼ばれるエドヒガンがある。樹令は400年。沼田城というと、戦国時代には始終戦の攻防の絶えない軍事上の重要拠点であった。歴代の主な城主だけでも、沼田氏、上杉氏、小田原北条氏、真田氏と変遷をくり返している。とりわけ真田氏の時代には、中小の大名間で城、領地の奪還、陣営の去就をめぐって、血なまぐさく、向背定かならぬ状態が続いている。群雄割拠の中で、この時代を生きぬいて行くためとはいえ、権謀術数をめぐらし、策謀家、油断のならぬ男などという誹謗をほしいままにしたのが真田昌幸であった。大阪の陣で智将とうたわれた真田幸村の父なのであるが、昌幸らしいと言うべきか、二人の息子のうち、長男の信幸の嫁には徳川四天王の一人本多忠勝の娘小松姫を、次男の幸村の嫁には石田三成の盟友大谷吉継の娘を娶って、東西両軍どちらに対しても有利に向くような策を採った。そして関ヶ原の戦に際しては、両軍へ二人の息子を別れてつかせ、いずれが勝ってもお互いに命乞いをするように仕向けたほどであった。沼田城は昌幸の長男信幸の代に大規模な改築がなされている。五層の天守閣が構築され、城郭の端際、隅櫓のところに桜が植えられた。今日見られるところの御殿桜なのであるが、これは小松姫が植えたものとも言われ、またその苗木は小松姫が嫁ぐ時に徳川家康が持たせた（実は小松姫は家康にとっては曽孫《ひまご》に当たる。家康の長男信康の孫）ものとも言われているのである。家康の曽孫にして、本多平八郎忠勝の娘となれば、さぞかしの女丈夫と想像されてしまうが、それにふさわしい話が残されている。関ヶ原の戦の直前、前述したように真田昌幸はぬけめなく息子を両軍に送り込むことにしていたが、自身は次男幸村と行動を共にすることにして、居城である上田の城へ帰ろうとしていた。ところでその通り道には長男信幸の居城の沼田城がある。当の信幸は家康に従って上杉征伐の軍に加わって小山にある。留守を預かるのは妻である小松姫のみである。昌幸は小松姫に使いを送り、ちょっと孫たちの顔を見て行きたいから城門を開けてくれるようにと頼んだ。ところが、小松姫はたとい舅様といえども夫の許しがなければ城門を開けるわけにはまいりませんと答えた。実はこの時昌幸には、息子の城でもいずれ敵対することになる城なので、石田三成への手みやげにこの城を乗っ取ってしまおうという物騒な下心を持っていたのである。そしてそれを先刻承知の小松姫であった。断りはしたが、祖父と孫の自然の情まで止めることはないとして、子供たちを連れて自身で昌幸の旅宿まで逢いに行った。そうすることによって舅の希望は入れて、嫁の立場は貫いたわけである。これにはさすがの真田昌幸も舌を巻き、それが広まると世人も小松姫の知恵と勇気をほめそやしたという。更に度胸があるばかりでなく、関ヶ原戦のあとに、石田三成陣営に組し

御殿桜

たかどで領地を没収され紀州の九度山に蟄居させられた昌幸、幸村父子のために、沼田から何くれとなく心を配り、金品を送り続けたのも他ならぬ小松姫であったという。その後沼田城は五代真田信利の時に改易され、徳川幕府によって破却されてしまう。城は取り壊されたものの、隅櫓のところにあった桜はそのまま残された。小松姫が植えた桜であったからなのか（徳川家康の肝入りの桜であったことが効いたのかどうか）、とにかく以来400年を御殿桜は沼田城で咲き続けているのである。

沼田市には御殿桜の他にも何本かの名桜がある。田畑の中で塚状に盛り上がった小山の上に咲く「上《かみ》発知《ほっち》のしだれ桜」。高台から田園風景を見下ろすように咲く「発知の彼岸桜」、樹令500年のこの桜は稲の苗を植えるころに咲くので「発知の苗代桜」とも呼ばれている。それから山中にあって石を割って咲く「石割桜」。石割の桜は東北地方などではいくつかの例がある（盛岡の石割桜など）が、関東地方では珍しい。桜の近辺の寒さ、温度差を象徴するものと思われる。そして「山妻有《やまつまり》の桜」。樹令200年とされるが、この樹には室町時代の伝承がある。桜のそばに説明板があり、それによると新田義貞の嫡子、新田義宗の妻子が植えた桜であるとのこと。建武の新政の時代に、後醍醐天皇の忠臣として活躍した武将の中でも、新田義貞の名は楠正成と共によく知られている。足利尊氏は初めのうちは後醍醐天皇側について鎌倉幕府を倒すのに力を貸したが、建武の新政に不満を持つ武士が多いことから、今度は自らが敵対する勢力をなした。新田義貞は嫡子を派遣して足利軍と戦わせたが、新田軍五千に対して、足利軍は六万の軍勢であったという。あえなく義宗が落命した後に、その菩提を弔うために妻子がこの地に桜を植えたと伝えられている。

建武の新政時代の伝承のある桜はもう一本が安中《あんなか》市にある。「行田《ぎょうだ》の彼岸桜」、こちらは樹令400年。やはり後醍醐天皇の忠臣だった児島高徳《たかのり》（岡山県の

「醍醐桜」の章にも登場）が植えたものという伝承を持つ。この桜の立っている所は、かつての妙義神社への参詣道に当たる山ノ神境内なので、別名を「山ノ神の桜」とも呼ぶそうである。一時樹勢が弱って伐採されそうになったのを、村人たちの熱心な嘆願が実って助かった桜だという。

安中市にはまた「細野の彼岸桜」樹令500年の古桜や、「安中の一本桜」樹令は100年と若いが田畑の広がる小高い丘にあって、四方が見通せるような桜などの名木もある。

その他群馬県の名桜古桜たちは、

発知の彼岸桜

桐生市「藤生沢のお角桜」 樹令200年
〃 「土橋のおかめ桜」 樹令400年

石割桜

上発知のしだれ桜

行田の彼岸桜

山妻有の桜

高崎市　「行人塚の芋うえ桜」　樹令300年
〃　「杉薬師の桜」　樹令500年
渋川市　「桜森の彼岸桜」　樹令400年
〃　「水澤寺のしだれ桜」　樹令300年
中之条町　「お神明さんの桜」　樹令350年
〃　「小倉のしだれ桜」　樹令1000年
東吾妻町　「お蒔き桜」　樹令250年
〃　「大隅桜」　樹令400年
上野村　「仏乗桜」　樹令500年
神流町　「お諏訪様の桜」　樹令400年
〃　「龍松寺のしだれ桜」　樹令350年
片品村　「天王桜」　樹令300年

などが代表的なもので、それぞれエピソードや伝説を持つ桜が多い。

安中の一本桜

藤生沢のお角桜

細野の彼岸桜

行人塚の芋うえ桜

お神明さんの桜

土橋のおかめ桜

桜森の彼岸桜

杉薬師の桜

お諏訪様の桜

小倉のしだれ桜

龍松寺のしだれ桜

大隅桜

天王桜

桜の名称	所在地	品種	樹齢	見頃時期
御殿桜	沼田市西倉内町５９４沼田城址	エドヒガンザクラ	４４０年	４月中旬
上発知のしだれ桜	沼田市上発知町６４６	枝垂桜		４月中旬～下旬
発知のヒガンザクラ	沼田市中発知町１２３４	エドヒガンザクラ	５００年	４月中旬
山妻有の桜	沼田市利根町追貝８２６—１	エドヒガンザクラ	２００年	４月下旬～５月上旬
石割ザクラ	沼田市白沢高平	カスミザクラ		５月上旬
相俣のさかさ桜	利根郡みなかみ町相俣１４９３	エドヒガンザクラ	４５０年	４月下旬～５月上旬
上津の姥桜	利根郡みなかみ町上津村主１１３０—１	エドヒガンザクラ	５００年	４月中旬
天王桜	利根郡片品村花咲	山桜	３００年	４月下旬～５月上旬
中正寺のしだれ桜	多野郡上野村楢原甲１４６	枝垂桜	５００年	４月中旬
お諏訪様の桜	多野郡神流町船子	山桜	４００年	４月上旬
龍松寺のしだれ桜	多野郡神流町塩沢	枝垂桜	３５０年	４月上旬
藤生沢のお角桜	桐生市新里町新川３２５３	枝垂桜	１４０年	４月上旬
土橋のおかめさくら	桐生市新里町鶴ヶ谷５３９	枝垂桜	４００年	４月上旬
行人塚の芋うえ桜	高崎市箕郷町矢原	山桜	３００年	４月上旬
杉薬師の桜	高崎市箕郷町柏木沢１３１２—４	山桜	５００年	４月上旬
細野のヒガンザクラ	安中市松井田町土塩１２００	エドヒガンザクラ	５００年	４月上旬
安中の一本桜	安中市秋間梅林	エドヒガンザクラ	１００年	４月上旬
行田のヒガンザクラ	安中市松井田町行田９７８—３	エドヒガンザクラ	４００年	４月上旬
桜森のヒガンザクラ	渋川市赤城町津久田甲３１３—３	エドヒガンザクラ	４００年	４月中旬
水澤寺のしだれ桜	渋川市伊香保町小沢２１４	枝垂桜	３００年	４月中旬～下旬
お蒔き桜	吾妻郡東吾妻町松谷	エドヒガンザクラ	２５０年	４月中旬
大隅桜	吾妻郡東吾妻町郷原	エドヒガンザクラ	４００年	４月中旬
お神明さんの桜	吾妻郡中之条町伊勢町１３０３	エドヒガンザクラ	３５０年	４月中旬
小倉のしだれ桜	吾妻郡中之条町入山小倉	枝垂桜	１０００年	４月下旬～５月上旬

桜の旅――群馬県編

「謙信の逆さ桜」・「上津の姥桜」・「御殿桜」・「上発知のしだれ桜」・「発知の彼岸桜」・「石割桜」・「山妻有の桜」・「天王桜」への桜旅は

○旅館「仙寿庵」

遠くに谷川岳を望み、近くに聞こえるのは谷川のせせらぎ。渓谷のありのままの自然の中に、旅館の現代風な建物が不思議に溶け合って見える。

〒三七九―一六一九　群馬県利根郡みなかみ町谷川西平
電話：〇二七八―二〇―四一四一

○公共の宿「ヘルシーパル赤城」

関越自動車道赤城ICが近いので便利。赤城山麓にあり、利根川の流れと榛名山が見えている。

〒三七九―一一〇四　群馬県渋川市赤城町敷島四四
電話：〇一二〇―四四―六〇三〇

仙寿庵

ヘルシーパル赤城

「藤生沢のお角桜」・「土橋のおかめ桜」・「行人塚の芋うえ桜」・「杉薬師の桜」・「細野の彼岸桜」・「安中の一本桜」・「行田の彼岸桜」・「仏乗桜」「お諏訪様の桜」・「龍松寺のしだれ桜」への桜旅は

桜へのアプローチ

※二〇一六年一月現在の施設のため、予め営業を確認されてからのご利用をおすすめします。

○フレンチレストラン「シュマンドール」

道路に面したガーデンの中にある。オードブルが何種類も（6～8種）がその都度一皿ずつサービスされること自体感動する。オープンキッチンに立つシェフのもの静かな笑顔は、どこか求道者を思わせる。一皿ごとにバロック音楽の旋律が奏でられるようなコースの流れ。

〒三七六―〇〇〇六　群馬県桐生市新宿二―一―八
電話：〇二七七―四六―一五一五

○旅館「茜彩庵山水」

神流川を下久保ダムでせきとめた神流湖。山と山の重なり、雨上がりに立ち昇る霧の流れ、湖面に映る夕焼け雲の色。夢のように美しい風景が窓外に広がる。

〒三七〇―一四〇三　群馬県藤岡市保美濃山八七五
電話：〇二七四―五六―〇三一一

○ホテルの中華レストラン「群馬ロイヤルホテル『朔風』」

庭の緑が反映して、窓に面した席が明るい。軽食から本格的なコースまで対応。意外なサービスも。

〒三七一―〇〇二六　群馬県前橋市大手町一―九―七
電話：〇二七―二二三―六一一一㈹

シュマンドール

茜彩庵山水

群馬ロイヤルホテル　朔風

「桜森の彼岸桜」・「水澤寺のしだれ桜」・「お蒔き桜」・「大隅桜」・「お神明さんの桜」・「小倉のしだれ桜」への桜旅は

○ホテル「ラパン」

キャベツ畑をぬけたバラギ高原の林の中にあるリゾートホテル。キャベツのステーキなど自家栽培の野菜のユニークな料理。ホテルの前が「キャベツマラソン」のスタート地点。日本武尊が后の弟橘姫命を偲んで「あづまはや（ああ我が妻よ）」と妻恋をした嬬恋村の「愛妻の丘（浅間山と白根山の大パノラマ）」がすぐそばにある。

〒三七七−一六一一
群馬県吾妻郡嬬恋村大字干俣バラギ高原二四〇一
電話：〇二七九−九六−一一二二

ラパン

○公共の宿「ゆうすげ」

榛名湖のほとり。高峰三枝子の歌った「湖畔の宿（山の寂しい湖に）」は榛名湖がモデルという。今は淋しいとは思えないが（ホテルや観光施設がたくさん見える）、湖の色と榛名山の影からかつてのロマンティックな雰囲気を偲ぶことができる。

〒三七〇−三三四八
群馬県高崎市榛名湖町八四六−三
電話：〇二七−三七四−九二一一

ゆうすげ

水澤寺のしだれ桜

お蒔き桜

仏乗桜

栃木県の桜たち

親鸞手植えの桜

栃木県の古名下野国《しもつけの》というと、何だか騎馬で那須野を闊歩する、あるいは疾走する坂東武者というイメージが湧いて来る。人と馬との背景には噴火する那須岳の煙も見えたりして。そうは言っても陸奥《みちのく》の武者のイメージほどには荒々しさはなく、ゆうにやさしい清純(!?)な一面も持ち合わせている。ちょうどあの那須与一(「平家物語」で船上の扇の的を射ぬいた)のような若武者を思い描いてしまうのである。

　そのイメージにふさわしく、桜たちも何故か武骨ながら颯爽とした雰囲気を持つ樹が多いというのも栃木県の桜の特徴であろう。

　まずは那須烏山市。「西山辰街道の大桜」、樹令は350年と言われる。この桜には源義家の伝承がある。古街道の脇に立ち、キリリとした姿は将軍へ向かって敬礼する姿のようにも見える。奥州征伐

西山辰街道の大桜

のため、この辰街道（将軍道ともいう。都と東北地方を結ぶ古官道。奥州へ通じる軍用道路だったということなのか、真っ直ぐに伸びる古街道の遠い先からは甲冑をきらめかせた騎馬軍団と、徒歩で従う家士の群れの足音が聞こえて来そうでもある）を往来していた八幡太郎義家は、兵を休めるためこの場での一たん休止を命じ、自らも馬を下りて床几に腰かけた。そして手にしていた馬の鞭、桜の細枝を地面に挿して、この戦の勝利を神に祈願した。細い山桜はやがてこの地に根付き、源義家が帰京してしまった後も成長を続けて大木となった。「義家桜」とも呼ばれるこの桜は、人と馬とを休ませる木蔭を作り、行軍中の隊列もあそこまで行けば小休止という目印ともなったことであろう。那須野を越えてもう少し行けばやがて白河の関へ出る。陸奥はもう近いのである。

続いて大田原市、旧黒羽町にある「磯上の山桜」。こちらも樹令は300年ほど。磯上の八溝登山口に位置し、鳥居脇の少し小高くなったところから大きく枝を広げている。まるでここまでたどり着いた巡礼者を迎え取り、やさしく労っているようでもある。さりながら鳥居のすぐ脇にあるだけに、神域としての気品も備わった桜で、後ろへ回ってみると太い幹からは威厳も感じられる。

大田原市にはもう一本ぜひ立ち寄りたい桜がある。旧湯津上村にある「法輪寺の西行桜」。樹令は800年となっているが、現在の樹はひこばえであるという。僧西行は都を離れて生涯に二度奥州へ行脚に出かけた。初めは二十代後半のころ、能因法師の足跡をたずねての旅であった。二度目は平治の乱で焼失した東大寺伽藍と大仏再興のため、知人から依頼され、奥州の藤原氏のもとへ寄進を求めての下向である。この時西行は六十九才になっていて、正しく自らの死を賭しての旅であった。法輪寺を訪ねたのはおそらく初めての旅であったと推定されるが、西行がこの寺へ到着した時には、この桜はもう花が終わっていた。

「盛りにはなどか若葉は今とても
　心ひかるる糸桜かな」

西行はそう詠んで若葉の桜も讃えた。花どきの桜はもちろん美しいが、花を終えた後の若葉のころも生命力にあふれて、その躍動感がすばらしい。私たちも全国の桜行脚（とそう名付けたくもなる桜探訪の旅、大変なのです…）の途中、何度かそういう想いを持った。ついでに言ってしまえば、秋の深い紅葉、落葉のころもまた心ひかれるものがあり、（秋の吉野を一度ごらん下さい）葉を落として裸木となり雪を越えて、早春に蕾をたくさんつけている時のあの生命《いのち》が玉となって噴き出しそうな瞬間も、それもまた桜の一つの情景であり美しさである。と、話が横につい逸レてしまったが、その若葉のみずみずしさに西行が心ひかれたわけである。ひこばえとは言え、本堂の前、かやぶきの鐘楼を背景にして見る西行桜は、やはりなかなかに風情を感じさせる桜である。

日光輪王寺の三仏堂境内に「金剛桜」という樹令500年の山桜が咲く。明治の神仏分離令に従って三仏堂が移築された時、この桜も同時に移植された。当時すでに古木であったこの桜が、根付くかどうか心配されたという。その時の門跡の名をとって金剛桜と命名された。度々の樹勢回復の努力が試みられて、現在の元気な姿となっている。白く大き

磯上の山桜

法輪寺の西行桜

金剛桜

な花が咲き、その香りも特徴とされる。山桜の突然変種ということで、国の天然記念物の指定を受けている。

また日光市には東照宮の近くに広大な田母沢御用邸記念公園があり、その中に樹令400年というシダレ桜がある。旧田母沢御用邸は大正天皇が皇太子時代に静養所として造営されたもので、江戸、明治、大正と異なる建築様式の建物が組み合わされ、見事な調和を見せている。近代和風宮廷建築として建物群は国の重要文化財で、一棟の和風建築物としては日本一の規模という。平成九年から公開されている建物。庭園の宏壮さ、整然たる美しさは際立っているが、その二階からも、また庭からも、かつては皇族方にだけお目見えしたしだれ桜を、今では私たちが「拝見」できる。

那須町にある「平久江《ひらくえ》家のしだれ桜」は樹令400年。平久江家は戦国時代、芦野氏の重臣だった家柄で、その武家屋敷の庭に咲く。すぐそばに那須町の歴史館があるので、遊行柳（西行の和歌や芭蕉の句で有名）の位置や、芭蕉の旧跡を知るのにも便利である。

那須野から関東平野を少し下って、下野市に入る。かつて国分寺が置かれたという国分寺町の蓮華寺裏の畑の中に「親鸞手植えの桜」がある。樹令は800年という。蓮華寺には親鸞の伝説があって、嫉妬深い妻が夫と妾を殺し自分は大蛇となってしまったのを、親鸞の法力によって往生できた。その時空から蓮花が降ったのでこの地を「花見ヶ岡」と名付けたという。この伝説は建保三年（1215）のこととされているので、もしこの時にお手植えされたものであったら桜の樹令と合致する。それにしても蓮華寺の裏側にあって、表通りからは無視されたような地形であるばかりでなく、桜の近くに産業廃棄物の山ができていて、どうにも気の毒な状態の桜であった。

栃木県の西方、太平山は花見の名所として多くの

見物客でにぎわうが、その東側山麓にある太山寺にはさほどの人が訪れるわけではない。本堂前の「太

田母沢御用邸記念公園のしだれ桜

太山寺の岩しだれ

平久江家のしだれ桜

秋山のしだれ桜

山寺の岩しだれ」は高さはあまりないものの、広げた枝が優美に伸びて春の色が境内を彩っている。しだれた枝にあふれるように咲く花の有様が、岩から落ちる滝の水を連想させて「岩しだれ」と名付けられたと思われる。この桜は徳川三代将軍家光の側室「お楽の方」のお手植えと言われている。四代家綱の生母であったお楽の方は、もともとの生まれが太平山の周辺であったらしい。少女時代は、父の死罪によって残された家族は奴婢同然の扱いを受けたが、春日局に見出だされて大奥へ上り、将軍の世継を生むという幸運にも恵まれた。代々の徳川将軍の生母たちの中でも、お楽の方ほど波乱に満ちた生涯を送った側室はいないと言われている。まるでシンデレラガールの日本版であるが、世子を生んだとは言え、養育は乳母と傅役《もり》に任され、生母と言うだけで子供に会うこともままならぬのが大奥の習いである。そんな時、生まれ故郷の土を踏み、太山寺に詣でて病弱な我が子家綱が健康に育つことを祈り、本堂前に

ひともとの桜を植える。その肩の辺りに一抹の淋しさの陰が漂っていたとしても不思議ではない。家光が他界して、我が子家綱が無事将軍就任したのを見届けて間もなく、お楽の方は消えるように亡くなってしまう。享年32才であったという。逆境の中でも敵を作らず、しなやかに生きたお楽の方の生涯のように、岩しだれの花はしなやかに咲いて、黙して散って行くのである。

この他栃木県の桜たちは、

佐野市　「秋山のしだれ桜」　樹令400年
〃　「満願寺のしだれ桜」　樹令300年
足利市　「臥龍院のエドヒガン」　樹令200年
宇都宮市　「広琳寺のしだれ桜」　樹令200年
〃　「慈光院の桜」　樹令150年
〃　「祥雲寺のしだれ桜」　樹令350年
〃　「石那田のエドヒガン」　樹令550年
〃　「柴田家の桜」　樹令100年
塩谷町　「大宮神社のしだれ桜」　樹令150年
岩舟町　「成就院のしだれ桜」　樹令100年

などがあり、他にも世に知られた名木古木がまだまだ点在している。

臥龍院のエドヒガン

慈光院の桜

広琳寺のしだれ桜

祥雲寺のしだれ桜

大宮神社のしだれ桜

柴田家の桜

成就院のしだれ桜

桜の名称	所在地	品種	樹齢	見頃時期
金剛桜	日光市 輪王寺	山桜	５００年	４月下旬
田母沢御用邸記念公園のしだれ桜	日光市本町 田母沢御用邸記念公園	枝垂桜	４００年	４月中旬
磯上の山桜	大田原市両郷	山桜	３００年	４月下旬
法輪寺の西行桜	大田原市佐良土１４０１	枝垂桜	８００年ひこばえ	４月上旬
親鸞手植えの桜	下野市国分寺１３０１	エドヒガンザクラ	８００年	４月上旬
臥竜院のエドヒガンザクラ	足利市名草上町	エドヒガンザクラ	２００年	４月上旬
秋山のしだれ桜	佐野市秋山町７７１	枝垂桜	４００年	４月中旬
満願寺のしだれ桜	佐野市赤見町３２２３	枝垂桜	３００年	４月上旬
大宮神社のしだれ桜	塩谷郡塩谷町大宮	枝垂桜	１５０年	４月中旬
広琳寺のしだれ桜	宇都宮市平出町	枝垂桜	２００年	４月上旬
慈光寺の赤門の桜	宇都宮市塙田１	エドヒガンザクラ	１５０年	３月下旬
祥雲寺のしだれ桜	宇都宮市戸祭町	枝垂桜	３５０年	３月下旬
石那田野エドヒガン	宇都宮市石那田町	エドヒガンザクラ	５５０年	３月下旬
柴田家の桜	宇都宮市古賀志町５８３	枝垂桜	１００年	４月上旬
成就院のしだれ桜	下都賀郡岩舟町三谷１５６	枝垂桜	１００年	３月下旬～４月上旬
太平山のしだれ桜	栃木市平井町 太平山	枝垂桜	３６０年	３月下旬～４月上旬
西山辰街道の大桜	那須烏山市八ヶ代９２８−２	山桜	３５０年	４月上旬
平久江家のしだれ桜	那須郡那須町芦野２９０８	枝垂桜	４００年	４月中旬

桜の旅――栃木県編

桜へのアプローチ

※二〇一六年一月現在の施設のため、予め営業を確認されてからのご利用をおすすめします。

「磯上の山桜」・「法輪寺の西行桜」・「輪王寺の金剛桜」・「田母沢御用邸記念公園のしだれ桜」・「平久江家のしだれ桜」・「大宮神社のしだれ桜」への桜旅は

○ホテル「二期倶楽部」

那須岳が見える森の露天風呂へのアプローチは小川の流れと鳥の声。朝食はテラスで陽の光を一杯浴びながら。部屋の前の水鏡に映るのは木々と雲の影。スパもいいけどやっぱり森を歩きたくなる。

〒三二五-〇三〇三　栃木県那須郡那須町高久乙道下二三〇一
電話：〇二八七-七八-二二二五

○旅館「那須別邸 回」

離れは全く独立した一棟のみ。周囲ぐるりが木立の中。回り廊下も木のバルコニーもゆったりととられている。専用の広いダイニングでの食事。テラスの露天風呂は渓流の音と共に。

〒三二五-〇三〇一　栃木県那須郡那須町湯本二〇六
電話：〇二八七-七六-三一八〇

○フレンチレストラン「ラトリエ ムッシュー」

林の中を走っていると突然現われるレストラン。オープンキッチンなので鮮やかな手さばきを見るのもごちそうのうち。ランチ、ディナーの他にアフタヌーンティーも楽しめる。

〒三二五-〇一〇七　栃木県那須塩原市高林一七二一-一〇一
電話：〇二八七-七三-八五五〇

二期クラブ

回

ラトリエ ムッシュー

○ホテル「日光金谷ホテル」

日光東照宮へ歩いて行ける距離のクラシックホテル。外観よりも内部の造りや彫刻が凝っている。昔風のメニューが残るレストランも懐かしい。

〒三二一-一四〇一　栃木県日光市上鉢石町一三〇〇
電話：〇二八八-五四-〇〇〇一

○公共の宿「かんぽの宿 塩原」

那須塩原温泉郷の林の中、温泉露天風呂を備えた和洋室もある。

〒三二九-二九二一　栃木県那須塩原市塩原一二五六
電話：〇二八七-三二-四〇五八

「西山辰街道の大桜」・「親鸞手植えの桜」・「太山寺の岩しだれ」・「広琳寺のしだれ桜」・「慈雲寺の桜」・「石那田のエドヒガン」・「柴田家の桜」への桜旅は

○ホテルの中華レストラン「ホテル東日本宇都宮」

ロビーに続くアトリウムは落ち着いた英国調のインテリア。中華料理レストランの入り口には大きなフカヒレが飾ってあるのが目印。

〒三二〇-〇〇一三　栃木県宇都宮市上大曽町四九二-一
電話：〇二八-六四三-五五五五㈹

日光金谷ホテル

かんぽの宿 塩原

ホテル東日本宇都宮

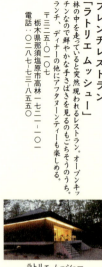

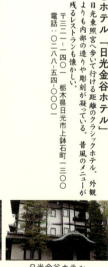

○フレンチレストラン「アオヤギ」

道路に面しているが、周囲に林が残されている。夜のライトアップも雰囲気がある。

〒三二〇-〇八五二　栃木県宇都宮市下砥上町五六-八

電話：〇二八-六八四-〇一二二

「成就院のしだれ桜」・「秋山のしだれ桜」・「満願寺のしだれ桜」・「臥龍院のエドヒガン」への桜旅は

○旅館「巌華園」

立派な門を潜ると、広い庭のむこうに主屋が見える。江戸時代から文人墨客が滞留したりして愛されて来た骨太な在野の文化と当時の食器に盛られた料理。

〒三二六-〇〇六八　栃木県足利市月谷町八一一番地

電話：〇二八四-四一-二三三八㈹

○そば店「一茶庵本店」

名物のさらしなそば。透き透ってサラサラとした舌ざわりが涼しい。何種類もの変わりそばもある。

〒三二六-〇八〇六　栃木県足利市柳原町八六二番地

電話：〇二八四-四〇-三一一八八

アオヤギ

巌華園

一茶庵本店

満願寺のしだれ桜

石那田のエドヒガン

栃木県の二期倶楽部の小川

茨城県の桜たち

大戸の白山桜

茨城県の太子町に「外大野《そとおおの》のしだれ桜」と呼ばれる樹令300年のシダレ桜がある。この樹には徳川光圀の伝承がある。第二代水戸藩主であった光圀公が、領内巡視の折にお手植えしたとされる桜で、その時公は桜へ向かって、他所へ移植されても根付くなという意味の和歌を作ったとされている。その和歌が残されていない今、詳細な内容は分からないものの、実際にこの桜は挿木しても根付かないと言われている。その意味では今も昔も黄門様の遺訓を固く守って、忠義な桜なのである。

茨城県にはさすがに水戸黄門サマ、光圀公の伝承のある桜が多い。那珂市の「阿弥陀寺のしだれ桜」樹令250年もやはり黄門様のお手植え桜と言われている。水戸市にある六地蔵寺は境内に光圀公が建立した経蔵があり、「六地蔵寺のしだれ桜」樹令170年ほどの

外大野のしだれ桜

シダレ桜が咲くが、この桜（年代から考えると先代の可能性が高いが）を光圀公が感激して眺めたという話がある。また茨城町にある「大戸の白山桜」樹令500年は、現在国の天然記念物の指定を受けた山桜であるが、この樹も光圀公が鑑賞した話が伝わっている。

テレビの時代劇などではおなじみの黄門サマは、日本全国を旅して、勧善懲悪をくり返す人気者だったが、実際の光圀公はせいぜい水戸と江戸を往復して少し日光だの熱海だのへ足を伸ばした程度のことだったらしい。そもそも黄門という呼び方自体が、官位の中納言の唐名（中国風の呼び名）なのである。水戸の藩主であれば、当時の朝廷と徳川家の関係からいって、ほぼ中納言の位が贈られる習わしとなっているので、水戸中納言と呼ばれることとなり、江戸期を通じて「水戸黄門」と称された人は全部で七人を数えたことになるらしい。それでも昔から黄門サマと言えば水戸光圀公を指す（太閤というのが関白の位を譲った人のことなのに、太閤と言えば豊臣秀吉を指すように）のは、土木事業や藩内の様々な改革で領民に善政を敷いたことや、「大日本史」という歴史書の編纂で藩内に学問を重んじる風を作り、多数の学者を優遇した（武士以外でも学問の力で出世できる気運を作った）ことなどが庶民の人気を得る基となったと思われる。また歴史の正確な資料を得るため、全国に家臣を派遣（この時代までは日本の歴史書というのは皆無に近かった）し、他藩もそれに協力して古文書を提供するなど、全国津々浦々まで水戸黄門の名が知れ渡り、隠居後に度々領内を巡視して回ったことと合わせて、「水戸黄門全国漫遊」のイメージを作る要因ともなったと考えられる。更に学者を多数召し抱えたことは、結果的に彼らの書き残す文章中に光圀公の名や業績が多量に含まれることとなり、後世に至るまで水戸学派の祖としての名が高まって行ったとも言えよう。それにしても、現代の私たちは日本の歴史を義務教育で学び、およそのことは常識として知っている。けれど江戸時代までは通史としての日本の歴史を正確に知ることは誰一人できなかったのである。その必要性を感じ、徳川一門である立場を最大限有効利用して（外様では全国の大名家、徳川の天領からの協力はあり得なかったことだろう）、歴史学の道を切り開いたことを考えれば、黄門サマはやっぱり偉い人だった!!

阿弥陀寺のしだれ桜

六地蔵寺のしだれ桜

額田八幡神社の山桜

般若院の桜

稲荷山の紅山桜

　さて、茨城県の桜にもどって、今のところ県内で一番の古木と思われるのは那珂市にある「額田八幡神社の山桜」である。樹令は600年。この神社は源頼義がその子源義家と共に奥州での前九年の役を終えて帰る途中、戦勝のお礼に創建したものと言われている。その後水戸光圀によって鹿島神社と合祠され、この地に移されて現在に至っている。

龍ケ崎市には「般若院の桜」樹令400年がある。本堂の裏へ回ってみると、枝がそれこそ龍がくねったような形をしていて、今にも天へ昇りそうな生命力を感じさせる。この寺には江戸幕府三代将軍家光の時、江戸が大干ばつに見舞われたが、雨乞い祈願で見事に雨を降らせ、江戸の市民を救ったというエピソードが残っている。

土浦市の「稲荷山の紅山桜」は、私たちが訪れた時には太い枝が道路の上を横切って、一本なのに桜のトンネルを形造っていた。あまりに伸びすぎて、道路のむこう側の個人の家にまで達してしまい、最近になって枝の一部を切り落とされたという話を聞いた。

高萩市には寺の階段脇から大きく広げた枝が道路へ張り出すような形の桜「松岩寺の桜」がある。樹令300年の山桜の巨木であるが、先端の部分が朽ちたのかカットされ、支柱を何本も付けてもらっている。それでもその存在感たるや、道路を通る人ごとに、目を見張らせるに十分なものがある。

守谷市の西林寺には境内に小林一茶の句碑がある。文化七年（1810）にこの寺を訪れて以来、一茶は度々ここで句会を開いていたという。本堂と鐘楼の間に立つ「西林寺のしだれ桜」はそのころからここにあって、一茶たちの句会に耳を傾けていたのかも知れない。

日立市は、市をあげて桜の保護管理に熱心に取り組んでいるところで、たくさんの桜がリストアップされている。そのうち古いところでは「大甕神社の山桜」樹令500年と、「諏訪の山桜」樹令400年があげられる。

その他茨城県ではまだまだ多くの名桜、古桜が各市町村で存在感を示している。

潮来市「田の森の大山桜」　樹令150年
常陸太田市「七反のしだれ桜」　樹令370年
〃「泉福寺のしだれ桜」　樹令350年
大子町「沓掛の山桜」　樹令100年

西林寺のしだれ桜

松岩寺の桜

大甕神社の山桜

水戸市「宝蔵寺の山桜」　樹令200年
笠間市「下市毛の山桜」　樹令400年
〃「下市毛のしだれ桜」　樹令250年
〃「金剛寺のしだれ桜」　樹令300年

田の森の大山桜

諏訪の山桜

高萩市「上君田小学校跡の山桜」

このように元気な姿を見せてくれる桜もあれば、衰え枯れたり倒木した桜もある。私たちが訪れた時には美しく咲いていたのに、その後間もなく倒木したと聞くと、信じがたいような気がする。台風だの雷、地震、その他諸々桜を痛めつける原因は数多くあるが、自然現象だけでなく、人的要因が多くなって、しかも今後はますます増えることが予想される。

次の二本は今はもう見ることができなくなった桜であるが、かつての元気な姿をここに披露して、桜衰歌としたいと思う。

七反のしだれ桜

泉福寺のしだれ桜

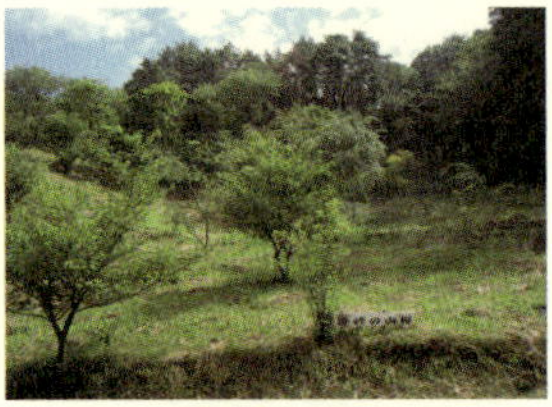
沓掛の山桜

金剛寺のしだれ桜

宝蔵寺の山桜

上君田小学校跡の山桜

下市毛のしだれ桜

土浦市「向上庵のしだれ桜」　樹令300年
笠間市「南指原の桜」　樹令300年

向上庵のしだれ桜

下市毛の山桜

南指原の桜

桜の名称	所在地	品種	樹齢	見頃時期
大戸の桜	東茨城郡茨城町大戸1539	白山桜	500年	4月中旬
六地蔵寺の桜	水戸市六反田767	枝垂桜	170年	3月下旬
宝蔵寺の山桜	水戸市谷田町633	山桜	200年	4月中旬
阿弥陀寺のしだれ桜	那珂市額田南郷375	枝垂桜	300年	4月上旬
鹿島八幡神社の山桜	那珂市額田北郷417	山桜	600年	4月中旬
下市毛の山桜	笠間市下市毛	山桜	400年	4月中旬
下市毛のしだれ桜	笠間市下市毛712	枝垂桜	200年	4月中旬
金剛寺のしだれ桜	笠間市箱田1778	枝垂桜	300年	3月下旬～4月上旬
南指原の桜	笠間市本戸南指原	山桜	今はない伐採された	
松岩寺の桜	高萩市下君田1569	山桜	300年	4月上旬
宮澤桜（上君田小学校跡の山桜）	高萩市	山桜	250年	4月中旬
西林寺のしだれ桜	守谷市本町726	枝垂桜		3月下旬
向上庵のしだれ桜	土浦市小野1171	枝垂桜	今はない伐採された	3月下旬～4月上旬
稲荷山のベニヤマシダレ	土浦市板谷町稲荷山	ベニヤマシダレ		4月中旬
般若院の桜	龍ケ崎市根町3341	枝垂桜	400年	3月下旬
田の森のオオヤマザクラ	潮来市水原	大山桜	150年	3月下旬～4月上旬
七反のしだれ桜	常陸太田市里川町486－6	枝垂桜	370年	4月中旬
泉福寺のしだれ桜	常陸太田市大中町1265	枝垂桜	310年	4月中旬
外大野のしだれ桜	久慈郡大子町外大野下大倉	枝垂桜	300年	4月中旬
沓掛峠の山桜	久慈郡大子町沓掛峠	山桜	90～100年	4月中旬
大甕神社のヤマザクラ	日立市大みか町	山桜	400年	4月上旬
諏訪のヤマザクラ	日立市諏訪町	山桜	500年	4月中旬

桜の旅——茨城編

「外大野のしだれ桜」・「沓掛峠の山桜」・「松岩寺の桜」・「上君田小学校跡の山桜」・「大甕神社の山桜」・「諏訪の山桜」・「七反のしだれ桜」・「泉福寺のしだれ桜」への桜旅は

○旅館「思い出浪慢館」
渓流風呂は川の脇にあり、水の流れがこちらへ来るように見えて、自分が川の中にいるような錯覚を持つ。
〒三一九-三五二三　茨城県久慈郡大子町袋田九七八
電話：〇二九五-七二-三一一一

○旅館「五浦観光ホテル」
岡倉天心が日本美術院を移した五浦海岸にある。横山大観、下村観山、菱田春草、木村武山たちが愛し、描いた海岸風景と、六角堂も見える。
〒三一九-一七〇三　茨城県北茨城市大津町七二二
電話：〇二九三-四六-一一一一㈹

○公共の宿「鵜の岬」
太平洋に面した岬の上。磯松の緑と潮騒の響き。展望風呂は二方向に海が広く見える。
〒三一九-一三九三　茨城県日立市十王町伊師六四〇
電話：〇二九四-三九-二二〇二

思い出浪慢館

五浦観光ホテル

鵜の岬

桜へのアプローチ

※二〇一六年一月現在の施設のため、予め営業を確認されてからのご利用をおすすめします。

「下市毛の山桜」・「下市毛のしだれ桜」・「金剛寺のしだれ桜」・「阿弥陀寺のしだれ桜」・「額田八幡神社の山桜」・「六地蔵寺のしだれ桜」・「宝蔵寺の山桜」・「大戸の白山桜」への桜旅は

○旅館「里海邸」
大洗の町の通りにあるのに、館内へ入るとまるで海辺のリゾート地の感覚。客室のそばの浜辺へ波が押し寄せて来るのが見える。ラウンジも懐かしい雰囲気。地方色豊かな郷土料理の素朴なおいしさは感動もの。
〒三一一-一三〇一　茨城県東茨城郡大洗町磯浜町六八八三
電話：〇二九-二六七-二一〇一

○ホテル「水戸プラザホテル」
林間にあり重厚で瀟洒なホテル。ラウンジの中央に、吹きぬけのアトリウムガーデン、レストランも充実。室内のインテリアはロマンティックでハイセンス。
〒三一〇-〇八五一　茨城県水戸市千波町二〇七八-一
電話：〇二九-三〇五-八一一一

○中華レストラン「三笠」
薬膳中華料理だそうで、ランチメニューに佛跳牆の軽いスープが登場。つくばオークラの元シェフと聞いた。
〒三〇九-一二三一　茨城県桜川市本木一
電話：〇二九六-五四-五〇〇九

里海邸

水戸プラザホテル

三笠

「稲荷山の紅山桜」・「般若院の桜」・「田の森の大山桜」・「西林寺のしだれ桜」への桜旅は

○フレンチレストラン「コアンドゥフルノー」

店名の意味は「ガス台の端」とか。シェフの恣意のみに走ることなく、両者の意図《おもい》がプレートの中でつながった時、舌の上で美味がワルツを踊り出す。

〒三〇二-〇一一九
茨城県守谷市御所ヶ丘四-二〇-一九
電話：〇二九七-四五-六一二二

○かんぽの宿「潮来」

潮来の北浦を望む高台に建つ。レストランからも大浴場からも北浦の風景の広がりが見える。露天風呂を備えた和洋室はゆったりできる。

〒三一一-二四〇四　茨城県潮来市水原一八三〇-一
電話：〇二九九-六七-五六一一

コアンドゥフルノー

かんぽの宿 潮来

鵜の岬

里海邸

三笠

コアンドゥフルノー

東北地区・北海道

福島県
山形県
秋田県
宮城県
岩手県
青森県
北海道

上　：福島県　越代の桜
下右：宮城県　筆甫の親王桜
下左：北海道　有珠善光寺の石割桜

福島県の桜たち

花見山

福島県は長野県と並び、一本桜の数の多さでは日本中の他の県を圧している。県域も広いので、四つのエリアに分けて訪ねたい。

A．県北・福島・二本松エリア

このエリアで一番ポピュラーなのは、福島市の「花見山」ということになる。花の時期には全国から観光バスが続々と集まり、駐車場から花見山の麓までの道は人であふれる。一山全部が公園化されていて、遊歩道もできているのでかなりの人数の収容能力がある。元々は植木職の人が、自分の家の畑に様々な花樹を育てていたものを、戦後の食糧の増産のため、平地の畑が必要となり、花樹をごっそり裏の山へ移して植えたものらしい。年月を経て、春の山の一定区域内に様々な花が競い合って咲くようになり、その見事さが評判を呼んで一般の人にも開放されるようになった。写真家の秋山庄太郎は「東北に桃源境あり」と絶賛したという。もちろん、ヤマザクラ、カンヒザクラ、ヒガンザクラ、ソメイヨシノ等の桜も豊富に植えられている。

福島市の古い桜では「荒井の種まき桜」樹令300年があげられる。ただしこの桜は個人の屋敷の庭にあり、その敷地へ入らないとそばまで行けないので、持主の方の了解を得る必要がある。

それ以外の福島市には、

「茶屋の桜」　樹令250年
「行屋の桜」　樹令250年
「稚児桜」　樹令250年

などが古いところである。

大玉村の「玉の井馬場桜」は八幡太郎義家の伝承を持つエドヒガンである。桜の立っている場所は義家が軍馬を訓練した馬場跡と言われている。源義家が手にしていた馬の鞭を土に挿して駒止めとしたところ、根付いて大木になったというので、別名を「駒止め桜」とも呼ばれる。樹令は1000年とされ、国の天然記念物にも指定されている。この樹は随分いたみが激しく、保存会で懸命に樹勢回復に努めているところだそうである。

二本松市の「合戦場のしだれ桜」は樹令は170年で、三春の滝桜の子孫という。やさしいピンクのベニシダレザクラの色と、その前で咲く菜の花の黄色の対比が美しく、アマチュアカメラマンに好まれて、よくその図の写真が取り沙汰されている。桜のある場所は、平安時代後期に前九年の役で源義家が安倍貞任と干戈《かんか》をまじえた「合戦場」であったと言われている。この桜は遠くからは一本に見えるが、実は二本の桜であり、現在の持主の祖先が自らの氏神である神社の参道に、左右一本ずつ植えたものであるという。

合戦場からほど近いところに「追猪《おい》の桜」がある。樹令は280年。その昔、樹の根元に猪を追い込んで捕えたことからこの名が付いた。民家の裏を通り、道の一番端まで行くとこの桜が立っている。どういうものか、この桜を一目見た途端、ひどく懐かしい気持ちが湧き起こって来た。それは例えば、遠い昔にこの桜に会ったことがあるような…。けれど福島県へ子供のころに来たことはないはず。それにしてもこの気分は一体…⁉ そっと幹に手を触れ、天辺を見上げてもその印象は変わらなかった。あるいは。もしかして…。遠い遠い過去の世で、この樹が母であったとしたら…。ちょっとだけ仏教の輪廻転生を考えてしまったが、むこうの方で夫が心配そうにこちらを見ている姿が目の端にチラリと見えて、一気に現実に引きもどされた。

追猪の桜も高さがある（樹高26m）が、近くにある「山中の伊三郎桜」はもっと高い。樹高29mというこののっぽの桜は、樹令は380年といわれているが、伝承も少々変わっている。昔、むかしのこと。この近くに伊三郎という人が住んでいたそうな。毎日この桜の樹のところへやって来ては、根方に腰を下ろすと、琵琶を取り出してかき鳴らしたと。そうして語った。まいにち語ったんだと。来る日も来る日も琵琶を弾き、日がないちにち語り続けたそ

稚児桜

茶屋の桜

荒井の種まき桜

追猪の桜

玉の井馬場桜

合戦場のしだれ桜

行屋の桜

うな。琵琶を聞きつつ育った桜は、村人から伊三郎桜と呼ばれ、とてーーも背の高い桜となった…。

そこから二本松の市街へ向かって少し行くと、安斎窪というところに「窪桜」樹令280年が生えているのが見える。立っているというより、生えていると言った方が似つかわしい形で、昔地すべりでもあってあらわになったということなのか、根の部分が土中から飛び出して、むき出しになっている。その生え廻った根の持つ迫力、凄まじいまでの生きる執念の力には圧迫されそうになる。もし世をはかなむ気分の人がいたら、一度この桜の根の前に立たせて見るといいかも知れない。

二本松市内をぬけて、国道四号線を走っていると、「道の駅安達」の敷地続きに、一本の大きな桜が見えて来る。「万燈桜」樹令270年という。後方に安達太良山を背負い、雄々と立つ姿は、今のところ周囲に遮るものがないためにさわやかな感じに見える。今後も同じ環境であってくれるといいと思う。

このエリア最終の桜は、川俣町にある「秋山の駒桜」を訪ねたい。樹令は400年。県道51号線を走っていると、突然谷が展けて、桜の姿が目に飛び込んで来る。東南に向かって傾斜した谷あいの中で、周囲の木々から遠巻きに見守られるような形で咲く。こんもりとした縦長のまとまりのある姿の美しい桜である。清楚で気品があり、どこか愛らしくもある。この桜にもやはり八幡太郎伝説があって、「駒止めの桜」とも呼ばれているという。実はこの桜の立っている場所は、あの東北大震災の後、原発の被害を受けた地域に近い。駒桜がどうなったかと随分心配したものであったが、昨年、この桜のそばを通りかかった時に、無事な姿を確認できてうれしかった。今後影響がでないようにと祈るばかりである。

B．郡山・三春エリア

このエリアでは文句なく「三春の滝桜」が挙げられよう。樹令1000年とされ、大正十一年に国の天然記念物の指定を受けている。また「山高神代桜

（山梨県・樹令2000年）」と「根尾谷の淡墨桜（岐阜県・樹令1500年）」と共に日本三大桜の一つとも称される。樹高12m、根回り11m、枝張り東西25・2m、南北18・5mの堂々たる大樹である。皇居新宮殿正殿の松の間杉戸絵の「桜」（橋本明治）はこの桜がモデルだそうである。室町時代には、領主が早馬を仕立てて桜の開花情報を伝えさせたと言われ、江戸時代の三春藩主は桜周辺の年貢を免じて、桜の保護に当たらせたそうである。また桜の姿の美しさが評判となり、京の公家たちが多くの和歌に詠んだとも伝えられている。大きく広げた何層もの枝から、やや小ぶりの花がたくさん枝垂れ落ちる様が、滝の水が流れ落ちるように見えることからの命名と思われる。満開前後の休日には、滝桜周辺の道路は大渋滞するので、早朝か平日をおすすめしたい。

三春町では滝桜以外にも、長野県の飯田市と同様に相当数の桜（三春町の場合はほとんどがしだれ桜で現時点で102本、飯田市105本）が存在する。「福聚寺のしだれ桜」樹令500年も見ごたえのある桜である。山の斜面から境内に向かって雪崩れ落

山中の伊三郎桜

秋山の駒桜

窪桜

万燈桜

窪桜

三春の滝桜

ちるように咲く。

　郡山市の「雪村桜」は樹令400年。室町時代の画僧「雪村」が晩年を過ごしたと言われる雪村庵の前庭に咲く。雪村周継は永正元年（1504）～天正17年（1589）、佐竹氏の一族の長男として生まれたが、父が他の側室の子を後継としたため、幼くして仏門に入った。名門の出身であるところから、各地の大名や画僧たちと交流があり、独自の画風を確立した。晩年は三春の田村氏の庇護を得て、現在の雪村庵に住み、そこで亡くなったとされる。同じ枝垂れ桜でも、豪華に華麗に咲くしだれ桜ではなく、どこか楚々とした風情の、濃淡のあるしだれ桜は、雪村の画いた水墨画の中の桜の系譜ということなのだろうか。

　「上石の不動桜」は樹令350年。不動明王が祀られた不動堂の前にある。下からながめると、ほとんど不動堂を覆い隠さんばかりに枝を広げているように見える。

　「紅枝垂地蔵桜」樹令400年は、これも三春の滝桜の娘桜と言われている。樹の下にある地蔵堂に因んでこの名がある。延命地蔵尊は、昔から赤児を長生きさせてくれるご利益があると参詣する人が多い。

　「御前桜」には京の公家の姫君伝説がある。人買いにさらわれて来た姫君が、下女奉公の辛さに耐えかね、桜の枝を折って土に挿し、もし自分が京へもどれるならば芽吹き、もどれないようなら桜は根付かないと占った。桜は根付き、花が咲くようになり、姫君は無事に京へもどることができたという話である。この桜は、現在川のそばにあるが、何代かの世代交代の後、樹自体が細く、低くなった。そしてむしろ山の際にある「赤津稲荷神社」の桜の方が古木らしく、目立たない「本物」の御前桜よりも、そちらの方が御前桜だとカン違いして、撮影して帰る人が多いらしい。近くの畑で作業をしていた男性が「あっちが本物、こっちがニセ物！」と苦笑しながら教えてくれた。

田村市の「小沢の桜」は樹令は90年と若いが、かつて映画のロケに使われた（「はつ恋」という映画）。その後、桜の下の祠を訪れて、この桜を「願い桜」として様々な願いごとをして行く人が増えたらしい。たばこ畑の段々状になった中に咲き、この桜の傍らに立つと周囲の山々と田畑が、遠景になって見渡せる。

「永泉寺の桜」樹令400年、やはり三春の滝桜の姉妹桜と言われる。

「弁天桜」樹令400年は、木立の中にひっそりと咲くしだれ桜であるが、この桜にはかわいそうな娘の伝説がある。昔、村の美しい娘が親の言いつけに従って嫁いだものの、どうしても相手の男になじめず、逃げ帰って来てしまった。親が無理やり婚家へ連れもどそうとしたため、娘は池に身を投げて死んでしまった。後悔した親は桜の

小沢の桜

紅枝垂地蔵桜

福聚寺のしだれ桜

永泉寺の桜

御前桜

雪村桜

弁天桜

赤津稲荷神社の桜

上石の不動桜

木を植え、娘の菩提を弔ったという。

須賀川市の「古館《ふるだて》の種まき桜」は樹令450年のエドヒガン系のシダレ桜。根元に不動尊の祠があることから「不動様の桜」とも呼ばれていた。ここは南北朝時代にこの地方を治めていた二階堂家の居館跡と伝えられる。桜はその館跡の東側に位置し、長く近隣の人々に種蒔きの時期到来を報せて来た。

「横田陣屋の御殿桜」樹令300年も、江戸時代に横田を差配していた溝口氏の邸跡に咲くしだれ桜。赤味がかった濃いピンクの花が、この辺りでは一番の早咲き桜であるという。

小野町にある「谷地の桜」は樹令450年。高柴山と日影山との間の谷にある土地、即ち谷地に咲く。道路の方からは田畑のずうっと先に見えている。周囲はまだ枯草の冬の色の中で、一本だけ春の色の存在感を見せて立つ。近くまで寄って見るよりも、遠くから見ている方が清々しく見える桜でもある。

「観音桜」。この桜を私たちが訪れたのは一体何年前だったのだろう。この写真では見事に花をつけて立っているが、実のところは2007年の台風で倒壊。枯れてしまった桜である。550年の樹令を数えた桜であった。何百年と生きて来た古桜たちが、近ごろあちらこちらで倒れて行く。何故、どうしたら、と聞かれても、もう私たちには防ぎようのない時代に来てしまっているのかも知れない。せめて私たちの力でできることは、一本一本を訪ねて、その姿を写真に撮って、記録として残しておくこと位しかないような気もしている。私たちにも残された時間はそんなに多くないはずなので。

C. 白河・いわきエリア

「都をば霞とともにたちしかど　秋かぜぞ吹く
白河の関」
平安中期に能因法師が詠んだ白河の関は、現在の白河市に史跡が残っている。都からそんなにも遠いという距離感と、よくぞここまで来たものだという道程への感慨を詠み込んだ名歌として、白河の関はこれ以降、和歌の歌枕として登場することになった。松尾芭蕉も、「奥の細道」の中であこがれの地「白河の関」まで到達し、参拝したことを感慨深げに記しているが、芭蕉に随行した曽良は、その日記の中で「庄司もどしの桜」について言及している。平安時代後期に、この辺りの荘園を管理していた庄司（役人の上級者）である佐藤基治（忠継）には、二人の息子があった。源頼朝が伊豆で旗上げをして、源平の戦さが始まろうとしていた時、奥州の藤原秀衡は、かねてかくまって育てて来た義経が、その陣営に参加することに賛同し、自分の軍勢を義経の配下として付けてやることとした。白河の佐藤基治のもとへも、その命令が届き、基治は継信、忠信の兄弟に、急ぎ義経の家来となるべく関東へ馳せ参じるよう指示を与えた。白河の関まで二人の息子を見送って来た庄司基治は、それまで自分が携行していた桜の枝を地面に挿して、こう言った。「お前たち兄弟二人が義経様に対して、忠義の奉公ができたなら、この桜は根付くだろう。不忠な行いがあったなら枯れてしまうだろう。」そして別杯を汲み交わして、二人は関東へ旅立ち、父親の庄司は役宅へもどった。後年、兄の継信は屋嶋の戦いにおいて、義経をかばって矢を受けて命を落とし、弟の忠信は義経主従が逃亡する際に、義経の身代り

古館の種まき桜

観音桜

横田陣屋の御殿桜

白河の関

谷地の桜

庄司もどしの桜

の囮となって都に残り、奮戦して果てた。歌舞伎の「義経千本桜、吉野山の段」の狐忠信は、この時の佐藤忠信を歌舞伎的に脚色した話であり、継信、忠信兄弟の忠義の死を悼んだ民衆の意を汲んだ歌舞伎作者の創作（それにつけてもあの吉野山の場の華やかで美しいこと!!）である。そして、二人の忠義の死に、白河の「庄司もどしの桜」は根付いて、見事に花を咲かせたことが伝えられている。曽良の日記の中で「畑の中に桜木あり」と記された桜樹は、天保年間に野火のため焼けてしまったというが、残った幹から再び新芽が出て、現在の樹となっている。

白河藩の江戸時代中期の藩主、松平定信は田安家から白河の久松松平家へ養子に入った人である。老中となって寛政の改革を推進した手腕は、評価が分かれる所であるが、藩主としては領民に慕われる名君として定着している。幼少期から聡明なことが有名だったそうで、天明の大飢饉（1782〜87）においても、白河藩では餓死者を出さなかったことや、庶民の学問教育への道を開いたことなどの評価が高い。更に日本最古と言われる公園を造成して庶民に開放した。定信は後に自らの号を「南湖」としたため、この公園は南湖公園と呼ばれ、定信を祀った神社は南湖神社とされた。今、その中に樹令200年の枝垂れ桜が咲く。定信のもう一つの号をとって「楽翁桜」と名付けられた桜である。実は久松松平家は、定信の隠居時代に白河から桑名へ移封してしまう。その後も、白河の人々は定信を忘れず、ずっと公の名を冠した枝垂れ桜を、大切に守り育てて来たものと思われるのである。

その白河の小峰城には、一本の桜と、桜にまつわる一つの悲話が残されている。城が築かれたのは南北朝時代であるが、寛永四年（1627）に丹羽氏が移封されてから、城の大改築に取りかかった。ところが何度石垣を築いても崩れてしまうため、人柱を立てることになった。人柱に当てるのは、老若男女を問わず、その日、城に最初に来た者と決められたが、何と最初に来たのは、作事奉行の娘「おとめ」であった。事情を知らず父を迎えに来た「おとめ」に向かって、父は必死で来るなと手で合図をしたが、娘は逆に「来い」と手招きされているものとばかり思って城に入ってしまった。城内で捕り手から娘は必死に逃げ回ったが、結局は捕えられ、築城の人柱とされた。城は無事に完成、おとめが埋められた場所には菩提を弔うために桜の木が植えられて、「おとめ桜」と呼ばれるようになった。この桜は戊辰戦争の時焼けてしまったので、今あるのは二代目のおとめ桜となる。私たちが訪れた時、東日本大震災で石垣が崩れたため、小峰城は入城禁止となっていた。平成二十七年四月十九日に修復を終えて、今は入城できるので、この桜も見えることになった。

おとめ桜（小峰城）

楽翁桜

高田桜

戸津辺の桜

白河市から茨城県との県境にある矢祭町の方へ行くと、早咲きで知られる「戸津辺の桜」がある。四月初めに咲き始め、そのやさしく清楚な色と、高台にあって周囲を広く見通せる地形から、見る人に爽やかさをもたらしてくれる桜である。樹令は600年。

石川町の「高田桜」は樹令500年。戦国時代に石川大和守がこの地を領したころからのエドヒガンの大木である。傾斜地に立ち、多くの枝が折れ、先端もスッポリとなくした状態で、支柱によって支えられている。周囲は民家が密集。いつまでこの状態が保てるのか、ちょっと心配な桜でもある。

同じく石川町を古殿方面へ向かって走っていると、高台に「谷沢古内の桜」が立っている姿が大きく見える。400年前にこの地区の先祖が植えた三本のエドヒガンのうち、一本だけが残ったものという。きれいに整備された敷地内に祠があって、ちょうど私たちが訪れた時、神事が執り行われていた。私たちも地区の人々に混じって、この樹が永く元気で咲いてくれますようにとお祈りした。

そして古殿町。名木「越代《こしだい》の桜」の里である。むかし国有地だった所に育った山桜の巨樹で、集落の御神木として大切にされて来た。かつてはこの近くの家々の風よけとしても護られて来たらしい。一度見れば忘れられぬような風格を備え、代々《よよ》をこんなふうに堂々と越して来たのかと、その威容に畏敬の念すら持つ。しかも美しい。神々しくも華麗な桜の前に、卑小な存在の自己など忘れて、春の女神に心を預けてしまいたくなる。桜も並木のような派手さを好む人であれば、一本桜はと尋ねられて、先ずは挙げたい桜の一つである。この桜はこの地方の他の桜から遅れて咲く。この辺りの桜がすべて散ったころ、悠々と咲く。越代の桜が終わると、福島県の「花見」は終焉を迎え、夏がやって来る。

その他このエリアの桜たちは、

白河市「妙関寺の乙姫桜」　樹令400年
棚倉市「花園のしだれ桜」　樹令300年
鮫川町「二段田の彼岸桜」　樹令350年
〃　「火打石のしだれ桜」　樹令400年
いわき市「諏訪神社のしだれ桜」　樹令600年
〃　「新田の大山桜」　樹令400年
平田町「馬場桜」　樹令700年
〃　「岩倉桜」　樹令550年
玉川村「金毘羅桜」　樹令300年
天栄村「吉祥院のしだれ桜」　樹令400年

など古桜が多い。

D．会津・南会津エリア

このエリアは「会津五桜」と呼ばれる五本の桜が名高い。

猪苗代町「大鹿桜」　樹令1100年

花の色が白色から次第に鹿の毛のような濃い色に変わるところから名付けられたという。1100年前に、都から村上天皇の勅使が磐橋神社へ参拝の折、持って来て植えたとされる。現在の樹はその子孫。

会津若松市「石部桜」　樹令600年

越代の桜

谷沢古内の桜

中世に芦名氏の重臣だった石部治部大輔の庭にあったところから名付けられたという。戊辰戦争で戦

花園のしだれ桜

二段田の彼岸桜

妙関寺の乙姫桜

馬場桜

新田の大山桜

諏訪神社のしだれ桜

吉祥院のしだれ桜

岩倉桜

金比羅桜

場となった旧滝沢本陣から、北の方へ田畑の中を歩いて行くと、少し盛土されたような所にある。根元から八本の幹に分かれ、八本の木とも見える。各幹が枝を伸ばして、桜林のようにも見える。長年、近隣の農民への種蒔き桜の役割も果たして来た。

会津美里町「薄墨桜」　樹令100年

大島桜系の里桜の一種。古くからの御神木として伊佐須美神社の境内に咲いていたといわれる。咲き初めは、薄く墨をさしたような白色で、次第に赤味を帯びて、中心部が濃い紅色となる。八重と一重の混じった花びらが同時に咲くという。

会津美里町「虎ノ尾桜」　樹令200年

法用寺の境内にある。名前の由来は諸説あるが、花の構造によるものらしい。ある説では「花弁の先端が一本だけ突き出している様子が虎の姿に似ているから」という?? 咲いている花を見てもどうもはっきりしなかった。むしろ、幹が一本だけ斜めに伸びて、その様子が虎ノ尾と思えてしまった。

会津坂下町「杉の糸桜」　樹令200年

薬王寺の石段を上ると、本堂の前にある。天正年間に宮城郡から移植した樹の二代目という。五桜の中で唯一しだれ桜。

会津五桜以外では、会津若松市の「太夫桜」樹令300年は、江戸時代の名妓の死を悼んで植えられたものという。寛永三年（1626）に若松城下にいた名妓いつき太夫が、花見に出掛けた折に、この場所で暴漢に襲われ殺害された。それを悲しんだ実弟の南坊法師によって、太夫の墓の傍らに植えられた桜という。初代の樹はすでに枯れ、現在の樹は二代目。

会津美里町にある「千歳桜」は樹令700年のベニヒガンザクラ。田園が広がる地形の中に一本だけ立っているのでよく目立ち、磐越自動車道を通っている時も、遠くにその姿を認めることができる。鎌倉時代の長者江川常俊には美しい一人娘があった。常姫という名で、成人のお礼参りに寺へ詣でた時、偶然にこの地方の地頭であった富塚伊賀守守勝に出会った。姫は一目惚れしてしまったが、伊賀守の方は「祈願の旨あって妻帯せず」と断ったそうで、悲嘆に暮れた常姫は、病に伏せって亡くなってしまった。父が姫の等身大の像を造り、菩提を弔っていると、伝え聞いた伊賀守は自らの邸の庭に桜を植え、姫の幼名をとって「千歳桜」と名付けたと伝えられる。

　また、南会津町の南泉寺には、本堂の前に「平七桜」樹令120年が咲く。南泉寺二十一世の慶優上

火打石のしだれ桜

大鹿桜

石部桜

薄墨桜

虎ノ尾桜

杉の糸桜

太夫桜

千歳桜

人が、南郷地域宮床にある安照寺（ここに樹令450年のしだれ桜がある）を訪ね、しだれ桜の苗を供の平七に背負わせて、運んで来て植えたものである。途中には駒止峠という、馬さえも通らないほどの難所があり、その険しい道を越えて運んで来た平七の苦辛を称えて、名付けられたという。私たちが訪ねた五月の連休には、もうあらかた散っていたが、それでもまだ少し花が残っていた。花の一輪一輪から、和尚さんから預かって黙々と樹を背負う平七、悪路の途中で平七を気遣う和尚さんの声。平気と答える平七の息づかいの声と姿が見えるような気がした。

その他このエリアでは、

柳津町「細越の種蒔桜」　樹令400年
南会津町「うえんでの桜」　樹令140年
檜枝岐村「六地蔵の桜」
〃　「歌舞伎舞台の桜」

などがあり、遅咲きの花が、地区の人々と共に春を楽しむ情景を見ることができる。

うえんでの桜

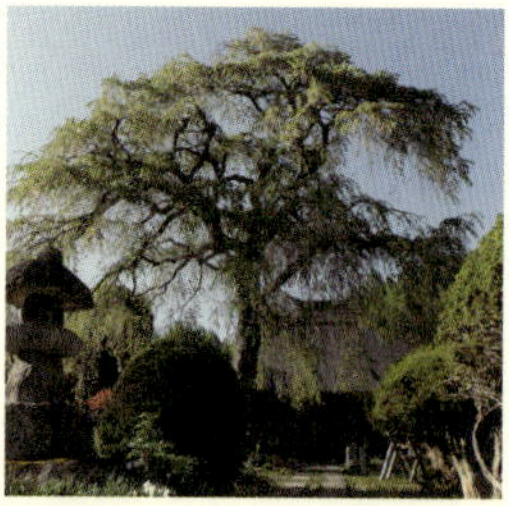
平七桜

歌舞伎舞台の桜

六地蔵の桜

細越の種まき桜

桜の名称	所在地	品種	樹齢	見頃時期
茶屋の桜	福島市渡利鍛冶屋ヶ原	エドヒガンザクラ	３００年	４月中旬
荒井の種まき桜	福島市飯野町青木	エドヒガンザクラ	３００年	４月中旬
行屋の桜	福島市飯野町大久保	エドヒガンザクラ	２５０年	４月中旬
稚児桜	福島市小倉寺捨石７	枝垂桜	２５０年	４月上旬
花見山公園の桜	福島市渡利字原	枝垂桜		３月下旬
合戦場のしだれ桜	二本松市東新殿字大林１４５	枝垂桜	１５０年	４月中旬
箱石の追猪の桜	二本松市上長折箱石92	エドヒガンザクラ	２８０年	４月中旬
山中の伊三郎桜	二本松市西勝田明堂70	エドヒガンザクラ	３８０年	４月中旬
窪桜	二本松市安斉窪	エドヒガンザクラ	２８０年	４月中旬
万燈桜	二本松市安達町			４月中旬
玉ノ井の馬場桜	安達郡大玉村玉ノ井石橋	エドヒガンザクラ	１０００年	４月中旬
秋山の駒ザクラ	伊達郡川俣町秋山小長石	エドヒガンザクラ	４００年	４月中旬
紅枝垂地蔵桜	郡山市中田町木目沢岡ノ内	枝垂桜	３００年	４月中旬
上石の不動桜	郡山市中田町上石	枝垂桜	３５０年	４月中旬
雪村桜	郡山市西田町大田雪村屋敷	枝垂桜	４００年	４月中旬
御前桜	郡山市湖南町赤津稲荷前	エドヒガンザクラ		５月上旬
赤津稲荷神社の桜	郡山市赤津稲荷	枝垂桜		
三春の滝桜	田村郡三春町滝桜久保	枝垂桜	１０００年	４月中旬
福聚寺の桜	田村郡三春町桜御免町	枝垂桜	４００年	４月中旬
小沢の桜	田村市船引町船引堂前	ソメイヨシノ	１００年	４月中旬～下旬
永泉寺のサクラ	田村市大越町栗出長根	紅枝垂桜	４００年	４月下旬
弁天桜	田村市滝根町菅谷七曲	枝垂桜	４００年	４月下旬
古館の種まき桜	須賀川市桙衝古館66―1	枝垂桜	４５０年	４月中旬
横田陣屋御殿桜	須賀川市横田北之後ろ	枝垂桜	３００年	４月中旬
高田桜	石川郡石川町高田２８０―１	エドヒガンザクラ	５００年	４月中旬
矢沢古内の桜	石川郡石川町矢沢古内	エドヒガンザクラ	４００年	４月中旬
新田の大山桜	いわき市三和町下萱新田	山桜	４００年	４月下旬

桜の名称	所在地	品種	樹齢	見頃時期
諏訪神社のしだれ桜	いわき市小川町塩田宮ノ後	枝垂桜	６００年	４月中旬
谷地の桜	田村郡小野町金柳沢３６６	エドヒガンザクラ	４５０年	４月中旬
観音桜	田村郡小野町小戸神日向	枝垂桜	５５０年（２００７年に倒木）	４月中旬
馬場桜	石川郡平田村上蓬田遅沢	エドヒガンザクラ	７００年	４月中旬
岩倉桜	石川郡平田村鴇子三合３５２	枝垂桜	５５０年	４月下旬
金比羅桜	石川郡玉川村中	ベニシダレザクラ	３００年	４月上旬
戸津辺の桜	東白川郡矢祭町中石井戸津辺88	エドヒガンザクラ	６００年	３月下旬～４月上旬
花園のしだれ桜	東白川郡棚倉町花園沢目	枝垂桜	１５０年	４月上旬
越代の桜	石川郡古殿町大久田越代	山桜	４５０年	５月上旬
火打石のしだれ桜	東白川郡鮫川村赤坂西野火打石	枝垂桜	４００年	４月下旬
二段田のヒガンザクラ	東白川郡鮫川村西山二段田	エドヒガンザクラ	３５０年	４月下旬
乙姫桜	白河市金屋町１１６	枝垂桜	４００年	４月中旬
楽翁桜	白河市菅生舘２	枝垂桜	２００年	４月中旬
おとめ桜	白河市郭内	ソメイヨシノ		４月中旬
庄司戻しの桜	白河市表郷中野字庄司戻	山桜		４月中旬
大鹿ザクラ	耶麻郡猪苗代町西峰	サトザクラ	１１００年	５月上旬
石部桜	会津若松市一箕町八幡石部	エドヒガンザクラ	６５０年	４月中旬～下旬
太夫桜	会津若松市一箕町八幡弁天下	エドヒガンザクラ	３００年	４月中旬
杉薬師の糸桜	河沼郡会津坂下町船杉北杉大道	枝垂桜	２００年	４月中旬～下旬
伊佐須美神社の薄墨桜	大沼郡会津美里町宮林	サトザクラ	１００年	４月中旬～下旬
千歳桜	大沼郡会津美里町米田池南乙１７７７―２	紅ヒガンザクラ	７００年	４月中旬
虎の尾桜	大沼郡会津美里町雀林三番山下	サトザクラ	２００年	４月下旬
細越の種まき桜	河沼郡柳津町細入字清水尻	エドヒガンザクラ	４００年	５月上旬
小塩の桜	南会津郡南会津町小塩字丸山地内	オオヤマザクラ	１４０年	５月上旬
平七桜	南会津郡南会津町静川西ノ沢口	枝垂桜	１１０年	５月上旬
歌舞伎舞台の桜	南会津郡桧枝岐村居平	オオヤマザクラ		５月上旬
六地蔵の桜	南会津郡桧枝岐村居平			５月上旬

桜の旅——福島県編

桜へのアプローチ

※二〇一六年一月現在の施設のため、予め営業を確認されてからのご利用をおすすめします。

A　県北・福島・二本松エリア

○**旅館「御宿 かわせみ」**

飯坂温泉の摺上川と小川の合流点に建つ。料亭ではないが、それに匹敵するほど完成度の高い料理が供される。館内全ての空間の取り方、庭の配置、照明などに美学がある。

〒九六〇－〇二〇一
福島県福島市飯坂温泉翡翠の里二一－一四
電話：〇二四－五四三－一一一一

○**フレンチレストラン「ふくの季」**

福島市の住宅街の中にある。装飾用の陶器も、プレートの柄も美しい。プレートに載って来る料理の色もまた美しくやさしい。繊細といえば、この上なく繊細ながら、近頃流行のシェフだけの気儘な手法ではなく、素材の声を聞き、受け手の想いと一致させることができる。高度な品格のある料理。

〒九六〇－八〇四一　福島県福島市荒町五－三五
電話：〇二四－五二三－五五〇一

B　郡山・三春エリア

○**旅館「よもぎ埜」**

磐梯熱海温泉にあって、圧巻なのはその露天風呂。2Fの浴室に入った瞬間に喚声を上げた。浴槽の横まで桜の幹が伸びて来て、枝がほぼ全面桜天井を形造っている。花の天蓋に、この時期これ以上の贅沢はないと思われた。

〒九六三－一三〇九
福島県郡山市熱海町熱海五－三三
電話：〇二四－九八四－二六七一㈹

御宿 かわせみ

ふくの季

よもぎ埜

○**ホテルの中華レストラン「ホテルハマツ『胡蝶花』」**

ホテルの8Fにあり、郡山市街を一望する。桜の季節はまだ雪を冠ったままの東吾妻の連山も遠景に見える。

〒九六三－八五七八
福島県郡山市虎丸町三番一八号
電話：〇二四－九三五－一一一一㈹

C　白河・いわきエリア

○**ホテル「ブリティッシュ ヒルズ」**

「パスポートのいらない英国」として、かつては語学研修のため、館内すべてに英語以外使用禁止とされた時期もあったらしい。本場イギリスのシェークスピアの時代にタイムスリップしたかのような感覚が味わえる。食事も本格的。アフタヌーンティーも楽しめる。

〒九六一－〇六一二
福島県岩瀬郡天栄村大字田良尾字芝草一－八
電話：〇二四八－八五－一三一三

○**旅館「井筒屋」**

猫啼温泉は和泉式部の伝承のある土地で、和泉式部がかわいがっていた猫が、置きざりにされて病み衰えていたが、この温泉で元気になったという。前に流れる今出川の桜並木と、宿周辺の桜が、時季になると一斉に咲いて、宿全体が花に埋もれたようになる。宿の上階から眺めると、まるで花の雲に乗ったような気分。

〒九六三－七八五五
福島県石川郡石川町字猫啼二二
電話：〇二四七－二六－一一三一㈹

ホテルハマツ　胡蝶花

ブリティッシュ ヒルズ

井筒屋

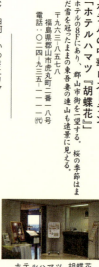

D　会津・南会津エリア

○旅館「向瀧」

江戸時代中期から、会津藩の奥座敷として存在した温泉宿。登録有形文化財の木造建築。

〒九六五–〇八一四　福島県会津若松市東山町大字湯本字川向二〇〇番地

電話：〇二四二–二七–七五〇一

○会席料理「萬花楼」

広大な敷地の中に、池を囲むように造られた座敷。会津の郷土料理。

〒九六五–〇八七二　福島県会津若松市東栄町一〇–六

電話：〇二四二–二七–四五六七

向瀧

萬花楼

越代の桜

○旅館「丸峰観光ホテル 離れ山翠」

離れの全室が大川渓谷に面して建つ。各部屋三間続きの広々とした空間。

〒九六九–五一四七　福島県会津若松市芦ノ牧温泉

電話：〇二四二–九二–二一二一

○宿「花木の宿」

奥只見や尾瀬沼への道の途中にある温泉宿。古民家風の離れが点在。一つ一つの棟と本館を回廊で結ぶ。まだ雪の残る山の斜面を間近に見ながら入る、源泉かけ流しの露天風呂を備えた部屋もある。

〒九六七–〇五一五　福島県南会津郡南会津町大桃一〇四一–一

電話：〇二四一–七六–三一一五

離れ山翠

花木の宿

ブリティッシュ ヒルズ

井筒屋からの眺め

福島県の花木の宿

山形県の桜たち

伊佐沢の久保桜

山形県には、米沢の北に帯状に古い桜が散らばる地域がある。長井市を中心とした「置賜さくら回廊」と名付けられて、南陽市赤湯から白鷹町荒砥に至る約40㎞の中に、樹令500年以上の桜が20本ほど点在している。ざっと挙げてみると、

白鷹町
「薬師桜」　樹令1300年
「子守堂の桜」　樹令600年
「赤坂の桜」　樹令970年
「釜の越桜」　樹令800年
「殿入り桜」　樹令700年
「八乙女種まき桜」　樹令500年
「十二の桜」　樹令400年
長井市
「伊佐沢の久保桜」　樹令1200年
「草岡の大明神桜」　樹令1200年
「白兎のしだれ桜」　樹令800年
南陽市

「眺陽桜」　樹令１５０年
「慶海桜」　樹令１５０年
などであり、これらのうちには様々な伝説や伝承を持った桜もある。

坂上田村麻呂の伝承を持つのは「薬師桜」と「伊佐沢の久保桜」である。「薬師桜」は、坂上田村麻呂が東征の折手植えしたものと言われ、「伊佐沢の久保桜」の方には悲恋伝説が残っている。大正十四年に発行された山形県史跡名勝天然記念物調査報告書の中に次の記載がある。

「延暦十六年征夷大将軍坂上田村麿が蝦夷征討の軍に従事し、漸次陸奥出羽を巡撫してこの地に至り、豪族久保氏の女厚くこれに侍す。将軍軍旅を収めて去るやお玉追慕恋の情に堪えず翌年ついに病没す。将軍之の訃に接し一株の桜をお玉の墓に手植えして以て墓標とせり。」

坂上田村麻呂は平安初期に活躍した武将で、初代征夷大将軍に任ぜられ、陸奥地方での蝦夷征伐に功があった。身長は１７５cm、胸の厚さ40cm、赤ら顔で目は鷹のように鋭く、黄金色のあごひげがふさふさとしていたと言われ、このために「田村麻呂黒人説」まで登場したほどの堂々たる偉丈夫であった。豪胆で武に優れていたが、笑うと赤児もなつくほどの好漢でもあったらしい。征討した土地の民にも生活が成り立つようにと稲作を指導し、屯田兵のように武力としても農民としても両方の性格を併せ持った兵力を駐在させて行き、土地の開拓に力を入れた結果、東北地方の人々からも偉大な将軍として神格化されるまでになったという。久保桜の伝説も、こうした田村麻呂が後々の世にまで尊崇されたところから生まれたものであろう。信仰心も厚く、京都の清水寺の創建にも力を尽くした。江戸時代武家の武楽とされた能の、祝宴でよく舞われた「田村」は坂上田村麻呂を題材としたものである。五十四才で亡くなった時、遺言に従って、武人らしく体に鎧甲《よろいかぶと》をつけ、手には太刀をにぎらせ、立ったまま埋葬されたという。

また、「釜の越桜」と「八乙女種まき桜」は八幡太郎の伝承を持つ。「釜の越桜」は源義家の軍勢がこの地に陣を張った時、竈を築き兵糧を炊いた跡と言われ、「八乙女種まき桜」は義家が京都の石清水八幡宮を遥拝してここに祀り、八人の乙女に舞楽を奉納させたといわれている。石清水八幡宮は、義家が七歳で元服したところであり、義家は長男だったため「八幡太郎」と通称されるようになったという。桜の伝承の中でも度々登場するように、当時から東国の武士の間では英雄視された名であった。源頼朝は「源氏の嫡流、源義家の曽孫」であることを誇りとし、関東に威を広げる際もその名の力にあずかっている。とは言え、義家の生涯は頼朝や義経ほどには知られているわけではない。長暦三年（1039）生まれ、父頼義に従って東国で戦った

子守堂の桜

赤坂の桜

八乙女種まき桜

薬師桜

釜の越桜

眺陽桜

慶海桜

前九年の役では強弓を引いて武勇を発揮した。安倍貞任と衣川で戦って、逃げる貞任に「衣の舘《たて》はほころびにけり」と歌いかけ、貞任に「年を経し糸のみだれの苦しきに」とすぐに返されて、感じ入った義家が矢を放つのを止めたという話や、勿来《なこそ》の関まで来て「吹く風をなこその関と思へども道もせに散る山桜かな」と詠んだという伝承からは、文武両道に秀でた若武者というイメージが浮かび上がって来る。また後三年の役で、雁行の乱れによって敵の伏兵を察知した話では、勇猛なばかりでなく、兵学にも通じ胆力智力も備えたことを示した。けれども後三年の役を鎮めた義家に朝廷は冷やかで、私戦としてしか認められず、恩賞の沙汰どころかかえって陸奥守の官職さえ罷免されてしまった。ところが、義家は自身に恩賞がなかったにもかかわらず、後三年の役で自分に加担して戦ってくれた関東の武士たちに、自分の領地を削って分け与えた。一所懸命という言葉があるように、領地というのは当時の武士にとっては命にかえても守り抜くべき大切な基盤であった。それまでに貴族からや他の武士たちとの間で土地を狙われたり奪われたりしたことはあっても、分け与えてくれるという、しかも自分の身を削ってというのは、考えられないほどの「恩」を受けたことになる。この「主君」にこそ命をあずけ、恩を返そうと思った武士たちが多く出たことは容易に想像される。東国武士たちの信頼と信望を集めた義家に対して、遂には荘園を寄進してその配下に入ろうとする武士や百姓まで現われるようになった。こうして八幡太郎義家の名は英雄として残り、東国における源氏の地位を不動のものとして行ったのであった。

それから「草岡の大明神桜」には伊達政宗の伝説がある。この樹は幹回りが10・9mもある大木で、樹のすぐそばに説明板が立てられている。それによると、四百数十年前、伊達政宗が鮎貝の戦いに敗れた時、この桜の幹に隠れて一命を助かったという。その後、横山勘解由という家臣を遣わして、代々この桜の保護に当たらせたという。

置賜《おきたま》さくら回廊を離れて、寒河江市へ行くと、「白岩の種蒔き桜」があり、この桜には一風変わった伝承がある。源義家と前九年の役で戦った敵に安倍貞任がいるが、この地方の農民にとっては、安倍貞任の率いる軍勢は、鬼のような大悪人であったという。毎回やって来ると略奪をくり返したので、農民はその都度山の奥へと逃げて行く。ある時、春の種蒔きの時期というのに、身を隠さねばならなくなった。皆今年の種蒔きの時期をはずしてしまったことを心配しながら村へ帰って来た。ところが畑には既に種が蒔かれ、芽まで生えている。驚いた人々が桜の樹のそばまで行ってみると、桜の根元にはたくさんの種子がこぼれ落ちていた。これはきっと桜の精が種蒔きをして村を救って

白兎のしだれ桜

十二の桜

草岡の大明神桜

西蔵王牧場の大山桜

殿入り桜

お達磨の桜

白岩の種蒔き桜

くれたのだということになって、それ以来この桜を「種蒔き桜」と呼ぶようになったという。

　中山町の「お達磨の桜」も伝承が少々変わっている。むかしむかし、達磨寺の村の名主の家にみずぼらしい僧が訪ねて来た。家に入れて宿を貸したが、その夜急に苦しみ出して息を引きとってしまった。亡くなる間際に遺言をし、自分が死んだら桜の根元に埋めて、三十五日経ったら掘り出してくれるように頼んだ。村人たちは遺言通りにして掘り返して見ると、一幅の掛け軸だけが出て来た。達磨の絵の掛け軸だったので大切にしていたが、長年経って傷んできたので、表具を修理することになった。完成したとの報せを受けて都まで取りに行ってみると、表具師は同じ図柄の達磨の軸を六本も並べて見せる。どれなのか見分けがつかず、困ってしまって宿に帰ると、その夜夢のお告げがあった。笹の葉で目をこするようにと言われたので、翌日、そのようにしてみると、六本の中で一幅だけがパチパチとまばたきをした。その軸を村へ持ち帰り、皆に話すと、この軸はきっと達磨大師の化身にちがいないということになり、「生き達磨」と呼ばれ、大切に奉るようになったという。

　山形市の「西蔵王牧場の大山桜」には西行法師の伝承がある。西蔵王は古くからの信仰の地で、最盛期には三百もの宿坊があったと言われる。ここへ平安末期（１１８８）に西行が訪ねているのである。あちらこちらと点在するように咲く大山桜を見て、

「たぐひなき　おもひいではのさくらかなうすくれなゐのはなのにほひは」

と詠んだと伝えられる。

　月山の下をトンネルで潜り、鶴岡市へ入ると湯殿山の麓に注蓮寺があり、本堂の横に「七五三《しめ》掛桜《かけざくら》」が立っている。樹令２００年のカスミザクラだそうで、この樹の下で弘法大師が修行したという伝説がある。また丑の年にはひとりでに注蓮縄が掛かるという不思議な伝承も持っている。毎年五月上旬から

中旬にかけて咲き、初めは白く見える花が、散るころには桃色に変化するという。私たちが訪れた五月五日はもう散りかけだったので、淡いピンクの花に見えた。

この他山形県の桜たち、

上山市「権現堂のふりそで桜」　樹令５００年
天童市「貫津の種まき桜」　樹令４００年
〃「舞鶴山の江戸彼岸桜」　樹令５００年
〃「山口の神社の桜」　樹令不詳
朝日町「伊豆の権現桜」　樹令７００年

七五三掛桜

舞鶴山の江戸彼岸桜

山形市「愛染神社の江戸彼岸桜」　樹令６００年
川西町「川島のしだれ桜」　樹令２５０年
鶴岡市「井岡寺の桜」　樹令４００年
鮭川村「鮭川村役場の桜」　樹令１００年

権現堂のふりそで桜

貫津の種まき桜

山口の神社の桜

伊豆の権現桜

桜の名称	所在地	品種	樹齢	見頃時期
西蔵王牧場の大山桜	山形市神尾 蔵王牧草地	オオヤマザクラ		4月下旬～5月上旬
オサヤジの種まき桜（愛染神社の桜）	山形市松原山ノ神1165―4	エドヒガンザクラ	650年	4月中旬～下旬
権現堂のふりそで桜	上山市権現堂	枝垂桜	500年	4月中旬
川島のしだれ桜	東置賜郡川西町	枝垂桜	250年	4月下旬～5月上旬
宮宿の権現桜	西村山郡朝日町宮宿	エドヒガンザクラ	700年	
貫津の種まき桜	天童市貫津851―2	エドヒガンザクラ	400年	4月下旬
舞鶴山のエドヒガン	天童市	エドヒガンザクラ	500年	4月下旬～5月上旬
山口の神社の桜	天童市山口			
白岩の種まき桜	寒河江市白岩陣ヶ峰	エドヒガンザクラ	800年	4月下旬
お達磨の桜	東村山郡中山町達磨寺2580	エドヒガンザクラ	700年	4月下旬
高玉の薬師桜	西置賜郡白鷹町高玉	エドヒガンザクラ	1200年	4月下旬
子守堂の桜	西置賜郡白鷹町鮎貝3347	エドヒガンザクラ	1020年	4月下旬
赤坂の桜	西置賜郡白鷹町箕和田赤坂壱1071	エドヒガンザクラ	970年	4月下旬
釜の越桜	西置賜郡白鷹町高玉3524―1	エドヒガンザクラ	800年	4月下旬
殿入り桜	西置賜郡白鷹町浅立羽黒入4396	エドヒガンザクラ	700年	4月下旬
八乙女種まき桜	西置賜郡白鷹町荒砥甲楯廻1092	エドヒガンザクラ	500年	4月下旬
十二の桜	西置賜郡白鷹町山口山際	エドヒガンザクラ	400年	4月下旬
伊佐沢の久保桜	長井市上伊佐沢	エドヒガンザクラ	1200年	4月下旬
草岡の大明神桜	長井市草岡夏止	エドヒガンザクラ	1200年	4月下旬
白兎のしだれ桜	長井市白兎2286	枝垂桜	150年	4月下旬
双松公園の眺陽桜	南陽市宮内	枝垂桜	160年	4月下旬
双松公園の慶海桜	南陽市宮内	枝垂桜	160年	4月下旬
注連寺の七五三掛桜	鶴岡市大網中台92―1	カスミザクラ	200年	4月下旬～5月上旬
井岡寺のしだれ桜	鶴岡市井岡和田	枝垂桜	170年	4月下旬
鮭川村役場の桜	最上郡鮭川村佐渡2003―7	エドヒガンザクラ	100年	5月上旬

井岡寺の桜

川島のしだれ桜

鮭川村役場の桜

愛染神社の江戸彼岸桜

桜の旅――山形県編

桜へのアプローチ

※二〇一六年一月現在の施設のため、予め営業を確認されてからのご利用をおすすめします。

「置賜さくら回廊の桜」・「川島のしだれ桜」・「伊豆の権現桜」・「権現堂のふりそで桜」・「愛染神社の江戸彼岸桜」・「西蔵王牧場の大山桜」への桜旅は

○旅館「古窯」
大浴場からも客室からも蔵王の雄姿を眺めることができる。館内の1Fには館名の由来となった古窯跡がある。
〒九九九－三一九二　山形県上山市葉山五－二〇
電話：〇二三－六七二－五四五四

○旅館「名月荘」
貸切の立ち湯があり、立って浸っていると不思議な開放感がある。張り出したテラスの椅子に座っていると、山の斜面の緑が目に快い。
〒九九九－三二四二　山形県上山市葉山五－五〇
電話：〇二三－六七二－〇三三〇

「お達磨の桜」・「貫津の種蒔き桜」・「舞鶴山の江戸彼岸桜」・「山口の神社の桜」・「白岩の種蒔き桜」への桜旅は

○中華レストラン「紅花楼」
山形駅のそばのビル24F。交通が便利。山形市内を一望できる。ビルの四隅に造られた展望室からは、蔵王、出羽三山も見える。
〒九九〇－〇八二七　山形県山形市城南町一－一－一
霞城セントラル二四階
電話：〇二三－六四七－六三一一

○旅館「天童荘」
残月床のある広間と、ガラスで周囲をおおわれた小間と両方の茶室がある離れ。食事も茶懐石風。
〒九九四－〇〇二四　山形県天童市鎌田二－二－一八
電話：〇二三－六五三－二〇三三

古窯

名月荘

紅花楼

天童荘

「七五三掛桜」・「井岡寺の桜」・「鮭川村役場の桜」への桜旅は

○フレンチレストラン「とらんすぱらん」
住宅街の中に建つ。さりげなく見え、実は気配りの行き届いたインテリア。和風の手法が感じられるコース料理。
〒九九七－〇〇一四　山形県鶴岡市大宝寺町八－二〇
電話：〇二三五－二三－七七三六

○旅館「萬国屋」
あつみ川の川畔に建つ。庭園を歩くように大きく広々とした大浴場。部屋付の露天風呂もゆったりと入れる。
〒九九九－七二〇四　山形県鶴岡市湯温海丁一
電話：〇二三五－四三－三三三三

○公共の宿「うしお荘」
湯野浜温泉の浜に建つ。客室からも大浴場からも洋々とした海と砂浜が見える。夕陽が美しい。
〒九九七－一二〇一　山形県鶴岡市湯野浜一－一－二三
電話：〇二三五－七五－二七一五

○旅館「亀や」
湯野浜温泉の端に位置し、角部屋の窓の外には海へ落ち込む山と海辺の光景が広がる。きめ細やかで、しかも押しつけでないサービスが心地良い。
〒九九七－一二〇一　山形県鶴岡市湯野浜一－五－五〇
電話：〇二三五－七五－二三〇一

○イタリアンレストラン「アル・ケッチァーノ」
庄内の浜と出羽三山の麓に広がる田畑の恵みを自在に使って造り上げる美しくも美味なイタリアン。
〒九九七－〇三四一　山形県鶴岡市下山添一里塚八三
電話：〇二三五－七八－七二三〇

とらんすぱらん

萬国屋

うしお荘

亀や

アル・ケッチァーノ

山形県の名月荘

秋田県の桜たち

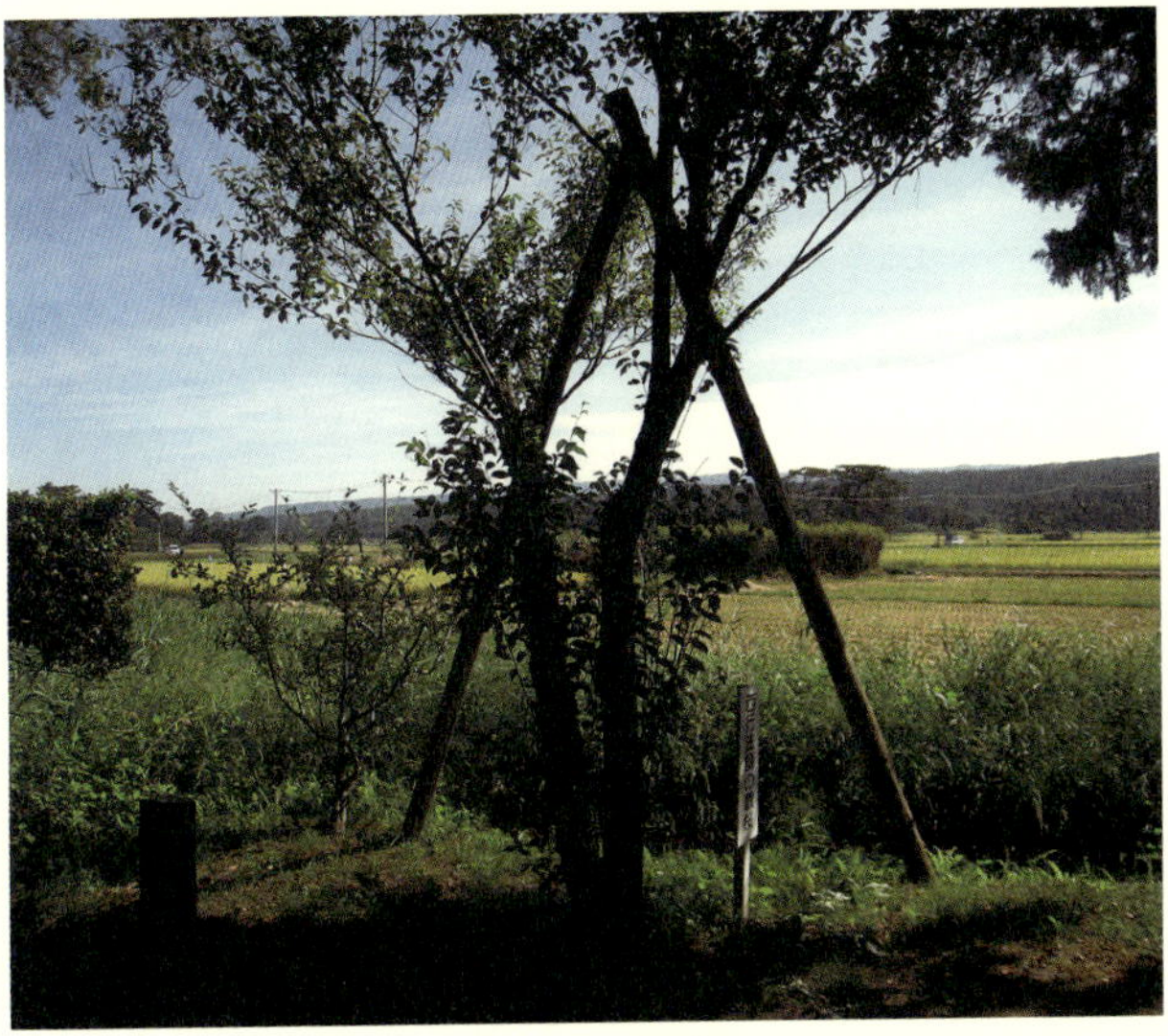

西行法師の歌桜

にかほ市にも「西行桜」があると聞いて、それではと訪ねて行く気になった。にかほ市はその昔、松島と肩を並べるような象潟という景勝地があって、芭蕉の「奥の細道」にも描かれている。ついでに「象潟や雨に西施《せいし》がねぶの花」と芭蕉の句にあるような入り江や湖の情緒を楽しんで、あわよくば舟にも乗ってと、まあそんな浅ハカな動機である。浅ハカに行けば、やはり浅ハカなことしか起こらない。象潟に着く前に「有耶無耶の関」などという所をうっかり通ったのが運の尽き!? やっぱりウヤムヤに終わってしまった…。とは言え、とりあえずまとめてみると、現在象潟は「潟」ではなく、文化元年（1804）の大地震によって土地全体が隆起し、それ以後は田畑の広がる大地状をなしていること。蚶満寺という、かつては岬に建ってビューポイントでもあった寺も、当時は乗船場があり文人墨客もすべてそこから象潟へ乗り入れたほどであったが、今は田園の中にあることなど。そしてこの寺の境内に「西行法師の歌桜」と呼ばれる若い樹があった。

「象潟の桜は波に埋もれて

花の上漕ぐ海士の釣り舟」

西行がこの場で詠んだとされる歌である。芭蕉も「むかふの岸に舟をあがれば『花の上こぐ』とよまれし桜の老木、西行法師の記念《かたみ》を残す」と記しているので、かなり昔から知られていた歌であり、芭蕉当時はそれ相応の大木、老木がここに立っていたと思われる。が、この西行桜は、案内して下さったお寺の方も何代目か分からないそうなので、今はただ、若い樹の傍らに立って、ひたすら想像力を働かせ、あちこちに見える島の名残りという松影を、目で追うだけに止めておこう。芭蕉がこの地を訪れたことは確実であっても、西行法師も能因法師もこの地を踏んだという記録は今のところないのだそうで、それもまあ、今後見つかるかも知れないということで、ウヤムヤのまま象潟をあとにした。

あまり便乗するばかりでは関に対して申しわけないので、少しだけ有耶無耶関の由来に触れておくと。もちろん意味は「はっきりしないこと」である。昔むかし、手長足長の人食い鬼が鳥海山に住んで、悪いことばかりするので皆困っていた。鳥海山の神様がカラスをつかわして様子を探らせ、鬼が現われそうなら「有や」、いなければ「無や」と鳴いて知らせるようにした。そこでこの関の名が「有耶無耶の関」と呼ばれるようになった。

にかほ市から北へ行くと、由利本荘市を通る。ここには樹令400年という「葛岡のかすみ桜」がある。山桜の一種だそうで、カスミ桜としては日本一の大きさの樹といわれている。幹の太さだけでも5mを越え、花の時季には遠くから見ると、そこだけ霞がかかったように見えるのでこの名があるという。

由利本荘市から栗駒山の方へ向かって走ると湯沢市となる。湯沢横手道路を少しはずれた田の中に「おしら様のしだれ桜」と呼ばれ、地域の人々に大切にされて来たしだれ桜がある。樹令は200年。「白山神社のしだれ桜」「赤塚のしだれ桜」という別名もあるが、この地方では白山神社をおしら様と呼んで来たため、おしら様のしだれ桜の方がよく知られている。半球状の美しい形をして、まだ田起こしをされていない広い田の中に一本だけ立ち、遠くからもよく目立つ。この近辺は奈良時代から官道が通り、物資を運ぶ重要な拠点だったという。物ばかりではなく、人の往来もこの道が主だったらしく、小野小町の故郷という伝承も残っている。アキタコマチの本場と言えば身近に感じられるかも知れない。

湯沢から北上して行くと、横手を通って仙北市へ入る。東北三代桜の一つと呼ばれ、観光バスがひきも切らずに集まるのが、ここ角館のしだれ桜である。武家屋敷通りの両側に、邸内から伸びたしだれ桜が長く影を落とす。古いものは樹令300年といわれている。武家屋敷通りとは言いながら、他の都市に残る武家屋敷とはちょっと違い、雅びな風があって京文化が色濃く残り、公家屋敷通りとでも呼びたいほどである。これは角館が城下町として造られた当初の事情によるものが大きいらしい。慶長八年（1603）に蘆名《あしな》義勝が所預《ところあずかり》（領主ではなく、重臣が一時城と領内を預か

葛岡のかすみ桜

おしら様のしだれ桜

葛岡のかすみ桜

おしら様のしだれ桜

武家屋敷のしだれ桜

って統治する）として角館に入った。最初は古くからの城山に居を定めたが、義勝夫人が城中で妖怪（⁈）を見たため、麓へ館を移し、城下町自体も移転させたという。その蘆名氏が断絶したあとは、佐竹北家の佐竹義隣《よしちか》が継いだが、この人はもともと京都の公家から養子として入った人であった。秋田へ下る際に京都の円山神社からしだれ桜のひこばえを持参したという話があり、京を懐かしんで、角館の地名に鴨川や小倉山などと京を模して付けたと言われる。更に二代目の佐竹義明の時、正室に京都から三条西家の姫をむかえた。お輿入れの荷の中には三本のしだれ桜の苗が入っていた。それが現在の角館のしだれ桜のはじまりであるという。また三条西家といえば、藤原定家の流れを汲む歌道の家であり、香道の御家流宗家という家柄でもある。以来角館には京の公家文化が根付いたと言われている。

同じ仙北市でも田沢湖に近い地域へ行くと「白山桜」、樹令450年がある。遅咲きの花で、ほとんどの桜が終わってから咲き始める。白い花をたくさんつけて春の殿《しんがり》をつとめるのでシロヤマザクラと呼ばれるそうである。雪も湖からの風も、桜にはつらい環境と思われるが、たくさんの傷跡を古兵士のように残しながら、それでも一つ一つを克服しながら450年を生き続ける桜である。

辛抱強い桜を、秋田県でもう二本見たので紹介しておこう。北秋田市の「根曲り桜」と三種町の「宮ノ目桜」である。

「根曲り桜」は幹が地面に並行して北側に5mほど伸びるという変わった形をしている。根が曲がっているというより、幹がほとんど倒れたような形に横だわり、それでも枯れるでもなく、そのまま伸びて枝も出し、枝は毎年花をつける。珍しい樹形が昔から評判だったと見えて、寛文二年（1662）には津軽信政公が参勤交代の折、わざわざ立ち寄っている。綴子《つづれこ》は奥羽街道の要衝の地であり、この桜が植わっている高橋八郎兵衛家はこの時も本陣をつとめ、代々肝煎《きもいり》役に任じられていた旧家であった。

「宮ノ目桜」の方は江戸時代の詳細なスケッチが残されている。菅江真澄という東北地方の旅行家が著した「菅江真澄遊覧記」の中で、１８０７年に彩色した図と紀行文を書いている。それによると、太い幹を持ち、斜面に根を張って花をつけた堂々たる大木である。現在は倒木し、地面に長く伏せた恰好ではあるが、それでも伐り口付近から新しく出た芽が上へ伸び、若木の形と見えるまでになっている。二本とも地に這いながらも、枯れ果ててしまうことなく、最後の力を振り絞って新芽を出し、生きようとする意志を見せていた。

それ以外の秋田の名桜、古桜たち、

湯沢市「雲岩寺のしだれ桜」　樹令３００年
大仙市「大巻のしだれ桜」　樹令３００年
〃　「豊島家のしだれ桜」　樹令３５０年
仙北市「龍厳寺のしだれ桜」　樹令３００年
〃　「潟のしだれ桜」　樹令２５０年

武家屋敷のしだれ桜

白山桜

根曲り桜

宮ノ目桜

根曲り桜

〃　「桧木内支所のしだれ桜」　樹令２２０年
秋田市「利右衛門桜」　樹令３００年
〃　「北の丸のしだれ桜」　樹令１５０年
〃　「愛宕神社のしだれ桜」
能代市「太平山の姥桜」　樹令４００年枯死？

桜の名称	所在地	品種	樹齢	見頃時期
利右衛門ざくら	秋田市豊岩豊巻字中山1	ミネザクラ	３００年	4月下旬～5月上旬
北の丸のしだれ桜	秋田市千秋北の丸5―72	枝垂桜	１５０年	4月下旬
愛宕神社のしだれ桜	秋田市楢山寺小路30	枝垂桜		4月下旬
おしら様のしだれ桜	湯沢市横堀赤塚地域	枝垂桜	２００年	4月下旬
雲岩寺のしだれ桜	湯沢市相川古館ノ下	枝垂桜	３００年	4月下旬
葛岡のかすみ桜	由利本荘市葛岡落合43	カスミザクラ	４００年	4月下旬～5月上旬
白山桜	仙北市田沢湖生保内阿気	カスミザクラ	４５０年	5月上旬
潟のしだれ桜	仙北市田沢湖潟一の渡	枝垂桜	２５０年	5月上旬
龍厳寺のしだれ桜	仙北市角館町雲然字田中	枝垂桜	３００年	4月下旬
武家屋敷の桜	仙北市角館町東勝楽町	枝垂桜	３００年	4月下旬
松葉のしだれ桜	仙北市西木町桧木内松葉	枝垂桜	２２０年	5月上旬
豊島家のしだれ桜	大仙市協和船岡上宇都野２４９	枝垂桜	３５０年	4月下旬
大巻のしだれ桜	大仙市大巻	枝垂桜	３００年（今は若木）	4月下旬
蚶満寺の西行桜	にかほ市象潟長岡		何代目か	4月下旬～5月上旬
宮桜、または宮ノ目桜	三種町下岩川宮ノ目南端		１２０年	
綴子の根曲桜	北秋田市綴り子西館	山桜	４００年	4月下旬

雲岩寺のしだれ桜

豊島家のしだれ桜

大巻のしだれ桜

龍厳寺のしだれ桜

北の丸のしだれ桜

潟のしだれ桜

太平山の姥桜

桧木内支所のしだれ桜

愛宕神社のしだれ桜

利右衛門桜

桜の旅――秋田県編

桜へのアプローチ

※二〇一六年一月現在の施設のため、予め営業を確認されてからのご利用をおすすめします。

「根曲り桜」・「宮ノ目桜」・「利右衛門桜」・「愛宕神社のしだれ桜」・「北の丸のしだれ桜」・「太平山の姥桜」への桜旅は

○ホテル「十和田ホテル」

十和田湖の西岸にあり、高台に建つので窓から湖面をながめることができる。周りはブナ林。秋田杉や銘木を使って宮大工が腕を競った建築は目を見張るような豪壮さと精巧さを持っている。

〒〇一八-五五一一　秋田県鹿角郡小坂町十和田湖西湖畔
電話：〇一七六-七五-一一二二

○フレンチレストラン「千秋亭」

千秋公園の中にあり、神社の格式ある広間をレストランに転化。庭園をながめながらのフレンチ。

〒〇一〇-〇八七六　秋田県秋田市千秋公園一-一六
電話：〇一八-八二五-一七二三

○ホテルの中華レストラン「サンルーラル大潟」

八郎潟の干拓地の中に建つ。8Fの展望温泉からはその広さが実感できる。中華レストランは1Fにある。

〒〇一〇-〇四四一　秋田県南秋田郡大潟村北一-三
電話：〇一八五-四五-三三三一

十和田ホテル

千秋亭

サンルーラル大潟

「武家屋敷の桜」・「白山桜」・「龍巌寺のしだれ桜」・「大巻のしだれ桜」・「潟のしだれ桜」・「桧木内支所のしだれ桜」・「豊島家のしだれ桜」への桜旅は

○旅館「侘桜」

門と母屋の茅葺き屋根が角館らしい雰囲気を醸し出している。鎌倉時代の領主の居館跡という広大な敷地に全十室。部屋付の露天風呂も広さがある。テラスの椅子で遠山をながめていると心がほどけて夕空に広がって行く。

〒〇一四-〇五一五　秋田県仙北市西木町門屋字笹山二-八
電話：〇一八七-四七-三五一一

○ホテル「ローズパークホテル」

田沢湖畔にあり、客室の窓からもレストランからも深く美しい湖の景色を見渡せる。辰子姫像もすぐ近く。

〒〇一四-〇五一一　秋田県仙北市西木町西明寺字潟尻七八
電話：〇一八七-四七-二二一一

○旅館「都わすれ」

抱返り渓谷の中にあり、そこへ至る道は林の中の細く長い道。全客室に渓谷をながめる露天風呂が備えてある。

〒〇一四-一一一三
秋田県仙北市田沢湖卒田字夏瀬八四
電話：〇一八七-四四-二二二〇

侘桜

ローズパークホテル

都わすれ

「葛岡のかすみ桜」・「おしら様のしだれ桜」・「雲岩寺のしだれ桜」・「西行法師の歌桜」への桜旅は

○ホテル「フォレスタ鳥海」

鳥海山の麓、窓からはブナ林と、間近にその迫力ある雄姿をながめることができる。

〒〇一五-〇五一一
秋田県由利本荘市鳥海町猿倉字奥山前八-四五
電話：〇一八四-五八-二八八八

○公共の宿「秋の宮山荘」

温泉は秋田県でも最古の歴史という。山荘の前を仙秋サンラインという渓谷美にあふれた道が、鬼首高原を通って宮城県の鳴子へ通じている。

〒〇一九-〇三二一
秋田県湯沢市秋ノ宮字殿上一-一
電話：〇一八三-五六-二四〇〇

十和田ホテル

秋の宮山荘

フォレスタ鳥海
「ホテル提供写真」

サンルーラル大潟からの眺め

フォレスタ鳥海からの眺め

ローズパークホテルからの眺め

秋田県のローズパークホテル

宮城県の桜たち

若林区役所のしだれ桜

仙台市の榴ヶ岡《つつじがおか》公園の桜は、元禄時代に第四代藩主伊達綱村が、生母三沢初子の菩提を弔うために釈迦堂を建立し、そこに京都から桜の苗1000本を取り寄せて植えさせたものである。この元禄時代に植えられた桜のうち一本を、当時作業に加わっていた伊達家登米《とめ》藩の武士が下屋敷の庭へ持ち帰って植えた。現在若林区役所となっているのが、その登米藩の下屋敷だった敷地で、庭にある樹齢390年のしだれ桜は、榴ヶ岡から運ばれた苗が育ったものという。

三沢初子は若くして隠居し正室のなかった三代藩主綱宗の事実上の正室であった。史上有名な仙台藩のお家騒動の中で、二歳で藩主の座にすわらされ、毒殺されかかった綱村の一切の世話を自ら行い、名実ともに藩主となるまで守りぬいた。初子が幼い綱村の食事の調理まで御殿の中で行い、茶釜で米飯を炊いたりしたことが誇張されて、後年歌舞伎の「伽羅先代萩」の政岡のモデルとなったと言われている。

伊達騒動は伊達家中では治まらず、幕府の老中の屋敷内での刃傷事件にまで発展し、結局多くの関係者が亡くなるという騒ぎとなった。伊達家存亡の危機であったが、何とか藩の取り潰しはまぬがれ、伊達六十二万石は安堵された。それにしてもこの事件は未だに解明されていないことが多い。歌舞伎などでは悪役で有名な原田甲斐も、大河ドラマ「樅の木は残った」では大忠臣として描かれている。そもそもの発端である三代藩主綱宗の不行跡というのも、必要以上に誇張された部分も多いらしいのである。俗に有名な遊女の三浦高尾を綱宗が身請けしたという話や、綱宗に逆らった高尾を船上で吊るし斬りにしたなどの話は、歌舞伎的には面白いが、全くの創作であるらしい。伊達家では、この謎の多い寛文事件に関する古文書は、「伊達の黒箱」という箱に納められて、事実関係は封印されたままであるという。

登米市にも古い桜が多い。中でも一番古い伝承を持つ桜は「飯綱神社の南殿の桜」で、樹令は150年。現在の樹はそのひこばえであるという。樹のそばに立てられた説明板によると、武烈天皇の時代、御所の南殿にあった桜の枝を天皇が襟にさして舟遊びをしていた。海が荒れたので、その小枝を海中へ投げ入れると波は静まり、天皇は無事に宮中へ帰ることができた。小枝はそのまま海中を漂って、この地に流れついた。里人が拾って植えると、根付いて大木となったので、それ以降この桜は世の吉凶を占う「世の中桜」となったという。

「長谷寺の遮那桜」は樹齢810年。源義経のお手植え伝説を持つ。文治三年（1187）に長谷寺を訪れた義経が、この寺に自分の稚児名をとって遮那山とし、自ら桜を植えたので、遮那桜と呼ばれるようになったという。この少し前、義経は京の都を落ちのび、北陸路をとって、苦難の旅の末ようやく奥州の藤原秀衡の邸へたどり着いたところであった。平泉の地へもどってみると、僅かな間の疾風怒濤のような自らの運命の変化に、感慨を禁じ得なかったことと思われる。六年前に勇んで頼朝のもとへ参陣し、兄との感激の対面。そのあと武将としての獅子奮迅の働きも、結局は汚名を着せられ謀反人となるためだったのかと思えば、はかなく空しい人生の夢のようである。桜を植えつつも、苗木が花をつけるまでには何年もかかることを想い、その時間の長さをはかると、自らの今後の運命の保証はどこにもない。鞍馬の山奥で、いつか武将になる夢のみを追って、剣術のけいこに励んでいたあの頃が懐かしく、それゆえに稚児名の「遮那王」をとって付けた名であったとも想像されるのである。この時から二年の後、義経は頼りとしていた秀衡を失い、息子の泰衡の裏切りによって居館を襲われ、衣川で自害して果てた。おそらくは自らの植えた遮那桜の花を見ることもなく、散って行ったことと思われる。

その後、遮那桜は一時衰えたものの、現在は治療によって樹勢を回復し、年毎に見事な花を咲かせるそうである。

長谷寺の遮那桜

飯綱神社の南殿の桜

長谷寺の遮那桜

飯綱神社の南殿の桜

山王桜

山王桜

「山王桜」は樹令600年。こちらは坂上田村麻呂の伝承がある。東征の帰りに、この地に陣を張り戦勝の記念に植えた桜と伝えられ、田村麻呂のお手植えの代から、数度に渡り植え継がれて来たものだそうである。

登米市から福島県境の丸森町まで一気に南下すると、山中に「筆甫の親王桜」がある。根元には、南北朝時代に北畠顕家が霊山城を築いた時に鬼門に当たるとして祀った薬師堂の祠がある。樹令は660年と伝えられ、樹高が30mもある丈の高い大桜である。北畠顕家と義良《のりよし》親王がこの地を訪れ、薬師堂を祀った際に手植えされたものと言われ、後年、後村上天皇となった親王の桜ということで親王桜と呼ばれている。

北畠顕家は「神皇正統記」を著した北畠親房の長男で後醍醐天皇に近侍した公卿でありながら武人としても活躍した。文保二年（1318）生まれで、元弘三年（1333）新田義貞が鎌倉幕府を滅ぼすと、十五才で陸奥守に任命され、東国へ下った。初めは加勢していた足利尊氏が反旗を翻すと、上京して足利軍を破り、一時は優位を保った。再び東国へもどった顕家は、後醍醐天皇の第八皇子である義良親王をむかえて、国府を霊山へ移した。筆甫《ひっぽ》に親王桜を植えたのはこの時のことと思われる。建武四年（1337）霊山城を立って上洛したが、前年の楠正成の戦死や、新田義貞との連携がうまく行かず、翌年五月和泉の石津の戦いにおいて、北朝方の軍勢に囲まれ落命した。この時顕家は二十一才。文武両道に優れた若き貴公子で凛々しく、美男子であったという伝承がある。聡明でもあったようで、死の七日前に後醍醐天皇へ宛てて諫奏文を書き、建武新政の矛盾点を指摘し、批判を加えている。顕家の諫奏も空しく、後醍醐天皇は現実に眼を向けることができず、建武の新政は失敗に終わった。

宮城県の名桜、古桜は以下の桜たちの他にも各所にたくさんあって、それぞれ伝承や伝説に彩られている。

塩竈市「塩竈桜」
栗原市「袋川原前の東彼岸桜」　樹令260年
川崎市「地蔵桜」　樹令370年
蔵王町「根返しの桜」　樹令600年

〃　「鬼子坂の桜」　樹令600年
登米市「万年桜」　樹令200年
〃　「南ノ沢の種まき桜」　樹令800年

筆甫の親王桜

筆甫の親王桜

塩竈桜

袋川原前の東彼岸桜

桜の名称	所在地	品種	樹齢	見頃時期
筆甫の親王桜	伊具郡丸森町筆甫和田	エドヒガンザクラ	660年	4月下旬
若林区役所のしだれ桜	仙台市若林区保春院前丁3-1	枝垂桜	390年	4月中旬
塩竈桜	塩竈市一森山1-1	サトザクラ	50~60年	4月下旬
袋川原前の種まき桜	栗原市鶯沢袋川原前	エドヒガンザクラ	260年	4月上旬~中旬
長谷寺の遮那桜	登米市中田町浅水長谷山	エドヒガンザクラ	810年	4月中旬~下旬
山王桜	登米市迫町北方相ヶ沢	山桜	600年	4月中旬~下旬
万年桜	登米市東和町錦織畑ノ沢	エドヒガンザクラ	200年	4月下旬~5月上旬
南ノ沢の種まき桜	登米市東和町米谷南ノ沢	エドヒガンザクラ	800年	4月中旬~下旬
南殿の桜	登米市中田町上沼字境前58	エドヒガンザクラ	元木は倒木、今は若木	4月中旬~下旬
地蔵桜	柴田郡川崎町前川堀切	エドヒガンザクラ	370年	4月中旬
根返しの桜	刈田郡蔵王町円田高木	エドヒガンザクラ	400年	4月中旬~下旬
鬼小坂の桜	刈田郡蔵王町円田		600年	4月中旬~下旬

根返しの桜

鬼子坂の桜

地蔵桜

万年桜

南ノ沢の種まき桜

桜の旅——宮城県編

「遮那桜」・「山王桜」・「万年桜」・「南ノ沢の種まき桜」・「飯綱神社の南殿の桜」・「袋川原の東彼岸桜」への桜旅は

○ホテル「ホテル オニコウベ」

栗駒国定公園のカルデラ地形の中にあるリゾートホテル。周囲の山々、草原、牧場などスイスを思わせるような風景が広がっている。

〒九八九-六九四一
宮城県大崎市鳴子温泉鬼首大清水二六-一七
電話：〇二二九-八六-二〇一一

○公共の宿「玉造荘」

こけしと紅葉で知られた鳴子峡の入り口、川渡温泉にあり、かけ流しの温泉を備えた二棟の離れを持つ

〒九八九-六七一一
宮城県大崎市鳴子温泉字川渡六二
電話：〇二二九-八四-七三三〇

「若林区役所のしだれ桜」・「塩竈神社の塩竈桜」への桜旅は

○ホテルの中華レストラン「仙台ロイヤルパークホテル『桂花苑』」

各部屋から眺める庭園が美しい。インテリアも明るくロマンティック。レストランも充実。中華レストランの窓からは丘陵が眺められる。

〒九八一-三二〇四 宮城県仙台市泉区寺岡六-二-一
電話：〇二二-三七七-一一一一

ホテル オニコウベ

玉造荘

仙台ロイヤルパークホテル 桂花苑

桜へのアプローチ

※二〇一六年一月現在の施設のため、予め営業を確認されてからのご利用をおすすめします。

○フレンチレストラン「ナクレ」

運ばれて来る一品一品の色彩がとても美しい。プレートのシャガールの絵に象徴されるような手法の料理。

〒九八〇-〇〇二一
宮城県仙台市青葉区中央二-二-三八-四F
電話：〇二二-七四八-七一一五

「地蔵桜」・「根返しの桜」・「鬼子坂の桜」・「筆甫の親王桜」への桜旅は

○ホテル「竹泉荘」

蔵王の麓、広大な森の中に建つリゾートホテル。ロビーに吊された大きな鐘に驚かされるが、インテリアの一つと考えれば、外国人にとってはモダンジャパニーズと映るのかも知れない。森の中に造られたテラスの露天風呂がこの上なく爽快。

〒九八九-〇九一六
宮城県刈田郡蔵王町遠刈田温泉字上ノ原八八-一
電話：〇二二四-三四-一一八八

ナクレ

竹泉荘

宮城県の南ノ沢の種まき桜

岩手県の桜たち

小岩井農場の一本桜

広い牧草地の中に、「小岩井農場の一本桜」がふわり浮くように咲いている。背景となるのは斑に雪の残る岩手山。空の青さと緑の牧場。遠山の雪に花の薄桃色が映える。樹令１００年というまだ若い桜が、ＮＨＫ朝のドラマで放映されてから人気が急上昇した。おかげで花の時期には農場の中が大混乱。遠巻きに囲む大群集に、当の桜は恥ずかしげに頬を染めた？　いえいえ夕陽の朱《あか》さです。

小岩井農場の渋滞を抜けて、雫石の田畑の中を少し走ると、道路のすぐ横に、太い幹を持った見事な桜が現われる。樹令８３０年と伝えられる「七ツ田の弘法桜」である。弘法大師の伝承を持つ桜のうちでも、一番北に位置する桜と思われるが、大師が杖を地面に突き立てたところ、根付いて大木となったものとされている。高野山は、今年が開創千二百年ということで大々的に特別法会が行われていたが、弘法大師、空海は宝亀二年（７７４）生まれ、平安初期の真言宗開祖である。二十一才で留学僧として唐へ渡ったが、普通は二十年という滞在期間を二年で帰国。以来宗教家としては、今に至るも「お大師さん」として知れ渡っているほどの大宗教人であるが、それ以外にも書や文芸、治水工事など、多岐に渡る才能を発揮した。日本各地に様々な弘法大師伝説が残っている。それらのすべてが空海の足跡とは考えられないが、遊行僧たちの広めたものも多くあったにせよ、つまりはそれだけ古今の人々から慕われ、親しまれてきたと言うことができよう。弘法桜も800年間、この地で弘法大師の伝説と共に咲き続けて来たが、近ごろの小岩井農場の方のさわぎには、ちょっと驚いているのかも知れない。

さて、岩手県で二番目に有名な桜は、盛岡市の「石割桜」であろう。盛岡地方裁判所の前庭にあり、江戸時代に南部家の分家である北氏の邸跡という。この桜については、もともと岩の割れ目があったところに根付いたものとか、落雷で割れた岩に種が落ち込んだ、また岩の隙間に種が落ち込んで生育するにつれて岩を割って行ったとか、いろいろな説があるらしい。いずれにせよ、初めて見る人にはやはり目を見張るほどの大きさで、迫力のある桜である。石の割れ目から伸びている幹の力強さは圧倒的なものがある。失意の人は一度盛岡を訪ねられてはいかが？　困ったらそのすぐうしろの裁判所に駆け込むという手もあることだし…。

石割桜というと、この盛岡のものが一番有名であるが、他にも何カ所か存在している。主に関東地方から北（たしか九州でも一度聞いたような覚えがある）でリストアップされているが、岩手県では他に五カ所を挙げる。

二戸市「湯田の石割桜」　樹令30～50年
軽米市「民田山の石割桜」　樹令50年
花巻市「舘迫の石割り桜」　樹令200年
田野畑村「千丈の石割り桜」　樹令100年
釜石市「橋野町の石割桜」

寒冷地であるとか、気温の差が激しいとか、様々な条件が考えられるが、岩手県にだけ特に多いというのは、岩の成分や地質によるものなのだろうか。ご存知の方があれば教えていただきたいものである。

遠野市にも古桜がかなり残っているが、その中でも白眉は「大日山の桜」である。樹令は320年。小高いところから遠野市をながめる日枝神社、その境内にひっそりと立っている。私たちがこの桜を訪ねた時、下の方から道をまちがえて、あちこち探しながらたどり着いた。杜が突然開けて光が射し込み、花びらが白く舞っている。

石割桜

湯田の石割桜

七ッ田の弘法桜

大日山の桜

民田山の石割桜

そのむこうに目ざす巨人（巨樹）がいた。物言わぬ巨人。人間で言えば古い館の奥に、白く長い髯をたくわえて座っている家長。そういう雰囲気のある桜で、軽々と話しかけるのもはばかられるような威厳を備えていた。この桜は案内板によれば、貞享二年（1685）に遠野郷の領主だった南部義長によって、大日堂が建立された時に植えられたものという。明治維新の廃仏毀釈で、出羽三山の湯殿山から勧請された大日堂は廃され、日枝神社と改められた。桜だけはそのまま残されたわけであるが、さすがにこの樹は伐るのがはばかられるような何物か、そんな風格が当時にもあったのではないかと、勝手に想像してしまった。今でも遠野の桜というと、あの老当主のような桜が浮かぶのである。

東北自動車道の一関ICと平泉前沢ICの間を走っていると、中尊寺近くで、道路脇に大きな桜が見える。見えるというより見えてしまう。それほど道路際のフェンスに近いところに立っている。「北館の桜」、樹令は700年。桜のある場所は、平安時代の安倍氏の館跡と伝えられる。平安中期、永承六年（1051）から始まった前九年の役で、源義家と戦った安倍貞任は、康平五年（1062）に至って厨川柵の戦いで討死し、安倍氏は滅んだ。逃げる貞任を追いかけながら義家が、安倍氏の居館の衣川と衣服の衣を懸《か》け詞《ことば》にして「衣のたて（館《たて》）はほころびにけり」と歌いかけると、貞任は即座に「年を経し糸の乱れの苦しさに」と返したというエピソードの、衣川の館跡が、即ちこの場所である。その後1300年ごろ、荒廃したこの地を訪れた南蘇坊という行脚僧が、桜を植えて回向をしたことが伝えられている。「夏草や兵どもが夢の跡」と、芭蕉は義経の衣川館跡を詠んだが、「衣川の館の廃虚」はもう一代前のここにもあったということになる。

岩手県の桜の最後は、釜石市の桜を一本紹介したい。「上栗林の桜」、樹令300年。この写真は2010年5月3日のものである。私たちが訪ねた時は、満開は過ぎていたがまだ枝にはかなりたくさん花が残っていた。その翌年東日本大震災で東北地方に大変な被害が及んだ時、釜石も津波でかなり被害を受けたと聞いた。おそらく東北地方の桜は相当数がダメージを受けたことと考え、しばらくは問い合わせることも控えていた。けれど、昨年データを揃えなくてはならない段階となって、一応できるだけ現状の把握をと考え、おそるおそる各役所へお尋ねの電話を入れてみた。結果は――？ どう想像されるだろうか。ほとんどが「無事」だった！ 今の段階では（まだ未確認のところも多少あるので）、川岸に立っていた

北館の桜

上栗林の桜

上栗林の桜

小鴾ヶ清水の桜

杉生桜

宮戸沢の東彼岸桜

樹令100年ほどの桜、多分ソメイヨシノと思われるが、一本流されたという返事をもらったものの、あとはオールセーフ。ことに何百年という古い桜になればなるほど今回は大丈夫だった…。ということは、そうした古い桜たちは、ここに至るまでに、様々な試練があり、苦難を乗り越えて、それに耐えて来た桜たちだったということになる。実はその数字の結果が明らかになった時、私自身が一番驚き、信じられない想いをし、そしてこの事実と桜の生命力に感動をすら覚えてしまったものである。そういうわけなので、この「上栗林の桜」も無事で、今年も花をつけたと思うし、来年もまたきれいな花が期待できることだろう。この事実は検証がむずかしいので、大っぴらに普遍性を持った話として伝えるわけには行かないが、私は自分の子供たちや孫たちが今度訪ねて来たら、教えたいと思っている。もし地震が来て、逃げるなら、同じ条件でなら、古い桜のある方へ逃げなさいと。古い桜はきれいに咲くばかりでな

千厩の種蒔桜

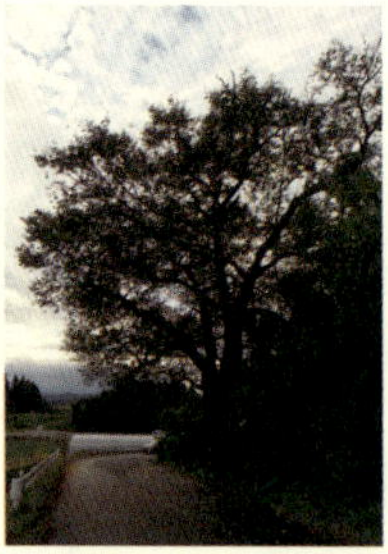
月舘の江戸彼岸桜

島谷脇の桜

八日市場の雲南桜

愛宕町の紅しだれ

七時雨山の大山桜

大平の江戸彼岸桜

大越田の桜

く、その土地の古い守り神でもあるのだからと。

他にも岩手県には風格のある桜が多い。

一戸町　「宮戸沢の東彼岸桜」　樹令３００年
八幡平市　「七時雨山の大山桜」　樹令３００年
盛岡市　「龍谷寺の盛岡しだれ」　樹令１７０年
〃　「愛宕町の紅しだれ」　樹令２５０年
花巻市　「杉生桜」　樹令３５０年
〃　「小鶴ヶ清水の桜」　樹令４００年
〃　「八日市場の雲南桜」　樹令５５０年
北上市　「島谷脇の桜」　樹令４９０年
〃　「大越田の桜」　樹令５００年
平泉町　「月舘の江戸彼岸桜」　樹令３５０年
〃　「大平の江戸彼岸桜」　樹令３５０年
一関市　「千厩の種蒔桜」　樹令４００年

桜の名称	所在地	品種	樹齢	見頃時期
石割桜	盛岡市丸の内9—1	エドヒガンザクラ	360年	4月中旬~下旬
龍谷寺の盛岡シダレ	盛岡市名須川町7—2	モリオカシダレ	150年	4月下旬
愛宕町のベニシダレ	盛岡市愛宕町14—1	ベニシダレザクラ	250年	4月中旬~下旬
月舘のエドヒガン	西磐井郡平泉町長島月舘	エドヒガンザクラ	350年	4月中旬~下旬
太平のエドヒガン	西磐井郡平泉町長島太平	エドヒガンザクラ	350年	4月中旬~下旬
千厩の種まき桜	一関市千厩町奥玉物見石	エドヒガンシダレザクラ	400年	4月中旬~下旬
鳥谷脇の桜	北上市和賀町横川目22—92	エドヒガンザクラ	480年	4月下旬
大越田の桜	北上市口内町大越田209	エドヒガンザクラ	400年~500年	4月下旬
北舘の桜	奥州市衣川区下衣川横道下	エドヒガンザクラ	400年	4月下旬
小岩井農場の一本桜	岩手郡雫石町丸谷地36—1	エドヒガンザクラ	100年	4月下旬~5月上旬
七ツ田の弘法桜	岩手郡雫石町長山野中桜沼	エドヒガンザクラ	800年	4月下旬~5月上旬
大日山の桜	遠野市遠野町21—120	エドヒガンザクラ	320年	4月下旬~5月上旬
千丈の石割ザクラ	下閉伊郡田野畑村千丈	山桜	100年	4月下旬~5月上旬
橋野町の石割ザクラ	釜石市			4月中旬~下旬
上栗林の桜	釜石市		300年	4月中旬~下旬
宮古沢のアズマヒガン	二戸郡一戸町鳥越字宮古沢	エドヒガンザクラ	300年	4月下旬
湯田の石割桜	二戸市金田一湯田	ソメイヨシノ		4月下旬
民田山石割桜	九戸郡軽米町小軽米	山桜	50年	4月下旬
七時雨山の大山桜	八幡平市関沢口	オオヤマザクラ	300年	5月上旬
杉生桜	花巻市石鳥谷町八幡第5地割	カスミザクラ	350年	4月下旬
小鴇ヶ清水の桜	花巻市高松15—95—6	エドヒガンザクラ		4月下旬
八日市場の雲南桜	花巻市東和町土沢10区437	エドヒガンザクラ	550年	4月下旬~5月上旬
舘迫の石割桜	花巻市東和町舘迫		200年	4月下旬

龍谷寺の盛岡しだれ

桜の旅——岩手県編

桜へのアプローチ

※二〇一六年一月現在の施設のため、予め営業を確認されてからのご利用をおすすめします。

「千厩の種蒔桜」・「月舘の江戸彼岸桜」・「大平の江戸彼岸桜」・「北館の桜」・「上栗林の桜」・「島谷脇の桜」・「大越田の桜」・「大日山の桜」への桜旅は

○旅館「山人」

夏油温泉の藤原秀衡が造ったという秀衡街道に沿って建つ。素材本来の香りのする料理。山ふところに抱かれた景色の中、客室前の小川と野の花をながめてリフレッシュしたい。

〒〇二九-五五一四　岩手県和賀郡西和賀町湯川五二地割七一-一〇

電話：〇一九七-八二-二二二二

○ホテルの中華レストラン「シティプラザ北上」

北上川を隔てて北上景勝地が目前に広がる。レストランの窓からも桜並木を見ながらの中華ランチ。

〒〇二四-〇〇三二　岩手県北上市川岸一-一四-一

電話：〇一九七-六四-〇〇〇一(代)

「杉生桜」・「小鴾ヶ清水の桜」・「八日市場の雲南桜」・「石割桜」・「龍谷寺の盛岡しだれ」・「愛宕町の紅しだれ」・「小岩井農場の一本桜」・「弘法桜」への桜旅は

○旅館「佳松園」

花巻温泉の最奥の松林の中に建つ。客室からそのまま出られる庭に台川のせせらぎの音が聞こえる。部屋も広さがあってゆったり過せる。

〒〇二五-〇三〇四　岩手県花巻市湯本一-一二五-二

電話：〇一九八-三七-二一一七〇

山人

シティプラザ北上

佳松園

○旅館「優香苑」

宮大工が造ったという客室の格天井、襖、戸の木目と技術がすばらしい。建築の妙と窓の外に見える山河の自然。

〒〇二五-〇二五三　岩手県花巻市下シ沢字中野五三番地一

電話：〇一九八-三八-五五二六

「七時雨山の大山桜」・「宮戸沢の東彼岸桜」・「民田山の石割桜」・「湯田の石割桜」への桜旅は

○ホテル「安比グランドタワー」

安比高原の広大な敷地の中に様々な施設を持つリゾートホテル。上階の客室からは七時雨山、稲庭岳、岩手山がパノラマのように見渡せる。

〒〇二八-七五九五　岩手県八幡平市安比高原

電話：〇一九五-七三-五〇一一(代)

○公共の宿「八幡平ハイツ」

八幡平の高原の中に建つ。露天風呂を備えた和洋室や、かつては皇族の利用もあったという広い温泉を備えた客室も持つ。

〒〇二八-七三〇二　岩手県八幡平市松尾寄木一-五九〇-四

電話：〇一九五-七八-二一二一

優香苑

安比グランドタワー

八幡平ハイツ

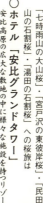

岩手県の山人

青森県の桜たち

長者山新羅神社の江戸彼岸桜

八戸市中心部の高台に森があり、その一角に「長者山新羅神社の江戸彼岸桜」、通称「おとぎの桜」と呼ばれる樹令400年の桜がある。延宝六年（1678）に八戸の第二代藩主、南部直政公が新羅神社に祖先である新羅三郎義光を祀った時に植えられたものと言われている。新羅三郎義光とは、後三年の役において兄の源義家を助けて戦った源義光のことで、近江の新羅明神三井寺において元服し、源頼義の三男であったのでこう呼ばれた。八戸藩の歴代藩主の祈願所であった新羅神社であるが、夏になると大勢の子供たちの声が聞こえるようになる。毎年七月下旬の一週間、この桜の下で子供たちにおとぎ話を聞かせる会が開かれるのである。90年以上も続いて来た会なのだそうで、多い時には5000人以上もの小学生たちが詰めかけるという。この木の下

おとぎの桜

で毎夏おとぎ話を聞いて育った子供たちが大きくなって、今度は自分が子供たちに話して聞かせる番となる。おとぎの桜は枝を広げて子供たちの頭上に木蔭を作り、話に耳を傾けながら、子供たち一人ひとりをじっと見守っている。老いた桜の、うれしそうな笑顔が見えるような話である。

野辺地町の西光寺には樹令300年のしだれ桜がある。野辺地は古くから栄えた良港の町で、延享二年（1745）に廻船業を営んでいたヤマイチ野坂家が、大阪から苗を取り寄せて植えた桜と言われている。この桜にはそれこそおとぎ話が伝わっている。むかし、この桜が樹令100年程であったころ、一時期全く花をつけなくなった。和尚さんは桜に話しかけた。「年を取って枯れてしまったのだろう。仕方がない。明日は伐ってもらおう。」その夜、和尚さんの夢の中に桜の精が現われて、「どうか伐らないで下さい。来年はきっと花をつけますから。」と頼んだ。翌年桜は花をつけ、喜んだ和尚さんは知り合いの文人大塚松訓という人に話すと、漢詩を作ってくれたという。

「老桜元是在因縁
百年免得樵翁斧
春風千枝爛慢時
幽香偏向仏前吐
但怕鐘磬声相振
清浄境裏動花神」

また、野辺地には西光寺の近くに愛宕公園があり、ここにも樹令300年のエドヒガンの桜がある。日本全国の古木によく見られる種類のエドヒガンであるが、東北地方の北部には数が少なく、この「愛宕公園の江戸彼岸桜」が北限とされているという。

青森市は、青森ICを出てすぐに大星神社がある。創建は平安初期で、坂上田村麻呂が戦勝祈願を行ったという記録がある。この境内には「大星神社のしだれ桜」という樹令350年の桜がある。津軽藩第四代藩主だった津軽信政公が、社殿を修復再建した折に、京都から取り寄せて植えたものと言われている。この時植えたとされるしだれ桜は、現在この神社には一本しか残っていないが、高照神社という方へ移植された一本は、そちらで咲き続けて来た。弘前市の中心地から離れて岩木山に近いところにある神社で、信政公が亡くなった時に、神式の埋葬をするために、五代藩主信寿公が建立している。この境内にある「高照神社のしだれ桜」が、信政公が青森の大星神社を再建した時に植えられたものを移植したとされているのである。津軽信政公は、明暦二年（1656）に十才で藩主となり、宝永七年（1710）に六十五才で亡くなるまで、藩に善政を敷き、津軽藩中の名君、中興の祖と仰がれた人であった。新田

大星神社のしだれ桜

西光寺のしだれ桜

開発、養蚕などの産業の育成による藩財政の建て直し、文武に渡る保護と奨励など、藩政全域に関わる手腕が評価されているが、桜についても大星神社以外にもエピソードが残されていて、公の横顔がそこ

高照神社のしだれ桜

愛宕公園の江戸彼岸桜

弘前城のさくら

日本一古いソメイヨシノ

から見えるような気がする。秋田県北秋田市にある「綴子《つづれこ》の根曲り桜」の話である。参勤交代の途中にわざわざ立ち寄ってみたが、往路はまだ蕾の状態であった。復路でもう一度寄ってみたが、今度は花が終わって葉桜だったため、せめて一度で良いから満開の折に見たいものだと言われたという。このエピソードから信政公の桜に対する思い入れの深さが伝わって来るようで、あるいはこの時、復路の荷の中に、京都からの苗が入っていたのではないかとも思えるのである。綴子の根曲り桜を往路に見て、桜樹の強靭な生命力、艱難に耐え花をつける姿に打たれた公が、その後桜への想いを深めて行ったとも考えられる。父君の桜への愛着を知っていた信寿公は、高照神社を創建した時、信政公が大星神社へ植えた桜のうち一本をわざわざ移植させ、菩提を弔ったものと思われる。二本の桜は今もそれぞれの神社の境内で、毎年ひっそりと花をつけているのである。

その信政公、信寿公の居城の弘前城である。初代の為信公からの構想を二代信政公が押し進め、慶長十六年（1611）に天守閣を備えた城郭が完成した。桜については、弘前と改称されてから、正徳五年（1715）に藩士が二十五本のカスミザクラを城内に植えたとされるのが最初で、明治の廃城令によって城が取りこわされ荒廃していたところへ、明治十五年（1882）に旧藩士の菊池楯衛《たてえ》によってソメイヨシノが1000本植えられた。明治二十七年（1894）には、旧藩主の津軽家の尽力によって、市民の公園化が実現され、明治三十年にも1000本の桜が植えられた。その後も少しずつ植え足され、現在城内にはソメイヨシノ、シダレザクラなどが50種2600本の桜があるという。二の丸の「日本一古いソメイヨシノ」、「日本一太いソメイヨシノ」各樹令120年は、菊池楯衛の植えたものであり、また画家の棟方志功の命名による「御滝桜」は樹令100年。「二ノ丸大しだれ桜」は大正三年に宮城県人会によって植えられたものという。弘前城のさくらは、東北三大桜の一つと言われ、四月末から五月初旬のゴールデンウイークのころがちょうど見ごろに当たるので、毎年観光客が押し寄せる。天守閣に映える桜も美しいが、お濠に散った花びらが水面をピンク色に染めるのも見どころの一つである。また、本丸の広場から桜の向こうに浮かび上がったようにくっきり見える岩木山も弘前城の春の醍醐味である。

弘前市の桜は弘前城ばかりではない。青森県で最古の桜、「天満宮のしだれ桜」樹令500年もある。ここはかつては大行院という修験道の寺院があったが、明治になって天満宮が置かれた。高台にあるので弘前の市街が望め、太い幹が往時を物語ってくれそうである。

津軽半島を北上して今別町まで行く。今別町役場の裏側で、津軽線の遮断機も何もない小さな踏切を渡って奥へと進む。小さな祠《ほこら》があったが、めざす桜はもう少し先のようである。草の生い繁る階段を登りつめたところに広場があった。

弘前城のさくら

御滝桜

観音様の桜

天満宮のしだれ桜

藤田記念庭園のしだれ桜

長勝寺のかすみ桜

ここもほとんど草に占領されている。あるいはむかし社《やしろ》なり、祠なりがあった跡かも知れないが、現在は土台も残っていない。「観音様の桜」と呼ばれる樹令100年以上という桜だけが、所在なさそうに葉を繁らせていた。帰ろうと先ほどの階段の上まで来て、目を上げると町並みのむこうに海が見える。そういえばここは竜飛岬にも近い。もう少し竜飛の方へ行けば、源義経の伝説がある三厩《みんまや》となるはず。判官びいきの多い日本中でも、奥州にいた源義経の人気は、東北地方にいや増して高い。どうしても義経が衣川で討死したなどは納得できるはずもなく、伝説の中では生かされて三厩から北海道へ渡って行った。あまつさえジンギスカンにされてしまったに至っては、もう苦笑するしかないが、それだけ義憤にかられやすい、心やさしい人が多かったということなのだろう。そう、義経が小舟で渡ったほどなのだから、北海道はもう近い。桜の旅もあと少しである。

その他青森県の桜たち、
八戸市「槍沢《うつぎさわ》のしだれ桜」樹令120年
弘前市「長勝寺のかすみ桜」樹令300年
〃「最勝院の江戸彼岸桜」樹令250年
〃「藤田記念庭園のしだれ桜」樹令150年
鰺ヶ沢町「日照田町の桜」樹令100年
大鰐町「蔵館古館の桜」樹令100年

桜の名称	所在地	品種	樹齢	見頃時期
長者山新羅神社のエドヒガン	八戸市長者1丁目	エドヒガンザクラ	400年	4月下旬
槍沢のしだれ桜	三戸郡五戸町倉石石沢槍沢27	枝垂桜	120年	4月下旬
西光寺のしだれ桜	上北郡野辺地町寺ノ沢90	枝垂桜	300年	4月下旬
愛宕公園のひがん桜	上北郡野辺地町寺ノ沢90	エドヒガンザクラ	300年	4月下旬
御滝桜	弘前市下白銀町1 弘前公園	枝垂桜	100年	4月下旬
二の丸大シダレ桜	弘前市下白銀町1 弘前公園	枝垂桜	100年	4月下旬
天満宮のしだれ桜	弘前市西茂森1	枝垂桜	500年	4月下旬
長勝寺のカスミザクラ	弘前市西茂森1―23―8	カスミザクラ	300年	4月下旬
高照神社のしだれ桜	弘前市高岡	枝垂桜	300年	4月下旬
最勝院のしだれ桜	弘前市銅屋町63	枝垂桜	250年	4月下旬
藤田記念庭園のしだれ桜	弘前市上白銀町8	枝垂桜	150年	4月下旬
大星神社のしだれ桜	青森市問屋町1―18―28	枝垂桜	300年	4月下旬
日照田町の桜	西津軽郡鰺ヶ沢町日照田町		100年	4月中旬
観音様の桜	東津軽郡今別町		100年	5月中旬
蔵館古館のサクラ	南津軽郡大鰐町			4月下旬〜5月上旬

槍沢のしだれ桜

日照田町の桜

最勝院の江戸彼岸桜

蔵館古館の桜

桜の旅——青森県編

「長者山新羅神社の江戸彼岸桜」・「檜沢のしだれ桜」・「西光寺のしだれ桜」・「愛宕公園の江戸彼岸桜」への桜旅は

○ホテル「むつグランドホテル」

窓からは釜伏山が正面に見え、間に大湊湾、むつ市が広がる。海軍基地だった名残りに「海軍コロッケ」など懐かしい味も。温泉施設もある。

〒〇三五-〇〇二一　青森県むつ市大字田名部字下道四
電話：〇一七五-二二-一二三一

○旅館「三浦屋」

下北半島の北部、下風呂温泉。窓から津軽海峡と北海道が霞んで見える。海の幸の新鮮さ、濃厚さは申し分なく、是非再訪したい宿の一つ。

〒〇三九-四五〇一　青森県下北郡風間浦村下風呂七〇
電話：〇一七五-三六-二三一一

○旅館「五戸まきば温泉」

温泉付の部屋があり、夕食は地の新鮮な魚貝類と牛肉と、五戸名物のさくら肉。食べきれないほどの量と品数が並ぶ。穴場的温泉宿。

〒〇三九-一五二二　青森県三戸郡五戸町苗代沢三
電話：〇一七八-六二-五五一一

むつグランドホテルからの眺め

三浦屋

五戸まきば温泉

桜へのアプローチ

※二〇一六年一月現在の施設のため、予め営業を確認されてからのご利用をおすすめします。

○ホテル「八甲田ホテル」

八甲田山の入り口、酸ヶ湯温泉の近くにあるホテル。ブナの原生林の中に建ち、丸太を多用した木造の本館。窓から見えるものは全て樹々。和洋室やメゾネットもある。

〒〇三〇-〇一一一　青森県青森市大字荒川字南荒川山一-一
電話：〇一七-七二八-二〇〇〇

「蔵館古館の桜」・「日本一古いソメイヨシノ」・「御滝桜」・「弘前城のさくら」・「天満宮のしだれ桜」・「長勝寺のかすみ桜」・「高照神社のしだれ桜」・「最勝院の江戸彼岸桜」・「藤田記念庭園のしだれ桜」への桜旅は

○旅館「界　津軽」

離れの一棟は温泉を備え、本格的な小間の茶室も備えている。露地も水屋も付属しているので茶事も可能。

〒〇三八-〇二一一　青森県南津軽郡大鰐町大鰐字上牡丹森三六-一
電話：〇五〇-三七八六-〇〇九九

八甲田ホテル

界　津軽

○ホテル「ナクア白神」

岩木山の北斜面に位置し、客室からも津軽平野の広大な風景を一望。日本海も、天気が良ければ北海道までも見える。温泉付の客室もある。

〒〇三八―二七九三
青森県西津軽郡鰺ヶ沢町鰺ヶ沢高原
電話：〇一七三―七二―一〇一一

「大星神社のしだれ桜」・「日照田町の桜」・「観音様の桜」への桜旅は

○中華レストラン「ベア」

弘前の名建築「翠明荘」の姉妹店で同じ敷地内にある。ランチの軽食からコース料理まで対応できる。

〒〇三六―八三五五　青森県弘前市元寺町六九
電話：〇一七二―三二―八二八二

○公共の宿「ウェスパ椿山」

広い敷地の中に様々な施設が揃っていて、宿泊用にはコテージが二棟ずつ離れて建っている。全て二階建てで天然温泉を引いてある。海と高台に建つコテージのたたずまいは、日本離れしたイメージで、北欧を思わせる。海に沈む夕陽がすばらしい。

〒〇三八―二三二七
青森県西津軽郡深浦町大字舮作字鍋石二二六―一
電話：〇一七三―七五―二二六一㈹

ナクア白神

ベア

ウェスパ椿山

こぼれ話

田舎館村の田んぼアート。話に聞くより実物は目を見張る出来。田舎館城という村役場の「天守閣」から見るのも楽しい。

田舎館村の田んぼアート

田舎館村の田んぼアート

下北半島から見た夕陽

北海道の桜たち……

北見神社の桜

北海道の桜というと、ほとんどの人から北海道にも古い桜があるのですかと聞かれる。ありますと答えると、次は、日本で一番北にあるのはどこでしょうと尋ねられる。

利尻島の鬼脇というところに、北見神社があり、明治三十四年に社殿が落成、境内にはエゾヤマザクラが何本か植えられている。このうち数本が120年を越えるそうで、百年以上の古桜という基準で考えると、現在日本の最北端と考えられている。利尻島の春は想ったよりも遅い。私たちが訪れた五月半ばではまだ蕾が固いままであった。今年はまだあと二週間ぐらいはかかりそうと言われて、日本最北端の桜の花を撮る目論みはすっかりあてがはずれて、結局は利尻富士町の教育委員会にお世話をかけることとなった。山谷先生が写真を送って下さったので、この写真は山谷先生撮影のものである。写真には写っていないが、この神社の裏手には雪を冠ったままの利尻富士がそびえている。

澄明な空気と「甘い水」の利尻島に心を残しながら、北海道の本島へもどって、サロベツゴルフカントリーへ向かった。七番ホールの脇に、樹令100年ほどの桜があると聞き、その桜を訪ねることにしたのである。桜は本当にゴルフコースの中にあって、支配人さんがカートで案内して下さることになった。この桜もまだ蕾のままで、今年は花が遅くてと、こちらでも言われてしまった。残念そうな私たちの様子を見て、支配人の丸山さんが、何年か前の写真ですがと言いながら、下敷きに加工してある桜の写真を下さった。その年は五月十四日で満開の様子なので、今年はやはり十日ほど遅れているらしい。

豊富町から一気にオロロン街道を南下する。途中右手に利尻富士を見ながら、サロベツ湿原の広大な原野をひた走る。およそ日本離れしたスケールに圧倒され、日常を忘れそうになったころ、増毛町に着いた。江戸時代末期、ロシアに対する脅威から、幕府は東北の諸藩に対して北方警備を命じた。秋田藩は増毛町に陣屋を置いて警備の拠点とし、海岸線の防備に当たった。その跡地が現在「元陣屋」として文化博物館に活用されている。道路に面した側に「陣屋の桜」と呼ばれる樹令100年ぐらいのエゾヤマザクラがあって、この桜は満開の花で私たちを迎えてくれた。

更に南下して小樽へ入る。天狗山へはロープウェーで登る。山頂駅に着くと、巨大な天狗の鼻がぬっと出迎えてくれ、それを過ぎたところに「天狗桜」樹令100年が立っていた。この桜、少し前まではハート型をしていたそうで、地元のカップルには人気だったらしいが、今は右側の枝が折れて、ちょっといびつになっている。とは言え、樹型など吹き飛んでしまうほどの、桜の背景には素晴らしい眺望が広がっている。案内書に見晴らしの良さと書かれてはいたが、これほどとは想像できなかった。石狩湾と暑寒別の山々、そして左手には積丹半島まで見渡せる。北海道はたしかにどこへ行っても、本州とは一ケタちがうような規模の大きい景色に出逢えるが、それにしてもこの天狗山からの眺めは驚きであった。

その昔、天狗山は修験道の進行の場であったそうで、この桜も、信仰のために登ってきた人が植えたものと考えられている。遅咲きの花で、下界の桜がとっくに散って、誰もが花のことなど忘れたころあいを見計らったように咲く。そうしてあっという間に散るのだそうである。この間わずか二、三日。花期の短さに加えて、天候によっては山上は雨や霧で全く視界がきかなくなることもあり、強風でロープウェーが運休となることもある。最高のロケーションの中で、満開の天狗桜を見ようとするのは、かなり難易度が高いこと

（丸山氏撮影の桜）

陣屋の桜

サロベツのエゾヤマザクラ

天狗桜

天狗桜

であるらしい。

さて、北海道の桜の中で、観光客が一番多く訪れるのは松前の桜である。江戸時代の松前藩の城跡が松前公園として整備され、ほぼ町ぐるみ250種、一万本という桜が一カ月近くに渡って咲き続ける。早咲きから遅咲きまで、四月下旬から五月中旬は「さくらまつり」としてにぎわいを見せる。この中で古木で有名な桜は「光善寺の血脈桜」という。樹令280年の南殿という種類の八重桜であるが、この樹はふしぎな伝説を持っている。昔、光善寺で本堂を改修することになり、桜を伐り倒すことが決まった。ある夜住職の夢の中に、美しい女性が現われて、自分の命はもうすぐ消えるからと言って、血脈を書いてくれるように頼んだ。血脈というのは死者が成仏できるように僧侶が書き与えるものだそうで、不審に思いながらも住職は書き与えたが、翌朝見ると、桜の枝に昨夜与えた血脈の書が掛かっていた。さては昨夜の女性は桜の精であったのかと覚った住職は、樹を伐るのを止めて、ねんごろに供養したという。以来この桜は、血脈桜と呼ばれるようになったそうである。

その他、広大な北海道では桜もかなり広範囲に散らばって存在する。

A. 樹令が古い桜

北斗市「法亀寺のしだれ桜」　樹令300年
えりも町「庶野さくら公園の夫婦桜」樹令300年
弟子屈町「弟子屈神社の御神木」樹令200年
七飯町「仁山の大山桜」　樹令200年

B. 地域で大切にされている桜、有名な桜

室蘭市「幌萌町の大桜」　樹令180年
伊達市「有珠善光寺の石割桜」　樹令180年
七飯町「寿公園のしだれ桜」　樹令150年
津別町「双子の桜」　樹令130年
厚岸町「国泰寺の老桜樹」　樹令180年
根室市「清隆寺の千島桜」　樹令130年

C. ロケーションがいい桜

東川町「大雪遊水公園の桜」

室蘭市「崎守町の一本桜」　樹令100年

京極町「牧場の桜」

これら以外にも、まだまだ多くの桜があるが、未だに所在が明らかでない桜（何しろ尋ねようとしても人家のないところが多い）や、各市町村からの回答が未だにない場合も多く、これからの課題が多く残されている。

法亀寺のしだれ桜

弟子屈神社の御神木

光善寺の血脈桜

有珠善光寺の石割桜

幌萌町の大桜

庶野さくら公園の夫婦桜

寿公園のしだれ桜

双子の桜

仁山の大山桜

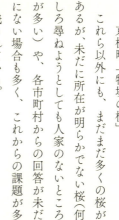

桜の名称	所在地	品種	樹齢	見頃時期
光善寺の血脈桜	松前郡松前町松城303 松前公園 南殿		280年	5月上旬
法亀寺のしだれ桜	北斗市向野19—3	枝垂桜	300年	5月上旬
寿公園のしだれ桜	亀田郡七飯町	枝垂桜	150年	5月上旬
仁山のオオヤマザクラ	亀田郡七飯町	オオヤマザクラ	200年	5月上旬~中旬
幌萌町のエゾヤマザクラ	室蘭市幌萌町	エゾヤマザクラ	180年	5月上旬~中旬
崎守町の一本桜	室蘭市崎守町	エゾヤマザクラ	100年	5月上旬~中旬
善光寺の石割ザクラ	伊達市有珠町	エゾヤマザクラ	180年	5月中旬
天狗桜	小樽市天狗山 天狗山ロープウエイ山頂駅	エゾヤマザクラ	100年	5月中旬
牧場の桜	虻田郡京極町			4月下旬~5月上旬
大雪遊水公園の桜	上川郡東川町東8号北	エゾヤマザクラ		5月中旬
夫婦桜	幌泉郡えりも町字庶野551	エゾヤマザクラ	300年	5月上旬~中旬
双子の桜	網走郡津別町共和	エゾヤマザクラ		5月上旬~中旬
弟子屈神社の御神木	川上郡弟子屈町高栄2—3—4	エゾヤマザクラ	200年	5月中旬
老桜樹	厚岸郡厚岸町湾月町 国泰寺	オオヤマザクラ	180年	5月中旬
清隆寺の千島桜	根室市松本町2—2	千島桜	130年	5月中旬~下旬
陣屋の桜	増毛郡増毛町永寿町4—49	エゾヤマザクラ	100年	4月下旬
サロベツの山桜	天塩郡豊富町字上サロベツ1718	エゾヤマザクラ	100年	5月寿順
北見神社の桜	町鬼脇字鬼脇195	エゾヤマザクラ	120年	5月中旬~下旬

清隆寺の千島桜

国泰寺の老桜樹（花）

大雪遊水公園の桜

国泰寺の老桜樹（青葉）

桜の旅——北海道編

桜へのアプローチ

※二〇一六年一月現在の施設のため、予め営業を確認されてからのご利用をおすすめします。

「北見神社の桜」・「サロベツのヤマザクラ」への桜旅は

○ホテル「ANAクラウンプラザ稚内」

北海道最北端のシティホテル。二間続きの和室など、様々なタイプの部屋があり、客室の窓からも晴れた日にはロシアのサハリンまで見える。

〒〇九七-〇〇二三 北海道稚内市開運二丁目二番二号

電話：〇一六二-二三-八一一一

「陣屋の桜」・「大雪遊水公園の桜」への桜旅は

○ホテル「旭川グランドホテル」

旭川のランドマークホテル。大正九年からの歴史。上階からは旭川市街を一望。レストランも充実。スパもある。

〒〇七〇-〇〇三六 北海道旭川市6条通9丁目

電話：〇一六六-二四-二一一一

「天狗桜」・「牧場の桜」・「有珠善光寺の石割桜」・「崎守町の一本桜」・「幌萌町の大桜《エゾヤマザクラ》」への桜旅は

○ホテル「支笏湖第一寶亭留 翠山亭」

支笏湖畔にあり、客室付の庭園露天風呂から樹々を透かして湖が見える。本格的な茶室を備えた部屋もある。

〒〇六六-〇二八一 北海道千歳市支笏湖温泉

電話：〇一二三-二五-二三三三

○ホテル「ノイシュロス小樽」

祝津の高台に位置し、客室の半露天風呂からも目の高さに雲と水平線。真下には波と岸壁が見える。ロマンティックなインテリア。

〒〇四七-〇〇四七 北海道小樽市祝津三丁目二八二

電話：〇一三四-二二-九一一一

ANAクラウンプラザ稚内

旭川グランドホテル

翠山亭

ノイシュロス小樽からの眺め

○オーベルジュ「マッカリーナ」

羊蹄山の麓、真狩村の美しい風景の中で、森と野をながめながらのフレンチ。オープンキッチン。

〒〇四八-一六一五 北海道虻田郡真狩村字緑岡一七一三

電話：〇一三六-四八-二一〇〇

○ホテルの中華レストラン「グランドホテルニュー王子『桃苑』」

王子製紙グループのホテルにある中華レストラン。個室もある。

〒〇五三-〇〇二二 北海道苫小牧市表町四丁目三番一号

電話：〇一四四-三三-二一一一

「寿公園のしだれ桜」・「仁山の大山桜」・「法亀寺のしだれ桜」・「血脈桜」への桜旅は

○ホテル「函館大沼プリンスホテル」

大沼国定公園の中にあり、レストランからも客室からも駒ケ岳が見える。ログハウスのコテージは温泉が引いてあり、ミニキッチン付。

〒〇四一-一三九二 北海道亀田郡七飯町西大沼温泉

電話：〇一三八-六七-一一一一

○公共の宿「ホテル恵風」

函館市の恵風岬にあり、温泉の露天風呂を備えた部屋もある。朝食には「いかさし」が本当にドッサリと山盛り。南アフリカのケープタウンに似た風景。海岸にも露天の温泉の湧く所があり、一応混浴。

〒〇四一-〇六〇五 北海道函館市恵山岬町六一番地二

電話：〇一三八-八六-二一二一

マッカリーナ

桃苑

函館大沼プリンスホテルからの眺め

ホテル恵風

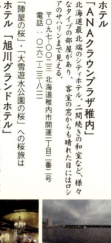

「清隆寺の千島桜」・「弟子屈神社の御神木」・「国泰寺の老桜樹」・「双子の桜」・「庶野さくら公園の夫婦桜」への桜旅は

○ホテル「北海道ホテル」

開拓時代の北海道を思わせる赤レンガの外壁が印象的。重厚な建物と野趣にあふれた庭。日高山脈を一望できるスパツインの部屋がある。温泉も。

〒〇八〇-八五一一　北海道帯広市西七条南一九丁目一番地
電話：〇一五五-二一-〇〇〇一

○ホテル「チミケップホテル」

小さな湖の岸にたたずむ小さなホテル。森と波のきらめきと木洩れ陽。小動物も訪ねて来る。アウトドアのいろいろなスポーツもできる。冬期には何と犬ぞりも！食事もさりげなくやさしくおいしい。本当はあまり教えたくないホテルの一つ。

〒〇九二-〇三五八　北海道網走郡津別町字沼沢二〇四
電話：〇一五二-七七-二三二二

○ホテル「根室グランドホテル」

かつて昭和天皇が宿泊されたという名残りがあちこちに見える客室と、最上階には京風な御殿造りの大広間がある。当時の陛下にお出ししたと同じ内容の料理を再現するプランもある。窓外の風の音に北方を実感する。

〒〇八七-〇〇二八　北海道根室市大正町二-一二
電話：〇一五三-二四-六六二

○オーベルジュ「十勝オーベルジュ『グルマン』」

森の中に建つレストラン。周囲ぐるりが森の樹々。小さい動物たちがひょっこり現われて来そう。オーソドックスで素直な手法、素材を大切に、安心感のあるフレンチ。

〒〇八九-一三六八　北海道河西郡中札内村南常盤東四線二八五
中札内農村休暇村フェーリエンドルフ内
電話：〇一五五-六八-三三六七

北海道ホテル

チミケップホテル

根室グランドホテル

グルマン

○そば店「東家総本店　竹老園」

一見してそば店とは思えないような料亭風の建物と庭。座敷に上がっていただく北海道のそば。変わりそばや「そばコース」もある。

〒〇八五-〇八二四　北海道釧路市柏木町三-一九
電話：〇一五四-四一-六二九一

竹老亭

崎守町の一本桜

牧場の桜

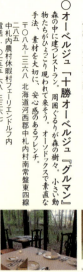

あとがき

今の日本には滅び行くものがたくさんあります。文化の面にことさら多く、古くから日本人の生活の中に溶け込んでいた衣食住すべてにわたって、伝統的なものが消えて行こうとしています。日本の食の文化の集大成のような料亭の灯が消されて行き、日本の花の代表のような桜の古木が枯れてしまう。日本人の心の文化もまた消滅してしまうのでしょうか。

年ごとに春はめぐり、テレビで桜前線のニュースが巷をにぎわし、人々は花見にと浮かれます。けれどそれはほとんどがソメイヨシノの話。幕末にクローンによって作り出された新種の桜が、今や日本中にあふれて、人々は桜といえば群生のことばかり話題にします。でも古来から日本人の生活に寄り添って来た「櫻」の花は、ソメイヨシノではなかったのです。仁清の壺に画かれ、和歌に詠まれて来た「さくら」は、山桜であり、彼岸桜たちであり、枝垂れ桜であったことをもっともっと知ってほしいのです。そしてそれらを育み、大切に守って来た人々の系譜があったことも覚えておいて欲しいのです。

数百年、あるいは千年などという樹令の桜たちが、あちこちで少しずつ衰えています。山里の中で、人間の愛情によって守られ、生き抜いて来た桜たちが滅びの道をたどっています。都会には、古木の桜というのはあまり残っていません。なぜなら、歴史的に市街地で戦争が起こる都度、戦火によって焼かれてしまったからです。古い桜が残っている土地は、ほとんどの場合、大都会ではなく、戦火とは無縁の静かな里が多いのです。そこでゆっくりと何百年という時間（一番古い桜は何と二千年の樹令を保っています）を越えて生を育んで来たのに、近年目立って衰弱しかかっています。そしてそれに対して私たちはあまりにも無力な存在です。大きな時代の流れの中で、私たちにはもう止めようもないところまで来てしまっています。せめて今、私にできることと言えば、それらの一本一本を訪ねて、樹と会話しながら、現状を写真におさめて、記録として残しておこうとすることぐらいしかありませんでした。そう考えて、毎年三月末ごろから五月ごろまで、各地の古い桜たちの花を撮り続けてきました。けれど花にこだわると、どんなにがんばっても、毎週末しかない私たちの制限時間の中では、一年に五十〜六十本ぐらいの桜しか撮ることができませんでした。そして、五、六年ぐらい前から、そろそろ私たちの限界も感じて、元気なうちにできるだけ多くの桜たちに逢いに行こうと思うようになり、春以外にも、花をつけていない時の桜の姿も撮ることに決めました。人間だって若いうち、花のある時だけが人の一生ではないように、桜も花をつけていなくても、葉桜も紅葉も、あるいは枝だけでも桜にはちがいないからです。その三十年ほどの集大成がこれらの写真です。今回はその一部にすぎませんが、日本の全県にわたって、特に代表的な桜を選んでここに集めてみました。

例えば私たち夫婦と同じくらいの年代の方々、仕事からもそろそろ開放されて、ホッと一息つき、さあこれからどうしようか、どこを旅しようかと考える方々が、この本の中から各地の古い桜たちを訪ねて、それらの桜の経て来た歴史を、その眼で見て、感じとり、会話していただけたらと希いながら書きました。古い桜たちの歴史は、そのまま日本の国の歴史そのものです。人物史、文化史、農耕史、政治史等々、私たちの祖先が経て来た時間そのものの生き証人です。近ごろ話題の「歴女たち」も、その桜たちの歴史に、あるいは興味を持ってくれるかも知れないとも思います。

ただ、それらの桜たちは、とても交通に不便なところにある場合が多いのです。ですからそこへ行くための旅は欠かせませんし、宿泊や食事はつきものです。そして、せっかくの旅ならば、なるべく私の眼で見てもおすすめできる所を紹介できたらと思い、宿や食事処も入れることにしました。また、ゆっくりと高級な宿を楽しみたいと思う方もあれば、とにかく一本でも多くの桜を回りたい、宿はできるだけお値うちにと考える方もいらっしゃるでしょうから、高級志向の宿と、公共の宿、両方を選んでみました。また旅行中は疲れることが多いので、そうした時は中華料理がとても効果的なことが実証ずみなので、各県に一カ所はできるだけ中華レストランを入れるようにしました。各地のレストランに比べて和食のお店が少ないのは、前回の私の著作『日本の料亭紀行』との重複を避けたという事情もあります。

ここにあげた旅館、飲食店で、あるいは私の知らないうちに閉店しまっているところがあるかも知れませんが、私としては、それも桜と同様に考えて、かつてそんないい旅館、いいお店があったという記録の一つとして、残しておきたいとも考えています。もしも、一たん閉じたお店でも、この本のその部分を見て、再び元気を出して再開してくれることがあったら、何よりもうれしいこととも思うのです。

さあ、桜の、古い桜たちの旅へ。最初はお近くの一本桜から。そして少しずつお隣りの県へと。一本桜たちに会いに行く旅へ出かけませんか。昔と変わらぬ田畑の、こよなく懐かしい里の風景が広がる中で、きっと桜たちはやさしく、大きく迎えとってくれて、何ものかを教え、感動させてくれるはずです。美しいばかりではなく、それこそが本物の一本桜の魅力、大人たちの桜旅の醍醐味なのですから。

この度、一冊の本にまとめて上梓するに当たり、右文書院の三武社長と、東京リスマチックの山田さんに一方ならぬお世話になりました。こういう出版界にもむずかしい時代の中で、桜たちのために、はげまし、力づけて下さったお二人に、ここで改めて深く感謝を申し述べさせていただきます。

そして私のパートナー、私と共にこの桜巡礼につき合って、日本中の道延べ六十万キロを走破してくれた夫に、古稀の記念としてこの本を捧げたいと思います。

平成二十八年立春

まだ固い蕾に寄せて

葛城　三千子

葛城三千子（かづらき・みちこ）
昭和二五年生、成城大学文芸学部卒。随筆家。日本文化研究家。主に能・唐津の焼き物などを専門とする。幼少のころより、日本舞踊、琴、茶華道をはじめ日本文化に親しむ。各地のホテル・旅館・料亭・レストランを歴訪し、エッセイを執筆。日本陶磁協会「陶説」、雑誌「The HOTEL」、週刊ホテルレストラン「ホテレス」、名古屋能楽鑑賞会「能評」などに寄稿。現在、「一本桜」の研究で全国を巡ると同時に料亭を訪ねることを楽しみとしている。著書に『日本の料亭紀行』（右文書院）がある。

そして一本桜―後世に残したい桜たち

平成二八年四月一八日　印刷
平成二八年四月二五日　発行

著者　葛城三千子
装幀　臼井新太郎
発行者　三武義彦
発行所　株式会社右文書院
東京都千代田区神田駿河台一－五－六　郵便番号一〇一－〇〇六二
電話〇三－三二九二－〇四六〇　ＦＡＸ〇三－三二九二－〇四二四
http://www.yubun-shoin.co.jp/
mail@yubun-shoin.co.jp

印刷・製本　東京リスマチック株式会社

＊印刷・製本には万全の意を用いておりますが、万一、落丁や乱丁などの不良本が出来いたしました場合には、送料弊社負担にて責任をもってお取り替えさせていただきます。

ISBN978-4-8421-0778-3　C0076

日本の料亭紀行

葛城三千子 著

A5判・324ページ・上製カバー装

本体価格 3,800 円＋税　ISBN978-4-8421-0743-1 C0076